MOURIR À VERDUN

PIERRE MIQUEL

MOURIR À VERDUN

FRANCE LOISIRS
123, boulevard de Grenelle, Paris

Cartes : Yves Buffetaut
Réalisation : Art Presse

Édition du Club France Loisirs, Paris,
réalisée avec l'autorisation des Éditions Tallandier

ISBN 2-7441-0328-4

LES RAISONS D'UNE HÉCATOMBE

Verdun, carrefour de deux routes cardinales, celle de Namur à Chaumont et à Paris, celle de Reims à Metz, cet autre évêché occupé depuis 1871 par les Allemands. En 1916 Verdun, ancienne citadelle des rois de France, est un secteur avancé dans les lignes allemandes, comme si les officiers du Grand État-Major prussien avaient hésité avant d'investir une région garnie de forts, tapissée de nids de mitrailleuses, aussi redoutable, en apparence, que leur place de Metz. On a respecté Verdun.

La bataille s'y allume au début de 1916 et se prolonge jusqu'à l'hiver. Plus encore que la Marne, Verdun symbolise la résistance d'un peuple à l'agression. C'est le rôle qu'il joue dans l'histoire entre les deux guerres mondiales et bien au-delà. Les républicains espagnols criaient à Guadalajara « no pasaran ! », « ils ne passeront pas ! »... Comme à Verdun.

Après Hiroshima, Verdun a pris une autre signification : par la densité des morts tombés sur un périmètre restreint, il est sans doute le premier lieu d'extermination de l'Europe moderne dans une guerre devenue industrielle et terroriste. De la sorte, il témoigne contre l'horreur. Il annonce les grandes tueries de la Seconde Guerre mondiale, même s'il reste un massacre presque exclusivement militaire.

La « grande guerre » de 1914-1918, avant d'être mondiale, est une guerre civile européenne : sur soixante-cinq millions de mobilisés, soixante au moins sont des Russes, des Allemands, Français, Belges, Serbes, Autrichiens, Roumains, Italiens, Turcs et Grecs, Bulgares, Polonais, et même Portugais. Les neutres sont rares : Hollandais et Scandinaves, Espagnols et Suisses. Tous les peuples – ou presque – ont eu leur part du massacre, y compris ceux des colonies ou anciennes colonies d'Amérique, d'Asie, d'Afrique et d'Océanie. Les armes modernes d'extermination, la dynamite inventée et exploitée par la firme Nobel, la poudre sans fumée, les canons de tout calibre à tir rapide fabriqués par l'entreprise allemande Krupp ou sa concurrente française Schneider, les mitrailleuses, les lance-flammes, les obus à gaz asphyxiants, ont fait merveille.

Les « offensives » de 1914 et de 1915 sur les fronts de l'ouest et de l'est ont été autant d'hécatombes : les Français comptent déjà six cent mille morts depuis le début des opérations. Les dernières offensives de l'Artois et de Champagne ont coûté à elles seules deux cent cinquante mille hommes. Les centaines de milliers de victimes enterrées, enfouies sous les 25 km^2 de bois, de landes, de labours et de marais de Verdun ne sont certes pas les premières à succomber en masse depuis le début de cette guerre meurtrière où les états-majors, d'un côté comme de l'autre, semblent considérer les pertes très lourdes comme la conséquence normale de l'accroissement de la puissance de feu. La nouveauté, à Verdun, est que les hommes sont morts sur un champ de bataille à l'ancienne, grand, à l'échelle du front, comme un mouchoir de poche. La bataille de la Marne, en septembre 1914, était plus ramassée dans le temps, mais courait de l'Ourcq aux marais de Saint-Gond, sur deux cents kilomètres. À Verdun, on n'en compte pas plus de vingt-cinq du village de Malencourt à l'ouest jusqu'au fort de Tavannes vers l'est. La bataille est étroitement circonscrite au cours sinueux de la Meuse et des collines boisées qui l'entourent. Les avancées allemandes vers Verdun sont de quatre kilomètres au maximum vers l'ouest, du village de Forges jusqu'à la butte de Mort-Homme, de sept à huit kilomètres au centre, du bois d'Haumont à la côte du Poivre, de cinq kilomètres à peine vers l'est, du bois d'Hardaumont au fort de Souville ; si l'on songe que la portée utile d'un canon de 75 français est de sept kilomètres, on s'aperçoit que toutes les armes portent sur un espace aussi resserré, y compris les canons les plus légers, que tout est réuni sur cette terre maudite pour une bataille d'anéantissement qui accumulera sur un espace restreint tant de cadavres.

Par l'exiguïté relative du champ de bataille et par la durée interminable des combats, du 21 février au 24 octobre 1916, la bataille de Verdun n'a pas d'équivalent dans la Première Guerre mondiale. On peut seulement comparer cet holocauste à Stalingrad, où s'affrontent furieusement Allemands et Soviétiques, de l'été 1942 à janvier 1943. Dans les deux cas, une bataille d'anéantissement sur un périmètre précis et sans autre limite de temps que l'épuisement complet des adversaires. Le choix des lieux s'inspire-t-il de considérations stratégiques ? Hitler veut envelopper les armées soviétiques et remonter jusqu'à Moscou, qu'il n'a pu prendre en 1941. Il ne fait aucun doute que les Allemands recherchaient à Verdun une percée d'un nouveau genre, éliminant, grâce à l'emploi des armes modernes, la guerre de position et rendant la priorité à la guerre de mouvement, dont les Junkers du Grand État-Major prussien regrettaient vivement la disparition. Mais pourquoi la Wehrmacht a-t-elle engagé en 1942, si loin de ses bases, une opération d'anéantissement sur les bords de la Volga, pourquoi en 1916 von Falkenhayn, chef d'état-major général, a-t-il décidé, sous prétexte *d'user* l'adversaire, d'engloutir les forces vives de sa propre armée, division par division, dans la fournaise de Verdun ?

La forme moderne de la bataille de Verdun est le défi industriel lancé par la nation la plus avancée d'Europe : puisqu'il suffit d'un nombre infini de petits postes de mitrailleuses pour arrêter la puissante armée allemande devant les tranchées des alliés, la concentration, sur un seul point, de moyens de guerre très puissants doit provoquer un tel saisissement chez l'adversaire qu'il admette l'inutilité de la lutte. C'est le raisonnement d'Hiroshima, à ceci près que la force allemande d'anéantissement vise un but militaire, et non civil. Ainsi Verdun n'a pas seulement un objectif stratégique : il ne s'agit plus, même si telle était à l'origine l'intention du chef d'état-major général, de percer le front, pour prendre Paris, ou encercler les armées alliées. Le défi du Kaiser dépasse les ambitions classiques du plan Schlieffen. Les soldats allemands doivent avancer casqués, masqués, l'arme à la bretelle, dans un paysage totalement anéanti, où pas un souffle de vie ne subsiste. Les gros calibres de la maison Krupp raseront, par leur tir convergent, le « saillant » de Verdun. La sentinelle alliée dans les lignes allemandes aura vécu. L'inadmissible verrue indécemment plantée sur la ligne lisse du front sera brûlée au chlore, à l'acide. Les unités d'assaut seront précédées de lance-flammes, qui « nettoieront » les trous du terrain, les anfractuosités où quelque survivant aurait pu, par miracle, se dissimuler. Le choix de Verdun est la résultante programmée d'un défi industriel. Les obus de gros calibres, les nouveaux projectiles à gaz asphyxiants, les bombes incendiaires lancées d'avions doivent faire la preuve de la supériorité absolue des armes « made in Germany » et mettre un point final à la guerre des taupes qui se poursuivait sur la ligne des tranchées, de la mer du Nord aux Vosges, depuis l'automne de 1914. De la sorte, la bataille engagée à Verdun n'a d'autre finalité que la mort.

*

* *

On ne s'explique pas autrement que le haut-commandement allemand ait décidé de porter soudain l'effort sur cette partie du front français, particulièrement difficile d'accès, vallonnée, boisée, hérissée de forts. Pourquoi le Kronprinz, fils de l'empereur Guillaume II et le chef d'état-major général von Falkenhayn ont-ils choisi Verdun, et poursuivi si longtemps leur effort insensé ? Serviteurs inconscients de la formidable machine industrielle allemande, ils avaient sans doute des motivations particulières, propres à leur caste. Après tout les Junkers qui commandaient les grandes unités étaient encore des princes aux casques décorés d'aigles d'argent, aux schapskas surmontées d'aigrettes. On n'était pas loin de l'époque où Bismarck partait en guerre habillé en cuirassier blanc de Prusse. Le choix très moderne du secteur de Verdun comme zone d'opération pouvait s'accompagner d'une sorte de rêverie historique, presque romantique, dans le goût des

Blücher et autres réformateurs allemands de 1814. Les nouveaux maîtres de l'armée étaient-ils fascinés par Verdun, la ville impériale, où Karl der Grosse (notre Charlemagne) avait choisi comme emblème l'aigle à deux têtes ? En 1792, en 1870, les Allemands avaient pris Verdun. Pourquoi pas en 1916 ? La chute de la ville impériale serait un succès psychologique pour l'Allemagne en guerre depuis dix-huit mois, qui n'avait pas réussi à venir à bout de ses deux adversaires du front de l'ouest et du front de l'est. Verdun, comme Metz, reviendrait au Reich.

Il était temps de changer le cours du destin. Les dieux des Niebelungen aideraient le Kaiser à Verdun : « L'ordre de Sa Majesté l'empereur et roi, disait l'ordre du jour du Kronprinz, commandant de la cinquième armée, nous appelle à l'attaque ! Soyons pénétrés de la conviction que notre patrie attend de nous de grandes choses ! Il s'agit de montrer à nos ennemis que la volonté de vaincre est restée vivante chez les fils de l'Allemagne et que l'armée allemande brise toute résistance là où elle passe à l'offensive. Fermement confiant que chacun de nous fera tous ses efforts dans ce but, je donne l'ordre d'attaquer. Que Dieu soit avec nous ! »

Tel quel, après dix-huit mois de guerre, ce discours est déjà anachronique. Les Allemands qui roulent de nuit dans les innombrables trains qui convergent vers Verdun, depuis le début de février 1916, ne sont plus coiffés de casques à pointes en cuir bouilli. Les Uhlans, les *Totenkopfhusaren* ne courent plus à l'avant du front, la flamme de Prusse au bout des piques. On n'aperçoit plus guère la croix de fer que sur les vestes *feldgrau* des fantassins recouvertes de boue. Les seuls chevaliers, héritiers de la tradition médiévale qui échappent au combat des taupes et des rats sont les aviateurs qui ont peint les couleurs de Prusse sur leurs triplans rouges. Tous les autres sont logés à la même enseigne, cavaliers et fantassins, qu'ils viennent de Poméranie comme les soldats de la garde impériale, de Bavière, du Rhin ou d'Alsace.

Les officiers portent, comme les hommes, le lourd casque d'acier (*Stahlhelm*) qui ressemble à une marmite. Quand le Kronprinz commande, ses sujets ne songent pas toujours à obéir dans le respect révérencieux de l'ordre prussien. L'armée a vécu dix-huit mois dans les tranchées des Flandres, de l'Yser, dans la boue de l'Argonne ou la glaise lorraine. Elle ne comprend plus guère le langage des seigneurs de la guerre. Le seul qu'elle admette encore est celui du canon : en voyant les mille pièces rassemblées dans le mince périmètre de Verdun, les soldats allemands peuvent se persuader que la dernière heure est arrivée, celle de l'anéantissement inéluctable de l'adversaire par la force de la grosse industrie métallurgique et chimique de la Ruhr. Ils ne sont pas là pour combattre, mais pour assister, une fois sortis de leurs *Stollen*, de leurs confortables abris bétonnés, à l'apocalypse promise.

*
* *

Les Français refusent le défi. Ils ne veulent pas se battre à Verdun. En tête des réfractaires, le généralissime Joffre. Il sait parfaitement que les Allemands ont réussi, au prix d'un déplacement de trois corps d'armée en 1915, à stabiliser le front de l'est. Depuis lors, ils concentrent à nouveau des troupes sur le front franco-britannique. En décembre 1915 déjà, le service de renseignements de l'armée française signalait le passage par Vienne et Munich de convois d'artillerie lourde en provenance de Serbie ; quatre grands canons sur plates-formes faisaient mouvement avec difficulté depuis les Flandres et non sans se faire remarquer ; entre Aix-la-Chapelle et Bruxelles, six cent mille hommes environ étaient concentrés. Où seraient-ils employés ? On dénombrait à l'arrière du front, en février, seize nouvelles divisions allemandes de retour de Russie. La circulation des trains était renforcée dans la région de Verdun, les voies ferrées de Charleroi et de Namur étaient encombrées, signalaient les observateurs d'aviation. Les rapports précisaient que de lourdes pièces de 380, et même de 420 étaient en route depuis la Belgique. À l'évidence, Falkenhayn préparait une offensive, mais Joffre ne voulait pas admettre qu'elle fût dirigée contre Verdun.

Il avait fait désarmer tous les forts des deux rives de la Meuse, y compris Douaumont. Liège, la plus puissante des forteresses européennes, avait été conquise par Ludendorff grâce au tir des obusiers lourds. Namur, ni Maubeuge n'avaient pas tenu davantage. Cinquante mille hommes s'étaient laissés enfermer dans cette dernière place, et Joffre pouvait à bon droit prétendre que les places fortes devaient être vidées de leur garnison pour que celles-ci ne fussent pas prises au piège.

La « région fortifiée de Verdun » était ainsi en cours de démantèlement et les troupes de place devaient être affectées aux tranchées. Les canons lourds de Douaumont, de Vaux, de Souville, de Boulainville et de Belleville avaient été évacués. La défense devait être organisée sur trois lignes de tranchées fortifiées. Le renforcement du secteur était si peu prioritaire que le général de Castelnau, en mission d'inspection au mois de janvier, avait signalé que la deuxième ligne était en ruine et la troisième inexistante. Même la première devait être améliorée, si l'on voulait soutenir un assaut. Les travaux étaient menés mollement. Personne ne croyait à une attaque dans un secteur aussi mouvementé, si facile à défendre.

Joffre était d'ailleurs de nouveau aiguillonné, malgré sa prudence légendaire, par la tarentule de l'offensive. Ses précédents déboires ne l'avaient pas découragé. Il avait utilisé en Champagne 1 100 pièces lourdes et 1 400 canons de campagne. Il avait aligné à l'arrière immédiat du front les 155 courts qui commençaient à sortir des arsenaux et des usines. Les soldats de la 2e armée, commandée par Pétain, avaient attaqué sur 40 km de front avec ceux de la 4e, aux ordres du général de Langle de Cary. « Les généraux, écrivait alors le lucide Fayolle, espèrent crever le front. Leur illusion est grande… Ils échoueront pour les raisons cent fois données, dont la principale est l'impossibilité de réduire au silence l'artillerie ennemie. Il y aura dix mille hommes par terre pour gagner un kilomètre. »

Il n'importe, Joffre et Foch demandaient aux attaquants de « marcher sur les ruines » des villages détruits par le canon. À trente-neuf divisions contre dix-sept, la percée n'avait pas réussi en Champagne et les Français étaient tombés par dizaines de milliers dans le « ravin des cuisiniers », le système défensif de la « brosse à dents », dans le « trou Bricot » et la ferme Navarin. Un renfort de quarante mille hommes dépêché par Castelnau pour exploiter la percée avait eu 40 % de pertes. Joffre préparait pourtant une nouvelle offensive, grâce à des renforts britanniques : elle était prévue pour le 1er juillet 1916 sur un front de 70 km, le long de la Somme. Il ne voulait pas être distrait par un assaut de Falkenhayn sur Verdun qu'il considérait, d'avance, comme une manœuvre d'intoxication. La véritable attaque, estimait le généralissime, devait avoir lieu en Champagne. Il n'était pas question de dégarnir ce front ni de renoncer à l'offensive alliée « décisive » prévue pour l'été.

Peut-on reprocher à Joffre de s'être trompé ? Falkenhayn n'alignait à tout prendre devant Verdun que six divisions en tête de son dispositif d'attaque, contre deux françaises qui pouvaient être renforcées sans dommage pour l'ensemble du front, sans handicap pour l'avenir proche. Cette bataille pouvait apparaître comme secondaire, et les Français étaient maîtres du terrain. Pétain, dont l'armée avait été matraquée en Champagne, déjà hostile à une résistance frontale contre une force d'agression disposant de soutiens considérables, déjà favorable à un recul sur la deuxième ligne avec contre-attaques sur les ailes soutenues par de longs tirs d'artillerie, refusait de se risquer à des ripostes qui n'avaient aucune chance d'aboutir. S'il fallait se battre à Verdun, il exigeait qu'on change la donne, et qu'à défaut d'un renfort immédiat, on admette l'idée d'un recul contrôlé.

Les duels d'artillerie utilisant d'énormes moyens n'étaient pas une surprise pour les combattants des deux côtés : Français et Allemands les avaient éprouvés avant chaque nouvelle attaque. Celui qui se préparait à Verdun serait-il différent des autres ? À l'évidence le commandement de Chantilly, comme les généraux d'armées, se refusaient à considérer l'attaque allemande comme une opération d'envergure. Ils n'avaient pas les yeux tournés sur Verdun.

*
* *

Ils n'étaient pas les seuls à refuser d'entrer dans une bataille d'extermination. Les soldats aussi. Ils se désespéraient de monter en ligne dans un secteur difficile, mal défendu, peu préparé à un assaut de cette importance. Ils étaient, pour la plupart, des rescapés des offensives de 1915. Ils remontaient au « casse-pipe » la mort dans l'âme. Puisqu'ils étaient de nouveau sacrifiés, ils exigeaient que chacun eût sa part du sacrifice. Si l'État-Major n'offrait à l'offensive de Falkenhayn et du prince héritier de Prusse que les poitrines des « poilus », une exigence nouvelle de démocratisation de la guerre se faisait jour : chacun devait, à chances égales, affronter la mort. Idée dangereuse, qui permettrait à l'État-Major, en organisant la rotation constante des unités, de poursuivre en toute bonne conscience le renforcement progressif des effectifs d'infanterie, sans pour autant déplacer pour une concentration suffisante les moyens lourds que l'on tenait à part, en prévision d'autres combats.

Les poilus admettaient de plus en plus mal d'être donnés en exemple et en spectacle, pour leur courage, au reste de la nation. Ils haïssaient les gendarmes, dont la mission était d'empêcher les déserteurs de quitter la zone des combats. Un chasseur au bras en écharpe montant en ligne avait salué un piquet de gendarmes, puis il leur avait demandé, déchaînant l'hilarité dans la troupe : « Beaucoup de pertes, chez vous ? »

Les jeunes soldats, dans le roman d'Erich Maria Remarque *À l'Ouest rien de nouveau* se souviennent avec rage des discours patriotiques de leur professeur, Kantorek, qui les persuadait de s'engager au bureau de recrutement de la ville. Pour lui, « servir l'État était la valeur suprême, dit le héros, nous savions déjà que la peur de la mort est plus forte ».

Un ancien du 95e d'infanterie, le lieutenant Jacques Péricard, raconte qu'en marchant pour prendre position dans le village de Douaumont, sa compagnie invectivait les « planqués », les « embusqués », insultait ceux qui descendaient du front, les camarades qui attendaient les barges sur la Meuse pour gagner l'arrière, les artilleurs, les aviateurs, et même les civils évacués de Verdun qui souriaient d'aise en les voyant monter en ligne, après avoir parcouru cinquante-deux kilomètres en trente-six heures :

– Hé les croquants ! cela vous amuse que nous allions nous faire casser la gueule ?

Ils grognaient, mais poursuivaient leur marche, avec trente-cinq kilos de bagage sur le dos et la couverture en sautoir, deux jours de vivres et deux rations de réserve dans la musette, cent cinquante cartouches dans les cartouchières, les grenades à manche, ainsi que le long couteau de tranchée, distribué à plus de cent mille exemplaires aux troupes d'assaut pour le « nettoyage », les paquets vides de sacs de terre, le masque à gaz, les pelles et les pioches, sans compter les effets de rechange, le fusil Lebel et sa baïonnette.

Ils n'avaient pas l'intention, comme en 1917, de faire la grève de la guerre. Ils attendaient au contraire avec une certaine impatience l'imminent engagement, comme si la présence de l'ennemi devait les libérer de leur angoisse. D'un côté comme de l'autre, Français et Allemands montaient en ligne le désespoir au cœur, d'avance persuadés que cette rencontre serait au moins aussi meurtrière que les précédentes, et tout aussi inutile. Certes, de toutes leurs forces, ils marchaient encore pour défendre la patrie, mais ils récusaient l'holocauste. Ils maudissaient les chefs lointains qui les conduisaient au carnage sans leur donner les moyens de survivre. Ils n'avaient plus seulement l'ennemi en haine, ils commençaient à haïr la guerre.

Les Allemands n'étaient pas les moins angoissés. Ils ignoraient leur destination quand ils s'entassaient dans les trains, partis de Belgique, du Luxembourg ou de Sarre, qui circulaient dans la nuit obscure. Ils avaient accompli de longues marches à pied avant d'atteindre leurs cantonnements à l'arrière immédiat du front. Au dernier moment, ils avaient entendu leurs officiers parler de Verdun, but de l'offensive. Les centaines d'emplacements d'artillerie qu'ils avaient rencontrés en chemin les avaient rassurés et inquiétés. Combien de fois avaient-ils entendu cracher les grosses pièces pendant des heures entières avant de voir leurs camarades tomber par dizaines de milliers dans la boue de l'Argonne ou des Flandres ? L'ordre du jour du Kronprinz n'annonçait pas pour eux la victoire rayonnante, sans trouble et sans danger, mais l'heure venue de sanglants sacrifices. Il n'était pas de nature à les réjouir.

Mais la guerre, une fois de plus, affirmait son visage monstrueux : elle obligeait à marcher ensemble vers la mort, par une sorte de fatalité, des masses considérables d'hommes qui ne pouvaient songer à quitter les rangs. Ils devaient suivre cet officier à cheval qui ouvrait la voie, au son des tambours plats de Prusse, sans se détourner un instant. Comment échapper à ce flux formidable de six cent mille soldats qui irait s'engouffrer dans l'entonnoir de Verdun ?

En face, Joffre tenait deux millions cinq cent mille hommes dans les tranchées. Les renforts qui marchaient sur Verdun devaient presser le pas. Tout retard dans la colonne était inimaginable. Dans les rangs français, on plaçait les sacs des plus exténués sur les « ridelles » des chariots d'accompagnement, pour qu'ils n'aient pas le moindre prétexte à refuser d'avancer. Les bataillons s'égrenaient sur la route neigeuse, suivis par les pelotons de la gendarmerie. Depuis la retraite de Charleroi, les déserteurs étaient immédiatement châtiés par des cours martiales improvisées. Il n'était pas question de discuter les ordres, encore moins de les négliger. Des officiers irréprochables, les lieutenants Herbin et Milan, du 347e R.I., seraient fusillés, au cours de l'action, pour avoir ordonné un décrochage alors que les consignes de l'état-major de l'armée étaient de se faire « tuer sur place ».

Cette expression, qui remonte à la Révolution française, ne s'applique pas à des soldats de métier. Seul un citoyen sous les armes peut accepter que le devoir civique aille jusqu'au sacrifice. Cet « impôt du sang », nul ne le conteste à l'époque. Il fait partie de l'instruction républicaine et assimile les victimes aux héros des manuels scolaires de l'école primaire laïque, gratuite et obligatoire. Les fanfares des régiments d'infanterie jouent couramment *Sambre et Meuse* et *la Victoire en chantant*, des hymnes héroïques. Les jeunes du 151e d'infanterie partent à l'assaut des pentes du Mort-Homme en chantant la Marseillaise.

Joffre a déjà demandé, dans un ordre du jour célèbre du 6 septembre 1914 le « sacrifice suprême » aux combattants de la Marne exactement dans les mêmes termes. Il se trouve que la mythologie républicaine convient parfaitement à une armée nombreuse, dont les combattants doivent obéir à tout prix aux ordres implacables sous peine de se débander et d'ouvrir au pays les portes de la nation. On avait, en 1794, guillotiné les « vierges de Verdun » accusées après l'infamante reddition de la ville, d'avoir « offert des dragées au roi de Prusse ». Tout recul sur la position mythique de Verdun serait sanctionné par le pays comme le résultat d'une insupportable trahison, d'une inadmissible lâcheté. Les hommes qui montent en ligne à Verdun savent qu'ils vont mourir. Groupés en bataillons, ils vont à la bataille au son du canon, par dizaines de milliers, en d'interminables colonnes.

Une armée de masse ne pouvait faire la guerre que dans le respect absolu de la discipline. Le général de Castelnau aurait à Verdun son troisième fils tué au front. Quand il avait pris lui-même la route du front, le soldat Guénolé Goalès, d'Argol en Finistère, avait appris la mort de ses deux frères aînés Jean-Pierre et Corentin, partis en août 1914 : nivellement de la mort, qui rendait possible et acceptable le lugubre et déchirant sacrifice de millions d'hommes.

*
* *

L'État-Major français, au début de la bataille, ne peut en mesurer exactement l'importance, faute d'une observation aérienne suffisante, et parce que la nature du terrain oblige von Falkenhayn à engager au départ un nombre réduit de divisions sur un front étroit. Les six grandes unités qui se présentent devant les lignes françaises en masquent beaucoup d'autres, mais Joffre peut légitimement en douter. Seule l'importance du bombardement donnera l'alerte générale : on ne fait pas intervenir mille pièces d'artillerie pour une action de diversion, même si l'on dispose de la formidable capacité de production des usines Krupp. Mais comment mesurer au juste la densité du feu aux premières heures de la journée ? Le premier caractère de la bataille de Verdun est l'improvisation dans les rangs français.

Nul n'est capable, faute de liaisons, et de moyens d'observation ou de renseignements, de décrire au plus juste les premières phases du drame. L'État-Major n'est pas en mesure d'opposer une réponse coordonnée. Il est aveuglé, parce que ses troupes à Verdun sont d'entrée de jeu écrasées et qu'il est sans nouvelles de la plupart des unités.

Aux premiers jours de la bataille, les officiers de Chantilly sont incapables de dessiner les lignes françaises parce que celles-ci n'existent plus. L'improvisation n'est pas une faiblesse, c'est une nécessité. À la bataille d'anéantissement industriel engagée par les Allemands, il ne peut y avoir, faute de moyens équivalents, de réponse appropriée. Tout dépend du comportement individuel des soldats perdus, de leur capacité de résistance, en définitive du courage des hommes. Les combattants se plaignent tous, en ces premières journées de l'assaut, de l'insuffisante réponse de l'artillerie française, de la maîtrise du ciel par les avions ennemis. Mais quand cesse le vacarme des obus, il suffit de quelques postes de mitrailleuses restés intacts, de fusiliers cachés derrière les décombres, abrités dans les ruines des villages détruits pour retarder, et parfois contenir la ruée de l'infanterie, en attendant la montée en ligne des renforts. Il n'y a plus de tranchées à Verdun. Les hommes qui se lèvent pour résister ignorent la position de leur propre unité. Leur réflexe est presque individuel, limité à de petits groupes sans communication possible avec les P.C. de l'arrière. Une des raisons qui ont répandu dans le monde le nom de Verdun est l'extraordinaire et imprévisible réaction des hommes en colère contre la guerre terroriste. Loin d'avoir anéanti tout espoir, le *Trommelfeuer* a rendu fous les survivants, jusqu'à leur faire prendre des risques insensés pour faire payer au prix fort la terreur qu'on leur a fait subir. Qu'importe la mort si les hommes en vert qui se pressent par milliers sur la terre exfoliée connaissent le châtiment ? Il n'y a plus ici de mythologie qui tienne. Le catéchisme républicain n'est d'aucun secours à Verdun. L'enchaînement du drame est tel que les hommes n'ont pas besoin d'ordres, ni de menaces, ni de promesses pour prendre en charge leur propre survie, avec une rage qui ne doit plus rien à la ferveur patriotique. « C'est l'instinct de la bête qui s'éveille en nous, dit le héros de Remarque, qui nous guide et nous protège. » On connaît la prière de Jacques Péricard : « Notre Père qui êtes aux cieux, élargissez mon cœur afin qu'il puisse contenir plus de haine. » Sans ce sursaut presque viscéral, le 7e corps de réserve du général von Zwehl, qui attaquait en premier à Verdun, serait entré à cheval dans la citadelle déserte. Il avait devant lui des hommes rendus fous par le feu de l'enfer.

L'engrenage se répète d'épisode en épisode : à chaque nouvelle démonstration de la puissance allemande, les Français, toujours à court de canons, répondent par la résistance obstinée de leur infanterie. Ils ont d'autant plus de mérite que les forts désaffectés ne leur sont, dans un premier temps, d'aucun secours, alors qu'ils auraient pu servir de môles de résistance, de pôles de reconstitution des lignes bouleversées. La prise de Douaumont par une compagnie bavaroise est restée exemplaire. Elle donne à la bataille, du côté français, son deuxième caractère : le désordre qui résulte de l'improvisation, poussé parfois jusqu'à l'incohérence ; il a suffi aux Allemands d'une compagnie pour s'emparer de Douaumont ; deux cent mille hommes seront nécessaires pour le reprendre. La résistance acharnée du commandant Raynal au fort de Vaux, qui a permis à l'état-major de Chantilly de faire face à la menace d'enveloppement par le sud est la contre-preuve de cette incohérence. À constater les effets heureux de cette résistance, on imagine ce que Douaumont garni de ses pièces lourdes aurait pu apporter de secours aux Français, aux premières heures de la bataille.

L'improvisation se poursuit néanmoins, au niveau de l'État-Major français, quand se succèdent les assauts ennemis. Des divisions allemandes fraîches accourent sans cesse, dans un ordre déterminé, tandis que se renforce encore la puissance du feu, à peine contrebattu par les canons français qui tonnent enfin, à partir de la rive gauche de la Meuse. Pétain, avec ses adjoints Balfourier, Guillaumat, Bazelaire et Duchêne a repris la situation en main. La hernie de Verdun ne sera pas tranchée.

Une des raisons du choix du site par von Falkenhayn était la faiblesse, pour ne pas dire l'inexistence du réseau français de communications : une seule route, la nationale 35, en piteux état, un seul chemin de fer à voie étroite, bientôt bombardé. L'improvisation ici fait merveille : les taxis de Paris avaient accompli dans l'imagination populaire le miracle de la Marne. Les camions de la « voie sacrée », de Bar-le-Duc à Verdun, réussiraient un nouvel exploit : relier au reste du pays les combattants isolés de Verdun, leur permettre d'échapper à l'encerclement. Après le courage individuel des fantassins, voici l'autre aspect moral de la grande bataille : la solidarité du pays combattant qui se manifeste par un long cordon lumineux de secours trouant les nuits froides de ses phares jamais éteints. Camionneurs, terrassiers, infirmiers sont associés au sacrifice des hommes de première ligne, et leur solidarité n'est pas contrainte : ils ont aussi le sentiment de contribuer à la victoire, en allant jusqu'au bout de leurs forces. Verdun est, de ce point de vue, l'illustration de la nation solidaire.

La solidarité est aussi celle du sang : dans la mythologie révolutionnaire, les fils combattaient dans les demi-brigades avec les pères. Dans les rangs français comme chez l'ennemi, les jeunes classes sont jetées dans le feu d'enfer. L'arrivée des conscrits à peine instruits de la classe 16 ne résulte pas d'une volonté affirmée de l'État-Major de reprendre la vieille antienne de la solidarité des générations dans le sacrifice. Les statisticiens de Chantilly ont fait leur compte : l'hémorragie est telle qu'il faut précipiter aussi les plus jeunes dans la fournaise. Ainsi apparaît l'idée moderne, consternante, que cette guerre civile européenne ne peut se terminer qu'au « dernier quart d'heure », au bénéfice de ceux qui auront su sacrifier jusqu'au bout leurs forces vives. De ce point de vue la bataille de Verdun est un holocauste consenti.

*
* *

Elle est d'autant plus meurtrière qu'elle est incessante. Les témoins ont décrit le ciel embrasé en permanence par les fusées, les incendies, les illuminations. Quand les tirs cessent dans un secteur, ils reprennent dans un autre, comme un feu de brousse se rallume, sur la terre déjà brûlée, selon les caprices du vent. « Au nord, dans la direction de Douaumont, écrit Péricard, le canon continue de gronder sans arrêt. » Et Erich Maria Remarque : « Même dans les dépôts reculés où nous allons au repos, le grondement et le vacarme assourdi du feu restent toujours présents à nos oreilles. Nous n'allons jamais assez loin pour ne plus l'entendre. »

Les actions offensives sont rarement générales. On se bat pour améliorer les positions, pour éviter le tir d'une batterie trop bien placée, pour débusquer des nids de mitrailleuses. Les Français cherchent constamment à renforcer leurs défenses, à organiser leur front, à sortir de l'improvisation. Les attaques, le plus souvent précédées de tirs d'artillerie, engagent un bataillon, parfois une compagnie, jamais une division. Il ne peut y avoir de repos dans les lignes. On ne peut y dormir ni se détendre, comme le font les hommes des tranchées dans les Flandres, les Vosges, la Champagne, en dehors des périodes de grandes offensives. À Verdun le canon tonne sans arrêt, sans répit pour les combattants. La parcellisation du front rend chaque secteur vulnérable, engagé dans des attaques mineures, qui peuvent à tout moment survenir.

Les chefs de section, les commandants de compagnie, à la limite les chefs de bataillons sont les héros de Verdun, enfouis dans le sol comme leurs hommes. Quand les colonels ont du cœur, il leur arrive de paraître en première ligne, et même de conduire les grandes attaques où le régiment est engagé. Mais, pour le quotidien, seuls les gradés inférieurs vivent, dans l'égalité la plus complète, au rythme de la troupe. Ces cadres de proximité se rajeunissent sans arrêt, par l'effet des pertes. On nomme sous-lieutenants au feu de jeunes aspirants venus de l'arrière, à peine instruits. Les capitaines et les commandants deviennent rares, ils se font tuer comme des sergents. Les lieutenants font office de capitaines, ils sont nommés « à titre provisoire ». Un avocat de vingt-cinq ans, Raymond Jubert, engagé volontaire au 91e d'infanterie de Mézières fait ses classes en quelques mois et part au front comme aspirant le 28 avril 1915. Blessé, hospitalisé, il rejoint le front dès novembre avec le grade de sous-lieutenant. L'usure des officiers, et la promotion rapide au front, s'expliquent par l'extraordinaire densité des bombardements qui répandent la mort dans les tranchées sans distinction de grade. On voit à Verdun mourir des capitaines et des chefs de bataillon, et même des colonels. Quant aux généraux, leurs visites sont rares en première ligne. La solidarité des chefs de section et des officiers de petit grade s'affirme sur le champ de bataille, appelé, dans les discours officiels « champ d'honneur », et survivra après la guerre dans les associations d'anciens combattants. La distinction se fait au front entre ceux qui commandent à l'arrière, entourés de leurs états-majors, de leurs services, de leurs agents de liaison, et ceux dont la mort est la compagne quotidienne.

La bataille de Verdun a engagé assez de troupes, sur une assez longue durée pour que ce sentiment ait fini par constituer une référence morale : seuls peuvent juger de la guerre ceux qui ont combattu à Verdun. Plus tard, dans leurs discours, d'illustres et authentiques anciens combattants paraîtront s'excuser d'en avoir été absents, bien qu'ils se soient couverts de gloire sur d'autres théâtres d'opérations, comme si le passage par l'enfer attribuait aux divisions concernées une position dominante dans la hiérarchie des mérites guerriers. Ce n'est pas le moindre caractère de cette bataille d'anéantissement que d'apparaître comme le sommet de l'héroïsme d'une nation.

Du moins en France, car l'héroïsation de Verdun n'existe pas à ce degré en Allemagne. Les combattants décrits par Erich Maria Remarque, étaient enfouis dans les tranchées des Flandres où ils avaient le plus souvent comme adversaires des Britanniques. La sublimation du champ de bataille, et plus tard l'héroïsation de Pétain, dit « le vainqueur de Verdun », tient à la volonté française de célébrer cette très longue suite d'opérations meurtrières comme une victoire.

*

* *

Peut-on parler de victoire ? Sans doute, si l'on compare Verdun à la Marne. Une bataille d'arrêt, mettant fin à un plan stratégique de l'État-Major adverse. Joffre, en attaquant sur la Marne, a contrebattu le plan Schlieffen qui supposait l'encerclement de toute l'armée française en une gigantesque nasse, de l'Ourcq aux Vosges. La retraite des armées allemandes sur l'Aisne, la « course à la mer » et l'immobilisation de plusieurs millions d'hommes en deux lignes continues de tranchées parallèles marquait un tournant dans l'histoire de la guerre. Les Français, les Belges, les Britanniques avaient réussi à imposer à l'Allemagne la fin de la guerre de mouvement prévue par la plan Schlieffen.

L'attaque du Kronprinz à Verdun était destinée, dans les vues du Grand État-Major, à reprendre à l'inverse les données du plan Schlieffen : la percée sur ce secteur se serait accompagnée d'une avance sur Paris, isolant toutes les unités qui combattaient sur le front du nord. De la sorte, Verdun pouvait être le début d'une victoire stratégique. La résistance française a incontestablement sauvé le front, elle est bien une victoire, sans pour autant impliquer, comme celle de la Marne, une modification profonde dans la nature de la guerre. Si l'on considère la contre-attaque française réussie du 24 octobre 1916 comme la fin de la bataille de Verdun, force est d'observer que les engagements partiels, les offensives limitées se prolongent en 1917, et qu'on meurt encore à Verdun cette année-là. La région ne sera sauvée définitivement que par l'offensive américaine de 1918.

Après l'échec des tentatives allemandes de percée, de février à juin 1916, Falkenhayn a déjà renoncé à toute ambition stratégique pour rechercher un autre but : la destruction délibérée, méthodique, division par division, de l'armée française. Les deux objectifs semblent avoir été mêlés au départ : « Mes amis, aurait dit le Kronprinz aux officiers allemands avant le début de l'action, il nous faut prendre Verdun. Il faut qu'avant la fin de février, tout soit terminé. L'empereur viendra alors passer une grande revue (*ein feste Parade*) sur la place d'Armes de Verdun et la paix sera signée. » Il est possible que Falkenhayn ait eu l'intention, dans son dernier coup de boutoir du mois de juin, de rechercher encore ce succès moral de la prise de la place désormais mythique de Verdun. Pour les mêmes raisons morales, à la fin de 1942, Hitler voulait encore défendre Stalingrad. Il cherchait à faire la preuve que le soldat allemand ne renonce jamais. Si Verdun ne tombait pas, la saignée de l'armée française serait considérable, et empêcherait les responsables politiques et militaires d'espérer une paix de victoire. La France « usée » demanderait elle-même une paix de compromis, et la Grande-Bretagne suivrait. La logique de l'engagement exigeait la poursuite de l'anéantissement avec des moyens renforcés. Les combattants français pouvaient avoir le sentiment, ayant repoussé tant d'assauts, qu'ils avaient gagné la partie, mais l'épuisement de leur armée les mettrait à la merci d'une offensive montée sur une autre partie du front, par exemple avec des effectifs prélevés sur le front russe.

Cette tactique, qui ne poursuivait plus qu'un but politique et ne se faisait guère d'illusions sur une chance de percée reposait sur l'économie minutieuse des effectifs et des moyens. On entrait dans une phase comptable de la guerre, celle des statisticiens. On était encore loin, du côté allemand, de la révolution russe et de l'arrêt des combats à la suite de l'armistice de Brest-Litovsk. Les Français devraient attendre longtemps l'entrée en guerre des États-Unis (avril 1917) et le débarquement des deux millions de *doughboys*. Les adversaires devaient tenir, prolonger le combat en ménageant leurs effectifs, en les engageant avec parcimonie. Cette politique était facile à réaliser tant que Falkenhayn disposait d'une supériorité absolue de l'artillerie et de l'aviation. Elle deviendrait de plus en plus compromise quand les renforts français permettraient à Joffre et à Pétain de reprendre l'avantage. Ils auraient alors la possibilité de répandre à leur tour le feu meurtrier qui écrasait les positions ennemies et décourageait tout espoir de percée. La production massive de canons lourds entrés en ligne à l'automne et le renversement de la situation dans les airs devaient aider puissamment l'état-major de Chantilly à lancer les premières attaques heureuses, celles qui tendaient, sans y parvenir encore, à retrouver la ligne du front de février 1916.

La résistance française à Verdun est en soi une victoire : si elle n'a pas changé la nature des combats, elle a interdit à l'adversaire toute reprise de la guerre de mouvement, et résisté à la tentative d'anéantissement des effectifs. Victoire du moral et du terrain, plus que de la stratégie d'état-major ; bataille subie par Joffre, imposée jusqu'au bout par l'ennemi. À partir de la fin du mois de juin 1916, Falkenhayn commence à dégager le front de Verdun, pendant que Joffre rassemble ses effectifs pour son attaque sur la Somme, prévue le

1er juillet. Est-ce un hasard si les deux chefs sont « limogés » à peu de distance : dès le 27 août 1916, Guillaume II tire les leçons de l'échec et remplace Falkenhayn. Est-ce reconnaître la victoire des Français à Verdun ? Quand Hindenburg, le vainqueur de Tannenberg, devient le chef de l'État-Major, assisté par le quartier-maître-général Ludendorff, il s'emploie d'abord à redresser le moral, bien que les troupes allemandes aient réussi à repousser, une fois de plus, l'offensive alliée dans le nord. Joffre est à son tour « limogé » en décembre, bien qu'il ait réussi à tenir Verdun, parce qu'il a échoué sur la Somme. On ne lui sait aucun gré de la victoire la plus éclatante pour le moral français qu'il a conduite de bout en bout avec Pétain, puis Nivelle et Mangin. Comme si cette victoire, cependant célébrée dans le pays et dans le monde entier comme celle de la résistance d'un peuple avait eu peu d'influence sur le sort de la guerre. Cela confirme que la bataille de Verdun a été gagnée par les soldats français, et non par les généraux. Ils sont les seuls à pouvoir témoigner de leur acharnement à tenir, de leur volonté de survivre, de leur aptitude à vaincre.

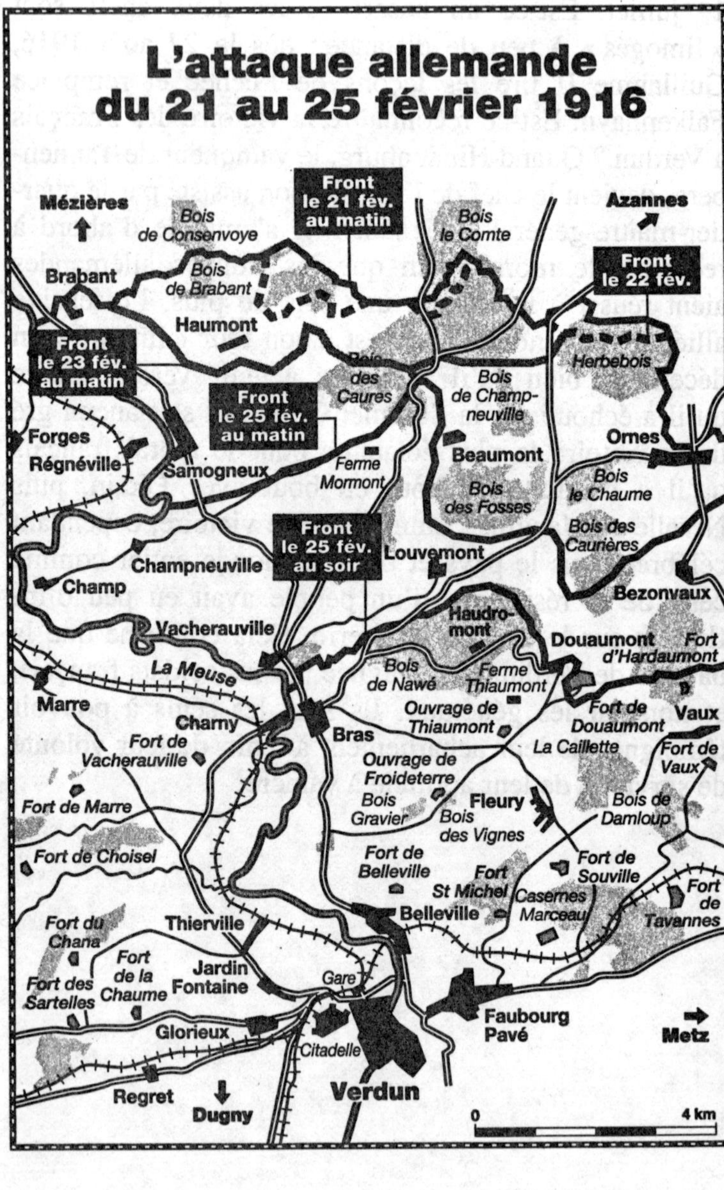
L'attaque allemande
du 21 au 25 février 1916
Mézières
Bois de Consenvoye
Front le 21 fév. au matin
Bois le Comte
Azannes
Front le 22 fév.
Brabant
Bois de Brabant
Haumont
Front le 23 fév. au matin
Bois des Caures
Bois de Champneuville
Herbebois
Front le 25 fév. au matin
Forges
Régnéville
Samogneux
Ferme Mormont
Beaumont
Ornes
Bois le Chaume
Bois des Fosses
Front le 25 fév. au soir
Bois des Caurières
Champneuville
Champ
Louvemont
Bezonvaux
Haudromont
Vacherauville
Douaumont
Fort d'Hardaumont
La Meuse
Bois de Nawé
Ferme Thiaumont
Marre
Charny
Bras
Ouvrage de Thiaumont
Fort de Douaumont
Vaux
Fort de Vacherauville
La Caillette
Fort de Vaux
Ouvrage de Froideterre
Fort de Marre
Bois Gravier
Fleury
Bois des Vignes
Bois de Damloup
Fort de Choisel
Fort de Belleville
Fort de Souville
Fort St Michel
Casernes Marceau
Fort de Tavannes
Fort du Chana
Thierville
Belleville
Fort de la Chaume
Jardin Fontaine
Gare
Fort des Sartelles
Glorieux
Citadelle
Faubourg Pavé
Metz
Regret
Verdun
Dugny
0
4 km

Chapitre 1

L'ATTAQUE DU 21 FÉVRIER

Il est sept heures du matin. Le soleil vient de se lever, illuminant les parcelles de neige accrochées aux branches des sapins du bois des Caures ou du bois d'Haumont, à proximité immédiate des premières lignes allemandes, au centre du front de Verdun. Le brouillard s'est dissipé, la neige glacée a gardé les reflets roses de l'aurore. Le vent souffle de l'est. Les oreilles attentives des guetteurs perçoivent des bruits dans les lignes allemandes, des roues de charrettes sur des chemins rocheux, des hennissements de chevaux, des piétinements sourds qui pourraient être ceux d'une troupe montant en ligne. Rien d'inquiétant.

Les Français aux premières loges appartiennent à deux grandes unités, ceux de la 72e division d'infanterie, aux ordres du général Bapst tiennent le front entre le village de Brabant-sur-Meuse et les lisières occidentales du bois des Caures. À leur droite, ceux de la 51e division commandée par le général Boulangé doivent défendre le bois des Caures et celui d'Herbebois, jusqu'au village d'Ornes. Ils sont exactement dans l'axe de la première poussée allemande mais ils ne peuvent naturellement pas le savoir. Dans la ligne assez peu fortifiée des tranchées françaises, on n'a pas jusqu'ici la certitude d'une attaque allemande, même si le long silence de l'artillerie dans ce secteur paraît aux sergents expérimentés, aux anciens de Champagne, du plus funeste effet. Mais aucune alerte particulière n'est donnée par les états-majors. Il est vrai qu'ils sont loin des premières tranchées : Bapst et Boulangé appartiennent au XXXe corps du général Chrétien, dont le P.C. est à Souville, plus près de Verdun que des tranchées. Celui du général Herr, dont dépend l'ensemble de la région fortifiée de Verdun (et responsable de son désarmement) est à Dugny-sur-Meuse, au sud de la place. Quant au général de Langle de Cary, qui commande le groupe des armées du centre, il est très loin du front, à Avize, dans la Marne, au sud d'Épernay. Les informations venant de Verdun passent par des filtres échelonnés, qui les déforment en fonction de l'idée générale que le général transmetteur de messages se fait lui-même de la situation. Quand elles arrivent au quartier général de Joffre à Chantilly, elles sont souvent difficiles à interpréter. C'est pourquoi les différents postes de commandement délèguent sur place, en cas de menace grave, des officiers d'état-major en mission spéciale pour rendre compte directement et par téléphone.

Le 21 février au matin, l'État-Major général est aussi peu informé que les guetteurs en première ligne au bois des Caures. Non qu'il n'ait pas reçu de renseignements. Ils sont arrivés en si grand nombre qu'il est difficile de se faire une religion. Le 20 février, à dix-huit heures, trois soldats allemands ont déserté dans la région d'Étain. Ils appartiennent au 143e régiment d'infanterie du XVe corps allemand, celui du général Deimling. L'un d'eux, un Alsacien, annonce une grande attaque allemande pour le lendemain à cinq heures du matin. Personne ne veut le croire. Le général Herr a bien entendu parler de la construction des *Stollen*, ces abris fortifiés de béton, mais il juge ces ouvrages purement défensifs. Tous les renseignements lui ont indiqué que les Allemands avaient construit leurs lignes de tranchées fortifiées assez en retrait du front français, et qu'ils n'ont pas creusé de parallèles d'attaque dans la région de Verdun. De Langle de Cary, à son état-major d'Avize, est sceptique sur l'hypothèse d'une grande offensive allemande.

Depuis le 18 février, les informations parvenues au Q.G. de Joffre sont nombreuses mais contradictoires. Les mouvements de trains et les colonnes allemandes repérées par les aviateurs sur les routes annoncent, il est vrai, une offensive, mais nul ne peut en prévoir avec certitude la date ni le lieu.

Les poilus qui s'éveillent dans la ligne des tranchées françaises n'ont donc aucune raison d'être inquiets. Un tonneau d'eau chemine tranquillement sur le sentier du bois des Caures, pour ravitailler les avant-postes. Les 1 300 chasseurs des 56e et 59e bataillons du colonel Driant observent les lignes allemandes sans angoisse. Ces réservistes venus du Nord, ces paysans de l'Orne, de la Meuse ou de la région de Saint-Quentin en ont vu d'autres. Ils prennent de l'eau à la tonne et font chauffer le café. Le soleil leur réjouit le cœur. Leur plus grand ennemi, en position, est la boue et la pluie.

*

* *

Un coup de canon troue le ciel, à sept heures un quart. D'autres suivent, de plus en plus nombreux, sur la ligne de Brabant-sur-Meuse à Ornes. Le colonel Driant donne l'ordre à ses chasseurs de gagner les abris, comme s'il avait l'intuition du début d'une grande bataille. Les premières positions sont immédiatement écrasées sous le feu. Les *Minenwerfer* (mortiers de tranchées) accablent les fantassins surpris, à peine réveillés. Les obus de pièces lourdes de 155 et de 210 tombent en grappes, abattant les futaies des bois d'Haumont, des Caures, de Ville, d'Herbebois.

Le général commandant le secteur demande une reconnaissance d'aviation, et une attaque aérienne qui abatte les six *Drachen*, des ballons d'observation qui règlent le tir allemand. Ce sont les appareils rouges à croix noire qui surgissent en grand nombre, éliminant du ciel les avions français. Un seul a pu franchir le barrage et rentrer à sa base en présentant un rapport impressionnant : « Il y a partout des batteries, elles se touchent, les flammes de leurs obus forment une nappe continue. »

De leur observatoire géant de Romagne, les Allemands suivent la progression du feu dans les bois, observent à la jumelle la nappe blanche de poussière qui masque les ravins. Depuis plusieurs semaines, ils ont transformé la route nationale 18, de Longwy et Longuyon à Spincourt et Étain en artère vitale de l'offensive. Les convois d'artillerie et de munitions s'y pressent jour et nuit. À Romagne, au nord du village d'Ornes, trente pièces de 210 et deux batteries de 420 sont alignées à cent mètres des habitations, sur des plates-formes de béton. Les pièces, bâchées et camouflées, sont invisibles pour l'observation aérienne. Les munitions arrivent par un chemin de fer à voie étroite. Dans tous les bois proches, des emplacements semblables ont été aménagés. On comptait cent pièces venues de la place de Metz dans le bois du Tilla. Les batteries de tous calibres tiraient ensemble.

L'État-Major français ne pouvait savoir qu'au matin du 21 février, 1 250 pièces avaient été réunies par l'ennemi dans le seul secteur de Verdun pour réaliser le *Trommelfeuer*. Les plus modernes, les 105, voisinaient avec des modèles plus anciens, les obusiers de 150, fabriqués depuis 1903, les mortiers de 210 au tir redoutable, les canons de 135, moins nombreux et presque démodés, les engins lourds de 380 et de 420 qui tiraient à vingt kilomètres de la place de Verdun. S'ajoutaient à cette artillerie lourde les innombrables pièces de 77 de campagne, les mortiers de tranchée, et beaucoup de canons archaïques, plus de deux cents de calibre 150, sans frein de recul, des pièces de siège datant de la fin du XIXe siècle. Tout avait été mis en œuvre pour faire converger sur Verdun l'artillerie disponible non seulement sur le front et dans les magasins régimentaires, mais dans les places fortes proches. Ces canons lourds étaient acheminés par voie ferrée selon le plan méthodique établi longtemps à l'avance par le remarquable corps des chemins de fer allemands qui ne laissait rien au hasard. Seuls les obusiers très lourds avaient suivi les routes, tractés par des locomobiles à vapeur. L'effort de rassemblement portait ses fruits au matin du 21 février. Il n'avait pas son égal, depuis le début de la guerre, sur un front aussi restreint. À bord d'un avion, on pouvait en effet avoir l'impression que les batteries se touchaient toutes.

Elles étaient d'autant plus redoutables que l'artillerie française n'était pas en état de répliquer à cette avalanche de feu. Elle comptait environ deux cent soixante-dix pièces, dont cent quarante lourdes, de vieux canons du système de Bange récupérés dans les forts de la place de

Verdun. Les pièces de marine étaient laborieusement mises en place sur des emplacements spéciaux, mais leurs obus, destinés au tir tendu contre des parois d'acier, s'enfonçaient dans le sol sans éclater. L'artillerie divisionnaire était surtout équipée de 75, mais ces canons de campagne, excellents dans la guerre de mouvement et même de tranchées, étaient moins bien adaptés que les 150 allemands à tir court, aux bombardements de ravins ou de crevasses. Les artilleurs étaient, comme les fantassins, soumis au feu roulant qui s'était élargi : les deuxièmes positions et les arrières, le bois de la Wavrille, Louvemont, le bois des Fossés, le massif d'Hardaumont étaient désormais les objectifs des pointeurs allemands, ainsi que les villages de Vaux et de Bezonvaux. À partir de huit heures, le bombardement bouleversait sur la rive gauche du fleuve les positions d'artillerie française, ainsi que celles de la plaine de Woëvre sur la rive droite. Les attelages risqués sur la route d'Étain et sur les Hauts-de-Meuse sautaient comme fétus de paille. Les obus frappaient à longue distance, pour empêcher les renforts d'artillerie de monter au front. Ils éclataient jusqu'à Lacroix-sur-Meuse, à 30 km au sud de Verdun, jusqu'aux Baroches, sur la rive gauche, à proximité de Saint-Mihiel.

Les canons sautaient les uns après les autres. Des pièces de 240 étaient anéanties dans le ravin d'Haudremont. Les batteries de 75 se déplaçaient sans cesse pour tenter d'échapper à l'avalanche, mais les hommes devaient s'enterrer, abandonnant les pièces, quand ils se trouvaient sous le déluge de feu. L'artillerie ne pouvait aider efficacement les fantassins des tranchées, parce qu'elle était elle-même sous le tir de l'ennemi. Mais aussi parce qu'elle n'avait aucune information sur l'état des premières lignes, et pas la moindre indication aérienne, les avions français étant surclassés, chassés du ciel, et les ballons d'observation absents. Nul n'était en mesure d'évaluer les effets des tirs de destruction allemands.

*
* *

Sur le terrain, ces effets sont désastreux, limités essentiellement au triangle Brabant-sur-Meuse-Orne-Verdun qui a reçu en quelques heures deux millions d'obus. Il faut savoir que les Français ne disposaient à Verdun, au moment de l'offensive, que d'une réserve de quinze mille obus dont la moitié de 75. Les Allemands avaient été approvisionnés à raison de trois mille obus pour chaque batterie. Leur supériorité était écrasante.

Un fantassin du 243e d'infanterie, Henri Hovine, n'est pas en toute première ligne. Sa compagnie occupe le bois de la Wavrille, légèrement en retrait derrière Herbebois. « À trois heures de l'après-midi, déclare-t-il à Jacques Péricard, la partie du bois que j'occupais et qui, le matin, était très embroussaillée, ressemblait à un chantier de scierie ; peu après, au moment de l'attaque, j'avais perdu la moitié de mes hommes. » Un agent de liaison du 164e d'infanterie, Georges Champeaux, décrit ainsi l'Herbebois, première position devant l'attaque allemande : « Les arbres sont fauchés comme fétus de paille ; de la fumée se dégage de certains obus ; la poussière produite par la terre soulevée forme un brouillard qui nous empêche de voir très loin. Toute la journée, nous courbons l'échine… Nous devons abandonner notre abri et nous terrer dans un large entonnoir. Nous sommes entourés de blessés et de mourants que nous ne pouvons même pas secourir. » Au bois des Caures, le caporal Brassard, du 56e bataillon de chasseurs à pied : « Sur cinq poilus, deux sont enterrés vivants dans leurs abris, deux sont plus ou moins blessés, et le cinquième attend… »

« Dans la région de Douaumont, explique Péricard, des obus ont fait des excavations monstrueuses, profondes de cinq à six mètres, larges de douze mètres peut-être… d'innombrables mottes de terre grosses comme des gueulées de socs à travers un sol argileux, ont été arrachées par les explosions et éparpillées alentours, donnant à la colline l'aspect d'un champ fraîchement labouré. » Le ravin de Vacherauville qui se creusait dans le flanc du bois des Caures était recouvert d'une épaisse fumée, qui n'avait rien à voir avec la poussière de terre, d'écorces d'arbres, de débris divers qui émanaient du champ de bataille : cette fumée-là, plus sombre, sortait des obus à gaz. Les hommes qui n'avaient pas le réflexe de fixer immédiatement leur masque sur le visage cracheraient leurs poumons, perdraient la vue.

Ils attendirent neuf heures durant, enfouis dans le magma des tranchées, terrés dans les trous d'obus, emmurés dans leurs cagnas, asphyxiés par la fumée qui les empêchait de voir à plus de dix mètres. Ils restaient pourtant les yeux ouverts, qu'ils fussent vivants ou morts dans les tranchées bouleversées de l'Herbebois, recouvertes de cadavres, de débris humains mêlés de poutres, de ferrailles informes, de casques crevés, de fusils brisés. Croyant à un bombardement normal, les hommes s'étaient ingéniés à sauter dans des abris de fortune, espérant la réponse rapide de l'artillerie française. Plus les heures passaient, plus ils se sentaient seuls. Pas un avion à cocarde dans le ciel, pas la moindre « saucisse », pas le plus petit éclat de 75. À croire qu'on les laissait mourir à dessein.

Que faire ? Attendre, se terrer, profiter des fourneaux de mine abandonnés, des trous d'obus géants, prier le ciel, quand on a gardé la foi dans l'enfer, que les 210 passent au-dessus de la position, qu'ils aillent se perdre à l'arrière. Prier pour que le tonnerre s'arrête enfin, même si le silence des canons annonce l'attaque des hommes en vert. Tout vaut mieux que ce tremblement incessant du sol, cet air irrespirable, ces fissures qui se creusent dans les lignes de tranchée, ces amas de terre qui recouvrent les abris. Combien sont morts pendant ces heures atroces ? Certaines unités ont entièrement disparu, d'autres sont frappées à 60 %, à 40 %. Personne ne connaît au juste à l'arrière l'état des premières lignes. Les téléphones ne fonctionnent plus. Les capitaines isolés envoient à l'arrière des volontaires chargés de sauter d'un trou d'obus à l'autre jusqu'au prochain poste de téléphone en état de marche. On appelle ces héros des « coureurs ». Ils sont chargés d'expliquer à l'arrière l'état des premières lignes : sur le front de la 72e division, au bois d'Haumont, les bataillons Huet du 362e et Delaplace, du 165e n'existent plus, ils sont ensevelis. Les survivants dorment debout. Il y a deux ou trois survivants par compagnie, qui n'ont aucune réaction. Au bois des Caures, les anciens ouvriers et mineurs du 56e bataillon, recrutés dans le Nord, n'ont plus de contacts avec leurs officiers. Le bois devient un paysage lunaire.

Au quartier général du Kronprinz, le feld-maréchal von Haeseler, vieux Junker au visage romantique, auteur du plan d'attaque de Verdun, lit les premiers rapports d'un œil satisfait. Le stratège aux cheveux longs, aux mains soignées, les communique à son adjoint, le général Deimling, demi-calvitie et fine moustache, un physique d'ingénieur de la Ruhr.

– Vous voyez bien qu'un bombardement de cent heures était inutile. Les Français sont à bout. Il est temps de lancer les troupes spéciales.

*
* *

Les Allemands avancent, sans se hâter. Ils sortent de leurs abris fortifiés. Les longues heures du bombardement les ont réjouis. Les officiers leur recommandent la prudence : il peut rester dans les trous d'obus des hommes vivants. Ces hommes sont des spécialistes de l'assaut, des *Stosstruppen.* Ils ont subi un entraînement particulier, se sont familiarisés avec les armes nouvelles. Les guetteurs en ont aperçu à plusieurs reprises, avant l'offensive, le lance-flammes à la main. Ils portent des sacs très lourds, bourrés de grenades. Certains traînent des mitrailleuses portables, des mortiers de tranchée. Ils ont appris à repérer les défenses françaises, étudié les moyens de les neutraliser si elles subsistent. Ils progressent par petits groupes, sous les ordres de sous-officiers qui portent comme eux le casque d'acier. Ceux-ci consultent fréquemment leurs montres : l'avance est strictement minutée, pour répondre aux désirs des artilleurs qui veulent connaître exactement le rythme de progression des troupes d'assaut.

Les « petites silhouettes, couleur de sauterelles grises » (Jules Romains) ne courent pas en masse, ne s'alignent pas sur le terrain. Les hommes sont courbés, accablés par le poids de leurs sacs, mais aussi soucieux d'étudier le parcours, de repérer les obstacles, peut-être les mines, de discerner les restes des tranchées françaises. Ils n'ont pas l'arme à la bretelle mais le fusil au bout du bras, ils ne s'apprêtent pas à tirer. On leur a maintes fois répété que pas un homme ne devait rester debout, en face, après le tir de l'artillerie. Ils marchent dans les décombres des bois d'Haumont, de la Ville, des Caures.

Trois corps d'armée allemands sont en mouvement, aux ordres du Kronprinz qui supervise toute l'affaire. Les unités du Ve corps de réserve qui tenaient les lignes chargent leur sac pour gagner l'arrière. Ils n'interviendront qu'après l'avance des *Stosstruppen.* Les grenadiers du IIIe corps (général von Lochow) et ceux du XVIIIe corps (von Schenck) gravissent la pente du bois des Caures. Le VIIe corps de réserve du général von Zwehl est à l'ouest, du côté de Cousenvoye. Deux divisions du XVe corps et la 5e division de Landwehr sont prêtes à marcher dès que la percée sera faite ; sur la rive gauche de la Meuse se tient le VIe corps, renforcé d'une division de réservistes.

Les assaillants s'écartent des rares nids de résistance, ils contournent les bois douteux, encore remplis d'obstacles pour avancer d'un pas uni vers la Meuse. Les ordres sont de ne pas interrompre la marche. Les artilleurs, à partir de seize heures, ont allongé leur tir pour le porter exactement à l'arrière des premières lignes françaises, pour les encager, leur défendre toute possibilité de liaison avec les unités voisines, interdire le recul, encore plus l'arrivée de renforts. Le tir des canons n'a donc pas cessé avec l'offensive. Il s'est simplement déplacé.

Les groupes de grenadiers allemands n'ont pas à se protéger contre le tir de l'artillerie française. Elle est inexistante. Ils n'ont pas à se camoufler pour éviter le repérage par avions : les seuls appareils dominant le champ de bataille sont à croix de Prusse. À croire que toute l'armée française a été chloroformée, sonnée par le bombardement à un degré imprévisible. Les officiers n'ont pas sorti leurs revolvers de l'étui, ils se bornent à lire les cartes et à indiquer des directions de marche. Les groupes contournent les très nombreux entonnoirs d'obus, ils n'arrivent pas à discerner le tracé des tranchées françaises, comme si elles s'étaient volatilisées. Ils parcourent ainsi les trois cents mètres, les cinq cents mètres du *no man's land* et ne s'aperçoivent même pas, en certains endroits, qu'ils sont en terre ennemie.

On entend à peine le cri des blessés, tant le vacarme de l'artillerie est encore dominant. Il faut arriver à proximité d'un mourant pour se rendre compte que les lignes françaises passaient par là. Les infirmiers qui suivent les colonnes d'assaut, ne s'arrêtent pas encore pour ramasser les hommes qui hurlent ou geignent. Les chefs de file ne donnent aucune instruction dans ce sens. Rien ne doit arrêter la progression. Tous les soldats ennemis devraient être morts sous le formidable bombardement. Que des Français donnent encore des signes de vie inquiète soudain : s'il y avait des survivants ?

Les *Stosstruppen* tirent des grenades de leur ceinture, les hommes des lance-flammes vérifient leurs appareils, prêts à nettoyer les obstacles douteux. Mais rien ne se manifeste, comme si les survivants étaient abrutis par le feu. Au bois d'Haumont, les grenadiers d'assaut ont découvert les corps des défenseurs de la première ligne, ensevelis sous les décombres. Au milieu des morts, des soldats endormis à leur poste de guet. Les *Stosstruppen* les ont seulement désarmés, quand ils avaient encore leurs fusils près d'eux. Ils ne peuvent pas s'encombrer de prisonniers.

L'avance se poursuit : les *Feldgrau* gravissent les côtes du bois des Caures. Sous la neige, ceux du XVIIIe corps rejoignent les files de droite du IIIe corps. Ils se fraient un chemin parmi les arbres déchiquetés, enjambent les troncs abattus, écartent les ramures gênantes. Décidément le général Deimling avait raison : la guerre industrielle a terrassé les Français. Il est fini, le temps des tranchées. La puissance de l'industrie allemande peut permettre à l'armée de percer le front où elle veut, même sur un champ de bataille aussi facile à défendre que Verdun. Les grenadiers lèvent la tête : au-dessus d'eux passent les lourds obus qui doivent percer la carapace du fort de Douaumont, éléphant de béton qui s'est allongé pour mourir. Certains *Feldgrau* remettent l'arme à la bretelle, comme s'ils n'en avaient plus besoin.

*

* *

Une mitrailleuse crépite, des coups de feu éclatent. Des Allemands tombent. D'autres se couchent à terre ou reculent précipitamment. Les Français sont là ! Ils n'ont pas disparu dans l'extravagant marmitage du bois des Caures. Le premier coup de feu est suivi d'un second, puis d'un troisième, la fusillade se nourrit soudain, sur un front qui n'existe pas, au point que les officiers cherchent à la jumelle les traces d'une résistance organisée.

Ils perdent leur temps. Les hommes n'obéissent pas aux ordres, à la logique habituelle de la guerre. Ils tirent pour manifester qu'ils ne sont pas encore au royaume des morts. Leurs coups de feu sont autant de défis, qui manifestent une farouche volonté de survivre. Le colonel Driant, qui les commande, n'est pas un officier d'active, c'est un député de Nancy qui a tenu à l'honneur de se faire incorporer. Il n'est plus jeune, sa moustache est presque blanche, mais il est prêt à vendre sa peau en tirant au fusil, comme ses chasseurs. Son adjoint, le commandant Renouard, est certes un professionnel. Mais il fait au front un stage d'état-major, il n'est pas un officier de tranchée.

À l'arrivée des Allemands, ils n'ont pas à donner d'ordre pour que les hommes réagissent. Les fusils et les grenades partent seuls. Ils sont trois cent cinquante seulement en état de se servir de leurs armes, sur les mille trois cents de l'effectif de départ. Ils n'ont aucun contact avec les groupes voisins, aucun rapport avec l'arrière. Ils ont perdu leurs officiers. Un simple sergent rassemble trois ou quatre fusiliers, leur montre l'ennemi : « Rien à faire, dit-il, faut rester ici. » Les hommes perdus dans les trous d'obus, entendant le tic-tac d'une mitrailleuse française, prennent leurs fusils et tirent sur les groupes de *Feldgrau.* Réflexe de désespoir, très souvent individuel. La haine, après l'épreuve subie. Le désir de montrer qu'on ne vient pas si facilement à bout de la vie d'un homme, même en employant des moyens monstrueux pour les détruire par centaines de milliers. Le coup de feu du mineur du Nord habillé en chasseur à pied du bois des Caures est protestataire : il en veut au monde entier d'être seul et abandonné dans cet enfer.

Les Allemands s'infiltrent, par petits groupes. Le combat se parcellise, devient presque individuel. On tue à coups de pelle plus qu'à la baïonnette. Sur quelques points d'appui, un parapet reste intact, un ouvrage à demi détruit, la résistance s'organise spontanément. Avec les bribes de sa compagnie, le lieutenant Robin reçoit l'ennemi à la grenade. Puis il prend le fusil d'un mort pour tirer à bout portant sur les assaillants. Le sergent Cosyns en abat sept d'une rafale. Robin aperçoit le chasseur Hénin, matraqué à coups de crosse, le sergent

Simon blessé par une grenade. Il ne peut leur venir en aide, ayant lui-même reçu un éclat dans le pied.

Un peu plus loin, le capitaine Séguin repousse, avec quelques chasseurs, quatre assauts successifs. Peut-il se replier ? Après le tir d'artillerie sur les arrières du bois, les Allemands s'y sont infiltrés, interdisant tout espoir de retraite. Le secteur est encagé. Il reste à mourir, ou à se défiler la nuit, par petits groupes. Deux sergents, Legrand et Léger, résistent encore, le premier à la grenade, l'autre à la mitrailleuse.

L'État-Major réagit enfin, par un ordre absurde parce qu'il est déjà dépassé. Par un message envoyé à vingt et une heures trente, le général Chrétien, qui commande le XXXe corps, demande au général Bapst, de la 72e division martyrisée, d'« engager une lutte acharnée dans les bois où l'ennemi s'est infiltré ». Les combattants n'ont rien fait d'autre depuis des heures. Il exige « qu'on reprenne les tranchées perdues ». Il ignore que ces tranchées n'existent plus, elles ont été pulvérisées.

Pourtant, quand la nuit tombe sur le bois des Caures, il est encore aux mains des chasseurs de Driant. L'avance allemande a été contenue. Les *Stosstruppen* n'ont occupé que le bois d'Haumont, parce que les fantassins de la 72e division y étaient presque tous morts sur leur position. La pénétration du front français s'est ailleurs limitée à quelques mètres. Manifestement, il tient toujours.

*

* *

Malgré le tir d'artillerie le plus intense de la guerre, trente-six bataillons français ont résisté au prix de lourdes pertes à soixante-treize bataillons allemands. Pendant la nuit, les combats se poursuivent au clair de lune, comme si les Français ne pouvaient admettre l'infiltration constante des petits groupes allemands dans les bois. Dans ce combat des ombres, il est difficile de reconnaître l'ennemi. Les coups de fusil partent à bout portant, quand un tireur isolé a surpris, à deux mètres, une conversation en langue étrangère. La neige qui continue de tomber donne à ces engagements une allure fantomatique. Aucun état-major n'a envoyé d'ordre d'attaque de nuit. Le colonel Driant parcourt le bois. À minuit, il tombe sur Robin, qui n'a plus que quatre-vingts hommes indemnes. Il explique que la position est menacée de toutes parts.

– Que faire ? demande Robin. Que dire à mes soldats ?

– Mon pauvre Robin, répond Driant, la consigne est de rester là.

Ainsi, nulle évacuation n'est organisée à la faveur de l'obscurité. Les défenseurs restent sur place. Ils y sont encore au petit matin, car le combat des spectres n'a pas eu de résultat notable. Des troupes, venues du sud, marchent dans la neige : les renforts de proximité, expédiés par l'état-major de région. Une colonne de fantassins du 365e monte en ligne, pour renforcer la 72e division fortement décimée. Bapst a donné l'ordre d'attaquer à six heures du matin, sur la lisière sud du bois d'Haumont. Le général Boulangé, qui commande la 51e, a envoyé un message au lieutenant colonel Hepp, du 233e. Il doit reprendre en main les troupes de l'Herbebois et culbuter les Allemands aventurés dans le bois. Soutien d'artillerie ? Nul n'en parle ! Liaisons téléphoniques ? Elles ne sont pas rétablies avec les avant-postes. On s'engage dans une opération suicidaire.

Pourtant le 310e a aussi marché toute la nuit pour renforcer la division Boulangé. Le général Rogerie reçoit au bois des Fosses un bataillon du 208e en renfort. Les réserves disponibles sont toujours de l'infanterie, jamais de l'artillerie. Comme si les fantassins pouvaient à eux seuls refouler l'attaque allemande.

On organise hâtivement une seconde position, sans avoir le temps de creuser des tranchées : l'État-Major français n'était pas unanime sur les résultats de la journée du 21. Ceux qui soutenaient la thèse d'une attaque limitée des Allemands semblaient triompher. L'ennemi avait emporté un tout petit nombre de positions, soulignaient-ils, il n'avait occupé que des parcelles de terrain. Il suffisait d'envoyer sur ce front quelques renforts, et l'attaque du 21 ne serait plus qu'un mauvais souvenir.

Tel était l'avis de nombreux officiers d'état-major de la région fortifiée de Verdun. Pourtant les experts de l'artillerie avaient évalué à mille deux cents les pièces allemandes engagées dans le bombardement des douze kilomètres de côtes et de ravins autour de Verdun. Ils assuraient que l'offensive allemande était d'envergure, qu'il fallait au plus tôt demander des renforts d'artillerie et de matériel. On venait d'apprendre que la seule ligne de chemin de fer qui desservait encore la région, celle de Sainte-Menehould, venait d'être rompue par le bombardement au lieu-dit le Coude-d'Aubréville. Puisque la bataille pour Verdun était inévitable, force était d'utiliser la route de Bar-le-Duc par Rumont et Souilly. Les partisans d'une action énergique avaient obtenu la rédaction de l'ordre du jour n° 15 de la région fortifiée de Verdun, qui ordonnait aux convois hippomobiles de dégager la route, de la réserver pour les colonnes de camions qui conduiraient au front les renforts. Mais l'ordre n'entrait pas immédiatement en vigueur, comme si le commandement eût douté des intentions allemandes pour le lendemain. Il ne fut envoyé qu'à vingt-trois heures, après un long débat au sein de l'État-Major.

*

* *

Pourtant, de Chantilly était venu l'ordre d'acheminer sur Verdun, sans perdre de temps, les VIIe et XXe corps. Il était clair aux yeux de quelques chefs que, sans le sacrifice de l'infanterie, les Allemands avaient failli prendre la place. L'insuffisance de l'artillerie dans le secteur était criante. Tout le monde en convenait, mais quelle décision avait pris l'État-Major ? De renforcer les effectifs d'infanterie, comme s'il estimait impossible de contrebattre les canons allemands dont on ignorait encore le nombre. Seuls les fantassins pouvaient intervenir avec rapidité et colmater les brèches, au risque de se faire tuer en masse : la logique de l'holocauste s'installait.

L'autocritique de l'État-Major allemand n'était pas plus satisfaisante : les responsables étaient déçus par la journée, qui n'avait pas permis la percée espérée. Les chefs d'unité se plaignaient du parcours choisi : pour éviter les forts, dont on redoutait les défenses, on avait pris le parti d'attaquer sur la ligne nord-sud, au centre du champ de bataille de Verdun, dans un secteur sans fortifications. Les soldats avaient dû suivre des sentiers mal définis, un itinéraire en creux et en crêtes qui les rendait vulnérables aux tirs des mitrailleuses françaises.

Au-delà de ces arguments tactiques, les stratèges du Kronprinz s'interrogeaient sur l'efficacité des tirs de destructions. Ceux de Stalingrad, vingt-cinq ans plus tard, feraient amèrement la même remarque : il est plus facile de défendre une ville quand elle a été bombardée et rasée. Les décombres sont autant de positions inexpugnables. Il en allait ainsi à Verdun : les tranchées étaient des forteresses molles et sales, mais conçues comme des ouvrages en pierre de taille. Elles auraient pu être dessinées par Vauban. Après le *Trommelfeuer* qui avait disloqué boyaux, parallèles et fortins d'argile et de fascines, les trous, les creux, les jaillissements de décombres, les sapes mises à jour, les fragments de barbelés rassemblés en désordre, formaient autant d'obstacles où pouvaient survivre quelques heures des tireurs isolés. Quand ils s'étaient manifestés, sur quelques points du front, il était impossible de les aborder autrement que par des combats presque individuels. Il n'y avait plus de ligne de front distincte, de tranchées et d'ouvrages tenus par des compagnies, avec des officiers aux ailes, pour empêcher les déserteurs d'en sortir. Le bombardement avait libéré la carte de guerre, la rendant informe, indiscernable. Si l'artillerie française n'était pas venue au secours des siens, c'est qu'elle n'avait pas d'objectifs, aucune vision claire, classique, du champ de bataille. La poussière, et non la fumée dissimulait la zone des combats. On n'apercevait pas les fanions demandant le tir des chefs de compagnies. Au lieu d'être un inconvénient pour les Français, l'aveuglement du champ de bataille condamnait les Allemands à marcher à tâtons, à s'engager plus encore dans une action parcellisée, à rendre impossible les mouvements de masse, la reprise de la guerre en campagne. On ne pouvait faire avancer des unités en ordre dans un champ profond de décombres.

Le calcul de l'État-Major français était juste : plutôt que de combattre à grands frais (ce qui lui était dans l'immédiat impossible) l'action de l'artillerie adverse, autant renforcer les lignes d'infanterie, qui avaient montré leur efficacité. Les unités appelées en renfort étaient au repos à l'arrière immédiat des lignes. Elles avaient, pour la plupart, subi le premier bombardement et les pertes étaient déjà nombreuses dans les rangs. Puisque les Allemands risquent de s'emparer le lendemain du bois des Caures, il faut organiser un barrage immédiatement à l'arrière, sur la ligne Samogneux 344-ferme de Mormont. Le général Bapst expédie ses réserves, un bataillon du 324e d'infanterie, et le 365e régiment : telles sont les victimes prévues pour la journée du lendemain. Sans renfort d'artillerie, ces hommes n'ont pas une chance d'échapper au massacre. Le choix de l'État-Major pour une défense hâtive conduite uniquement par des troupes d'infanterie n'est pas absurde, puisque ces troupes ont prouvé qu'elles pouvaient tenir et retarder l'avance ennemie, mais il est meurtrier : c'est accepter des pertes comparables à celles de la veille, faute de pouvoir faire mieux.

Le bombardement reprend le lendemain à l'aube, aussi intense, aussi efficace. L'État-Major est fixé : les Allemands n'ont aucunement l'intention de renoncer à leur offensive sur Verdun. Ils attaquent sur tout le front, d'Haumont à l'Herbebois. Ils recherchent avec obstination la percée dans ce secteur moins bien protégé. « En suivant le boyau d'Haumont, déclare l'adjudant Daguenet, du 321e d'infanterie, nous sommes pris d'enfilade par les obus allemands. Ce boyau est rempli de cadavres à différents endroits. Des mourants sont là, dans la boue, râlant, nous demandant à boire ou nous suppliant de les achever… Quand nous arrivons à l'ouvrage B, il ne me reste plus que dix-sept hommes sur les trente-neuf que j'avais au départ. »

Des renforts sont également envoyés, pour compléter vers l'est la deuxième ligne de résistance, sur le village de Beaumont, le bois de la Wavrille et celui d'Herbebois. « Nous courons comme des fous, explique à Péricard le caporal Bougard, du 208e, pour arriver plus vite à Beaumont, où nous allons renforcer un bataillon du 327e... L'écume aux lèvres, on enjambe les morts : le ravin est complètement labouré par les obus ; ce ne sont que des trous de cinq et même de dix mètres de largeur remplis de cadavres... Un énorme obus tombe en plein sur la première section de compagnie : dix blessés du même coup et quinze morts qui voltigent dans les airs. Des quartiers de cadavres s'abattent de tous côtés, nous sommes couverts de sang. »

Plus d'unités définies à Verdun : on retire les divisions aux corps d'armées, les régiments aux divisions, on morcelle les régiments, et même les bataillons. Le commandement n'a plus de scrupules d'organigrammes, il pare au plus pressé, le plus souvent sans demander l'avis des généraux de brigade et de division, encore moins des colonels ou des chefs de bataillon qui sont les vrais responsables du front. Les petites unités sont décimées les unes après les autres par un feu roulant commencé le matin, poursuivi tard, secteur par secteur, dans l'après-midi. Les embryons de tranchées creusées dans la nuit sur la deuxième ligne sont à leur tour bouleversées. Dans le secteur de l'Herbebois, une contre-attaque a été menée par deux compagnies du 233e. Elle a échoué. Le lieutenant-colonel Hepp, qui dirige la résistance, dispose de quinze compagnies appartenant à quatre régiments différents. L'ennemi attaque entre le bois des Caures et l'Herbebois. Au prix de sacrifices inouïs, des éléments du 233e et du 310e parviennent à arrêter l'avance, pendant qu'au bois des Caures les Allemands submergent toute résistance. Le pari de l'État-Major français est confirmé : dans le plus grand désordre, l'infanterie a tenu sur le front de Verdun. Mais il n'a plus d'illusion à se faire sur les intentions du quartier général allemand : il engage des effectifs considérables pour s'emparer du bois des Caures.

*
* *

Les Français peuvent s'y tromper : les Allemands s'avancent, comme la veille, avec prudence, sans précipitation. On peut croire à des effectifs restreints : un seul régiment de *Stosstruppen* investit le ravin entre le bois d'Haumont et le bois des Caures. Il a pour objectif de fermer le bois des Caures vers l'ouest. Un autre régiment, vers l'est, descend les pentes du bois de Ville. On encadre le secteur pour l'empêcher de s'appuyer sur les troupes voisines, on cherche à obtenir la rupture, par l'élimination des chasseurs de Driant.

Le combat n'engage pas de grands effectifs, mais les six mille hommes de deux régiments viennent facilement à bout des trois cents courageux défenseurs des trois compagnies de première ligne. Encerclés, attaqués par-derrière, ceux-ci refusent de se rendre : les troupes d'assaut adverses n'en ont cure, elles poursuivent leur chemin en laissant devant les assiégés un cordon de mitrailleurs. Dans sa cagna située au flanc du ravin dit du « clairon Rolland », près de la route de Vacherauville, le colonel Driant ne peut savoir que derrière les deux régiments d'assaut les renforts se pressent sans discontinuer. Les prisonniers allemands interrogés restent muets.

Bientôt les vagues se succèdent : le capitaine Séguin, avec cinquante chasseurs, s'oppose à mille cinq cents

Feldgrau. Les mitrailleuses allemandes font cesser toute résistante. Séguin lui-même, qui a perdu un bras, doit se rendre. Les actes d'héroïsme se multiplient : Robin l'inexpugnable se bat à la grenade dans son abri, avec une poignée de chasseurs. Le sergent Avet abat à lui seul quatre Allemands et se terre dans un trou, laissant passer la masse des assaillants. Dans la nuit, il traverse leurs lignes et se retrouve indemne à Vacherauville. Il raconte que les Allemands ont attaqué les positions qui résistaient encore au lance-flammes et à la grenade. Les troupes d'assaut n'ont pas fait de quartier. Attaquant par-derrière les dernières tranchées, elles emportent toutes les positions. Le sous-lieutenant Pagnon est défiguré par un jet de flammes. Il mourra dans un hôpital allemand. Le sergent Cosyns, qui s'était illustré la veille, est tué à bout portant.

Pourtant Driant résiste encore. Il rassemble cent vingt chasseurs sur une seule position. Il établit sa liaison avec deux régiments d'infanterie proches de la lisière sud du bois. « Soudain, explique le lieutenant Paul Simon, du 59e bataillon de chasseurs à pied, des coups de fusil nous partent dans le dos. Plusieurs de nos hommes sont touchés. La position est-elle déjà tournée ? On n'aperçoit pas les assaillants. Ils sont terrés dans un trou d'obus, et là, bien à l'abri, ils tirent comme à la cible sur les chasseurs qui ne peuvent s'abriter. » Driant dépêche quelques chasseurs qui tombent sur les Allemands à coups de pelle, de pioche et de crosse, « en un furieux corps à corps ».

Mais il ne peut résister aux renforts qui surgissent sans cesse, par petits paquets, par compagnies isolées. Selon le récit du colonel Grasset, il reste quatre-vingts hommes en état de tirer. Le sergent Murat, qui dirige les « coureurs » du bataillon, explique à Péricart que le combat désespéré des chasseurs s'est déroulé entre midi et seize heures trente. L'ordre de sortir des abris venait du colonel lui-même qui, pour donner l'exemple, avait mis le genou en terre auprès d'une caisse de grenades en disant : « Ils ne nous auront pas vivants. » Debeugny, un sous-lieutenant, s'était fait tuer à la tête de son détachement. Une pièce de 77 prenait en écharpe les derniers défenseurs du bois des Caures. Manquant d'obusiers, Driant avait ordonné à une équipe de mitrailleurs de la réduire au silence. C'est la mitrailleuse qui avait sauté. Alors seulement Driant, avec son adjoint Renouard, avait décidé le repli.

Trois groupes de chasseurs se faufilaient vers le sud, protégés par la compagnie Simon. Les Allemands, dit Murat, étaient de plus en plus nombreux à surgir, ayant éliminé les derniers tirailleurs. Pourtant Driant s'attardait au poste de secours installé en lisière. Il parlait aux blessés, secourus par le docteur Baudru et par l'aumônier des chasseurs, le père de Martimprey. Devant lui, les hommes tiraient encore, mais ils étaient débordés des deux côtés par les infiltrations ennemies. Il fallait partir. Driant et Renouard étaient tués dans la dernière retraite, face au bois. Les sergents Coisne et Hacquin faisaient glisser le corps du colonel dans un trou d'obus, pour lui porter secours. Il était déjà mort.

Les rescapés du bois des Caures se regroupaient à l'arrière, près de Vacherauville. Une centaine sur treize cents restaient en vie, blessés pour la plupart. Le capitaine Vincent avait reçu deux éclats d'obus, ainsi que le lieutenant Simon et le sous-lieutenant Grasset. Dans l'infanterie, les officiers du front mouraient avec leurs hommes et donnaient l'exemple de la résistance jusqu'à la mort. Quelques jours auparavant, le colonel avait prié dans les ruines de la petite église de Samogneux.

L'holocauste était consommé : Driant avait rejoint ses chasseurs.

Les Allemands comptaient leurs pertes. On les estimait, du côté français, à environ trois mille hommes. Ils avaient respecté la volonté du Kronprinz : enlever à tout prix le bois des Caures. Le XVIIIe corps d'armée, qui menait l'action, avait reçu des félicitations. La résistance des chasseurs avait retardé de quatre heures et plus l'avance de ce corps vers Verdun. Un seul secteur du front français avait lâché, après avoir contraint l'ennemi à un effort considérable. De nouveau l'infanterie administrait la preuve qu'elle était en mesure, en se faisant tuer sur place, d'empêcher la victoire allemande sur Verdun. L'épisode du bois des Caures et le sacrifice de Driant alimentaient aussitôt la propagande de guerre française. Les chasseurs avaient, certes, montré l'exemple du devoir. Leur engagement suicidaire, mais conforme aux intentions exprimées par l'État-Major et même aux ordres du jour répandus dans les divers postes de commandement, préludait à d'autres massacres. Ils étaient déjà cités en référence, devant ceux qui montaient en ligne. Ceux-là devaient être assurés qu'ils n'avaient d'autre devoir que de mourir. Ainsi se trouvait récupérée par le commandement l'ardente réaction des hommes perdus dans leurs abris, terrés dans les trous d'obus, qui avaient commencé, sans ordres, spontanément, à prendre les agresseurs pour cibles.

*
* *

Les chasseurs n'étaient pas les seuls à se faire tuer en première ligne : ceux du 165e d'infanterie, au sud-ouest du bois des Caures, avaient opposé une résistance acharnée ; tous leurs officiers, vers seize heures, étaient tués ou blessés. Guidés par un soldat du pays, le sergent Lacroix, les rescapés avaient réussi à gagner la route de Vacherauville. Ils étaient une poignée.

Le village d'Haumont, à l'ouest du bois des Caures, fut défendu avec énergie par le 62e d'infanterie du lieutenant colonel Bonviolle qui avait contre-attaqué dès le matin, mais qui avait dû se replier, la compagnie d'assaut ayant été écrasée par le canon ennemi. Le village fortifié fut bombardé à plusieurs reprises. Le régiment était bientôt réduit à cinq cents défenseurs qui s'enterraient et s'embusquaient dans les ruines, tiraillant jusqu'à la grande attaque allemande de seize heures. Les rescapés (une cinquantaine d'hommes) réussissaient à se glisser vers le sud, submergés par les renforts allemands qui arrivaient sans cesse.

L'artillerie française intervient enfin, en tir de barrage sur la lisière sud des bois occupés par l'ennemi. Les pièces des deux divisions d'infanterie sont rassemblées et tirent ensemble pendant que le général Bapst reçoit des renforts. Ils sont encore mesurés au plus juste : un bataillon de zouaves hâtivement retiré à son unité, deux bataillons du 60e d'infanterie qui contre-attaquent et se font tuer bravement. Moins de deux mille hommes, pour arrêter le gros de l'avance allemande.

La ligne du front, en ce deuxième jour de l'offensive, n'accuse pas de perte irréparable : une nouvelle position de résistance est établie en fin de journée, de Samogneux au sud du bois des Caures. La 51e division tient toujours la Wavrille, et Herbebois. Le général Boulangé, à la 72e division, n'a pas donné toutes ses réserves. À Verdun, bombardée toute la journée comme la plupart des villes et villages de la vallée de la Meuse, on entend avec plaisir le tir des canons rassemblés sur la rive gauche par le lieutenant-colonel Wasser, des 155 et des 120 qui prennent constamment pour cible les concentrations ennemies repérées à la jumelle. Mais il s'agit de pièces lourdes, qui ne peuvent intervenir sur la ligne des combats. Les canons de 75 établis à proximité ne tirent pas, faute de liaison avec les unités d'infanterie. La journée du 22 s'achève sans que les Allemands aient obtenu d'autre résultat que la conquête difficile du bois des Caures et du bois d'Haumont. Pourtant leurs attaques ont été, comme la veille, précédées d'une forte préparation d'artillerie, qui a tué beaucoup de Français. Les survivants ont de nouveau fait la preuve qu'il suffisait de faibles effectifs pour empêcher la percée, et l'ennemi a parfaitement compris que le front devait être conquis, quels que soient les moyens employés, secteur par secteur.

L'état-major des armées du centre (général de Langle de Cary) n'admet pas la retraite programmée dans la nuit par Bapst des survivants du 351e qui tenaient le village de Brabant. « L'occupation de tout point, même débordé, même entouré, doit être maintenue à tout prix, télégraphiait-il à Chrétien. Cette occupation peut, si désespérée qu'elle soit, si inutile qu'elle paraisse, avoir des conséquences incalculables, soit en ralentissant la progression ennemie, soit en facilitant nos contre-attaques. » Et Bapst reçoit de Chrétien l'ordre, le 23 au matin, de reprendre le village qu'il a fait évacuer. On lui promet le renfort d'un bataillon du 60e d'infanterie.

Ses hommes ne peuvent approcher de l'objectif, soumis à un bombardement si écrasant que l'officier commandant les débris du 351e est totalement coupé du monde. Il lui est naturellement impossible de lancer la moindre contre-attaque. Le général Chrétien, qui commande le XXXᵉ corps, ne voit rien, de son P.C. de Souville, et ses ordres tombent dans le vide. Il vient de faire retirer l'artillerie de campagne, qui risquait d'être capturée par l'ennemi. L'avance allemande rapide obligeait les artilleurs à faire sauter leurs pièces si elles n'étaient pas dégagées. Le capitaine d'infanterie Furioux avait dû protéger l'évacuation d'une batterie de 75 en prenant position de part et d'autre d'une crête au sud du bois des Caures, où des groupements français isolés, bravant les lance-flammes, continuaient de combattre.

La poussée allemande, en fin d'après-midi, menace aussi bien le village de Samogneux que celui de Brabant, déjà conquis. Elle devient également très forte dans les bois de la Wavrille. La première ligne française a été forcée, les hommes du 327ᵉ d'infanterie sont tous morts ou prisonniers. En toute hâte, le général Chrétien fait avancer des troupes de réserve qui courent dans la neige. Elles renforcent la défense du bois des Fosses, au sud de Beaumont et de la Wavrille. On espère organiser une troisième ligne de résistance française, puisque la seconde vient de sauter à la Wavrille et l'Herbebois, sur le front de la 51ᵉ division.

Pour détacher ces renforts, on a démantelé la 37ᵉ division du général de Bonneval en lui retirant la 73ᵉ brigade du colonel Bourgue, qui comprenait des troupes d'Afrique du nord, le 2ᵉ zouaves et le 2ᵉ de tirailleurs. La 74ᵉ brigade du général Dégot, autre partie de la même 37ᵉ division, entrera à son tour dans la fournaise, avec le 3ᵉ zouaves et le 3ᵉ de tirailleurs. Les renforts d'infanterie demandés par Chrétien commencent donc à se présenter sur le front de Verdun. Les tirailleurs luttent avec acharnement, malgré l'ampleur du bombardement allemand qui a causé dans leurs rangs de lourdes pertes. La conduite héroïque des soldats du 2e zouaves permet de disputer le terrain perdu, et de faire retraite en ordre : selon le sergent Leeman, le régiment se retrouve en fin de journée autour du village de Bras où se tient le P.C. de la 72e division ; à la section du sergent, 13 hommes ont survécu sur 53. Pour le régiment, 1 200 sur 3 000. « Le colonel, écrit Leeman, pleure à chaudes larmes. »

Le colonel Bourgue, qui commande la brigade dont fait partie le 2e zouaves assure l'organisation de la résistance sur le terrain, depuis que son collègue, le colonel Vaulet, s'est fait tuer dans son P.C. Le général Chrétien demande aux troupes de ce secteur martyrisé depuis le début de la journée de partir à la reconquête de la Wavrille et de l'Herbebois. C'est impossible : les quelques éléments français qui résistent encore sont abrités par les cadavres entassés de leurs camarades. Ils doivent se replier vers le bois le Chaume.

Depuis le début de l'offensive allemande, le désordre est total dans les unités françaises, l'état-major de la région ne maîtrise pas la situation, expédie les renforts par petits paquets. La fusion des combattants se fait dans l'improvisation, sous le feu de l'artillerie allemande ou devant l'attaque des bataillons d'assaut. Les hommes qui se présentent par petits groupes au bois le Chaume appartiennent à quinze compagnies différentes de quatre régiments d'infanterie (les 164e, 233e, 243e et 327e). La moitié des officiers sont morts. Les fantassins qui résistent encore ne reçoivent pas d'ordres ni d'encouragements. Le plus souvent perdus dans les bois, ils en sortent pour ne pas être capturés, pour continuer plus loin le combat. L'acharnement de cette infanterie est une surprise pour le commandement allemand qui s'impatiente. Selon Krier, du 164e, « les Allemands attaquent en colonnes par quatre et même par six ». Le gain de territoire qu'ils ont réalisé est appréciable, les bois au nord de la ligne française, garnis de cadavres défigurés par les obus, n'offrent plus de résistance. Chrétien garde son sang-froid, organise sa troisième ligne avec les quelques réserves dont il dispose encore : Samogneux, à l'ouest, tient toujours. La ligne française, ondoyante et théorique, car elle ne dispose pas sur le terrain de réseaux de tranchées efficaces, gagne de Samogneux le sud d'Haumont, le bois le Fays, Beaumont complètement détruit, le bois le Chaume et Ornes.

Le général Chrétien, au soir du 23 février, s'avise que cette troisième ligne pourrait être détruite le lendemain. Dans la nuit, il demande à deux bataillons du 35ᵉ d'organiser une quatrième position, de la côte du Talou à la côte du Poivre, pendant que les tirailleurs du 2ᵉ régiment tiendront les ravins près de Louvemont, où s'abrite, depuis le début de la bataille, le P.C. de la 51ᵉ division qui a déjà perdu plus de la moitié de ses effectifs. Des troupes relativement fraîches de la 74ᵉ brigade (général Dégot), 3ᵉ zouaves et 3ᵉ de tirailleurs prendront position de la côte du Poivre à Fleury, en avant du Q.G. de Souville, sous les yeux du général Chrétien. Le commandement français persévère dans l'improvisation. Il jette, une à une, ses unités dans le brasier par petits paquets, en espérant l'arrivée de renforts importants, ceux du général Balfourier, commandant le XXᵉ corps, ceux que Joffre a promis.

*

* *

Ces renforts tardent à entrer en ligne. Pourtant la réputation du XXᵉ corps n'est plus à faire. Mais le secteur de Verdun est engorgé et les bombardements allemands redoublent d'intensité.

Dans la nuit du 23 au 24, de furieux combats se déroulent autour de Samogneux, que le général Chrétien croit évacué par les Français, alors qu'ils résistent encore. Les malheureux fantassins, souvent blessés, des 351ᵉ et 324ᵉ régiments doivent subir le feu de leurs propres artilleurs, des obus de 155 lourds qui détruisent les retranchements. Quand le tir cesse, les Allemands attaquent au lance-flammes. Cette fois la garnison se rend.

Les contre-attaques françaises étaient partout repoussées. Pourtant les officiers donnaient l'exemple, en tête des petites unités, entraînant leurs hommes en brandissant leurs sabres. Échec sur la Wavrille, échec du bataillon Falconnet, du 60ᵉ d'infanterie, sur la cote 344. Le bombardement allemand était trop intense : les cadavres en bleu horizon s'accumulaient sur la neige.

À onze heures du matin, le 24 février, les Allemands attaquaient sur toute la ligne des bois. Ils avaient lancé dans la bataille les effectifs bien reposés du Vᵉ corps de réserve, qui tenait auparavant le front de Verdun. Les bataillons descendaient les pentes d'Haumont, précédés de *Stosstruppen.* Du bois de la Wavrille, ils investissaient Beaumont. De l'Herbebois, ils laminaient le bois le Chaume, les Caurrières et les Fosses, où leur artillerie avait tiré des obus à gaz lacrymogènes qui formaient une nappe opaque, asphyxiant les zouaves. Au deuxième régiment de tirailleurs algériens, le commandant Melon était mort, comme l'adjudant Dumont, qui avait pris la tête d'une compagnie. Les Allemands se précipitaient vers le village des Chambrettes totalement détruit et vers Louvemont en flammes. Était-ce enfin la percée ?

Les Français se faisaient tuer sur place, soldats et officiers confondus : presque tous les officiers du 60e étaient morts, le lieutenant Bertsch, dont le bataillon avait perdu cinq cents hommes, demandait des ordres :

– Je n'ai plus ni munitions, ni vivres, que dois-je faire ?

– Restez en position, c'est indispensable, répondait le colonel Parès.

Le colonel Delaperche, qui conduisait au combat les renforts du 35e régiment tombait, atteint d'une balle en plein cœur. À quinze heures l'ennemi avait pris le bois des Caurrières et la ferme des Chambrettes. Il descendait droit sur Douaumont, droit sur Verdun. Ceux qui résistaient encore dans le bois de Fays se trouvaient aventurés au nord du champ de bataille, ils couraient le risque d'être encerclés. Les éléments les plus disparates tiraillaient contre l'ennemi dans ces bois, quelques fantassins du 60e et du 365e, aidés par des sections du 2e zouaves. Pourraient-ils tenir plus longtemps ?

Déjà le général Boulangé, qui commande la malheureuse 51e division, évacue en toute hâte son P.C. de Louvemont pour s'installer plus au sud, à Fleury. Déjà les hommes creusent des abris, des embryons de tranchées pour tenter encore d'arrêter la ruée des *Feldgrau*, sur une ligne Louvemont-cote 347. Les derniers renforts y sont alignés, quelques bataillons du 208e, six compagnies du 273e, des zouaves éclopés, des tirailleurs affamés, une misère… Cette troupe est pourtant la seule qui puisse accrocher l'ennemi dans sa descente vers le sud. Il est dix-sept heures, jamais le front n'a connu de plus grand péril. Les renforts arriveront-ils ? Il est désormais impossible d'enrayer l'attaque allemande avec les seuls éléments dont dispose le XXXe corps. Tout ce qui pouvait tirer s'est fait tuer sur place, selon les instructions de l'État-Major. Plus d'artillerie, pas d'aviation, et les munitions commencent à manquer. En quatre jours, le *Trommelfeuer* semble avoir gagné la partie : l'infanterie française est à bout. L'artillerie allemande tire sur tout ce qui bouge, et même sur les ambulances.

*
* *

Les morts ne peuvent être enterrés, les blessés sont abandonnés. Le champ de bataille est devenu une morgue, un mouroir. Les unités sanitaires ne peuvent faire face au massacre, elles ne disposent ni du matériel nécessaire, ni des effectifs, elles sont débordées dès le premier jour du bombardement qui touchait aussi bien les hôpitaux de Verdun. Celui du faubourg de Glorieux recevait des obus alors que les chirurgiens y opéraient jour et nuit. Il était également attaqué par les bombes d'aviation. Les incendies allumés par les projectiles rendaient fous les blessés qui revenaient de l'enfer et se croyaient en sécurité à l'arrière. On avait rapidement évacué dans la vallée de la Meuse les hôpitaux ordinaires de la ville, et installé les grands blessés dans des baraquements, sous des tentes marquées d'une croix rouge qui ne les protégeait nullement contre les obus. Le 24 février, les blessés étant de plus en plus nombreux, on transportait les plus chanceux jusqu'à Baleycourt dans des sanitaires automobiles. Le parcours avait été long et pénible sur la route nationale encombrée de convois filant vers Verdun, et de réfugiés gagnant le sud. Il n'y avait plus de trains sanitaires d'évacuation, la voie étant coupée. Les blessés attendaient en plein air, sur le terrain, par un froid glacial.

Depuis les arrivées massives des 23 et 24 février, ils ne recevaient plus guère de soins et mouraient de gangrène. Ceux qui avaient été touchés par les obus au gaz des premières heures de l'offensive ne trouvaient pas de soins appropriés, pas d'inhalateurs ni de ballons d'oxygène. Ils suffoquaient en geignant, ils hurlaient quand on tentait de soigner leurs yeux.

Paul Muenier, entré dans la bataille dans la nuit terrible du 23 au 24 février avec sa section sanitaire automobile à décrit le drame : « Il faut, dit-il, rassurer ce lamentable troupeau criant en plusieurs langues la souffrance et le désespoir. Il y a des Arabes affreusement blessés... des visages sanglants où l'on ne voit plus qu'un œil, des épaules arrachées... il y en a qui se traînent sur les genoux, à quatre pattes, insoucieux de la neige, des éclats meurtriers et de l'âcre fumée jaune qui remplit cette rue infernale. »

Les brancardiers se font tuer en portant les blessés de Louvemont qui implorent d'être évacués. Le médecin-chef du poste du village du Bras est mort d'un éclat d'obus. Les soignants manquent de désinfectants, et les sauveteurs de brancards. Ils doivent charger les plus atteints sur leur dos. Très souvent les infirmiers sont massacrés en même temps que les patients, dans les abris très fragiles réservés aux premiers soins. Bientôt la section Muenier n'a plus que sept ambulances capables de tenir la route, alors qu'en ligne les blessés se comptent par milliers. Ceux qui peuvent marcher se traînent, enlevés souvent par files entières sous le tir des obus. Rejoindre le poste de secours du bataillon, quand il existe encore, relève de l'exploit. Les blessés des postes de première ligne ne peuvent être évacués. Ils seront parfois récupérés par les Allemands, après une très longue attente. Ceux qui meurent de gangrène ou des suites de soins trop hâtifs sont aussitôt jetés dans un charnier. La bataille incessante empêche d'enterrer les morts. Quand on réussit à les enfouir, ils sont déterrés par les gerbes d'obus.

Les postes de secours au niveau des régiments devraient être dotés de moyens plus importants : il n'en est rien. Dans les forts de Tavannes et de Souville, de Froideterre et dans les divers abris improvisés sur le champ de bataille, on ne peut accueillir tous ceux qui sont relevés, encore ces derniers sont-ils une minorité des malheureux qui hurlent sous la neige. Les brancardiers qui transportent les invalides du poste du bataillon à celui du régiment se faufilent entre les trous d'obus et tentent d'échapper à la mitraille. Sortir de l'abri des premières lignes est un exploit, un pari dangereux. Heureusement les ambulances s'approchent le plus près possible des lieux de massacre. On remarque les voitures Ford des volontaires américains, parmi les autres. Les personnels se dévouent jusqu'à la limite de leurs forces. On voit des étudiants opérer aux côtés des patrons, des infirmiers perclus de fatigue prodiguer les derniers soins aux mourants, des ambulanciers héroïques sauter sous les explosions, un blessé sur le dos. Mais ils sont trop peu, pour trop de victimes.

Les morts sont enfouis dans la chaux vive, dans des tranchées creusées à la hâte, dans des trous d'obus. Les enterrements individuels sont rares, réservés à des officiers. Les cadavres sont ficelés dans des suaires, au meilleur des cas. Les territoriaux sont chargés de les précipiter dans les fosses communes. Ils n'y parviennent qu'avec beaucoup de retard. À peine peut-on relever l'identité des morts avant que leurs cadavres ne soient repris, dispersés, disloqués, dans la tourmente du bombardement incessant. Les combattants racontent qu'ils finissent par s'habituer à l'effroyable odeur, aux carcasses de chevaux qui pourrissent sur place, et que nul ne peut dégager. Il en faut seize pour tirer une seule pièce et son caisson. Par dizaines de milliers, ils s'entassent autour des positions d'artillerie, frappés les premiers, pitoyables cibles offertes au moindre obus.

L'étroitesse du champ de bataille, limité au nord du triangle de Verdun-Ornes-Brabant explique sa mauvaise réputation, qui fera bientôt le tour de toutes les divisions françaises en ligne, dès qu'elles sont menacées d'y être expédiées. Car la bataille promet d'être longue : en quatre jours d'affreux carnage, les Allemands n'ont progressé que de quelques kilomètres. Les renforts arrivent de part et d'autre, entraînés par la logique du combat d'infanterie. Si les canons ne peuvent emporter la décision, il faut faire marcher sur Verdun les hommes par centaines de milliers. Si les Allemands n'obtiennent pas la percée, ils remettront en marche le processus d'extermination.

Mais au soir du 24 février, ils croient encore tenir la victoire, en empêchant les renforts d'avancer sur la seule route disponible que les Français tiennent encore et qu'ils appelleront plus tard la « voie sacrée ».

« Le général Chrétien, dans son poste de commandement de Souville, écrit le sergent du 44e de la Territoriale Louis Madelin, voyait s'écrouler le mur ; mais qui pouvait le soutenir ? Depuis la veille au soir, on peut dire que le général n'avait plus de troupes : des régiments réduits à cinq cents hommes, des batteries aux trois quarts démolies, des débris sanglants, lui-même épuisé par ces quatre terribles jours, attendant dans la fièvre l'arrivée des renforts. » Arriveront-ils ? Le destin de Verdun en dépend.

Chapitre 2

LA VOIE SACRÉE

Dans les derniers jours de janvier, Jacques Péricard a quitté ses tranchées de la forêt d'Apremont, à l'ouest de Verdun sur les hauteurs dominant le cours sinueux de l'Aisne, pour se reposer à l'arrière, avec ses camarades du 95e d'infanterie. Le régiment doit être dirigé sur la citadelle de la Meuse. À cette date, une telle affectation ne fait pas peur. On dit que les forts ont d'épaisses casemates, que les tranchées sont bétonnées, et qu'il n'y a pas de corvées de terrassement à redouter : un paradis !

Le régiment descend vers le sud, et parcourt une longue route à pied jusqu'à la vallée, où Péricard loge dans une ferme. De là, le 95e gagne Rosnes, sur la route de Paris à Verdun. Il y cantonne pendant huit jours et doit remettre en état ses armes et ses équipements sous l'œil vigilant du colonel. Ce retour inattendu à la discipline de la vie de caserne, avec ses inévitables tracasseries accable les soldats qui viennent d'accomplir de longues marches, chargés du « barda » de 35 kg.

– Combien qu'ils touchent de Guillaume, les officiers, pour nous emmerder ? grognent les anciens d'Avaucourt.

Ils se croient oubliés de l'État-Major quand ils entendent, le 21, une formidable détonation. On leur dit qu'un camion d'explosifs a dû sauter près de Villiers-sur-Meuse. Mais les explosions recommencent le lendemain, le surlendemain. Il n'y a plus de doute : la bataille de Verdun est engagée. Depuis la fin de janvier, les généraux s'attendaient à une offensive possible dans ce secteur, puisqu'ils avaient mis en route ce régiment d'élite. Pourtant ils le maintenaient en réserve, parce que cette offensive pouvait être un leurre.

Rosnes est à une trentaine de kilomètres de Verdun : six heures de marche sur une route normale. Mais elle est encombrée de réfugiés, que le maire reçoit et loge comme il peut : des ruraux, qui traînent des carrioles surchargées de meubles, de vivres, de machines à coudre, de bottes de foin pour les chevaux, de poules, de cochons, de veaux attachés à l'arrière, une longe au cou... Ces gens sont heureux, ils souriraient presque d'être sortis de la fournaise. Car le canon de Verdun tonne désormais sans relâche. Les récits des réfugiés concordent : tout est bombardé, jusqu'aux plus humbles fermes. Les villages sont rasés. Il pleut des obus sur Verdun même.

La route est aussitôt envahie de convois, le jour et la nuit suivante. Des caissons et des canons qui montent vers la place, des ambulances aussi, des autobus chargés de soldats. Les voitures d'état-major s'efforcent d'appliquer, le 22 au matin, les ordres de la directive n° 15 et de faire dégager les convois hippomobiles, les bœufs qui souvent barrent la chaussée, à détourner les files de réfugiés vers des routes secondaires. Des régiments avancent lentement, des soldats aux capotes neuves qui n'ont pas connu le feu. Des tirailleurs marocains, des zouaves, et encore des fantassins.

Depuis le 21 février, le 95e est en état d'alerte. Le clairon sonne le rappel, le commandant du bataillon fait préparer les sacs. Les ordres sont exécutés « sans murmures » par les vétérans du bois Brûlé et des tranchées d'Apremont. Le départ est fixé au 22, à huit heures du matin.

La colonne s'allonge sur la route enneigée. Elle marche toute la journée, entre à Pierrefitte-sur-Aire au soir. Pour ne pas suivre la nationale, le colonel a choisi sur la carte un chemin détourné, qui l'éloigne vers l'est de plusieurs lieues. Déjà les officiers de liaison de la place veulent réserver la « voie sacrée » aux camions et aux canons.

Le régiment s'attarde au cantonnement, ne quitte Pierrefitte-sur-Aire que le 23 à onze heures du matin. Péricard aperçoit le général Reibell, qui commande la brigade. Il est soucieux, entouré de ses officiers d'état-major, penché sur la carte de Verdun. C'est le départ, à marche forcée. Les pieds des fantassins, qui ont connu quinze mois d'inaction dans les tranchées, saignent rapidement. Chacun comprend que l'affaire est grave, et que le régiment, appelé en renfort, sera jeté dans la fournaise.

La seule consolation des biffins est de voir passer les pièces de 75 et de 155. Ils les caressent, ils leur font les yeux doux. La marche est harassante sur la départementale 121. Après Courouvre, il faut gravir la pente du bois de Bécourt, puis redescendre sur l'autre versant vers Villers-sur-Meuse, qui se trouve sous le feu des canons ennemis : des tirs à longue portée, destinés à empêcher les renforts de progresser vers Verdun.

*

* *

On franchit la Meuse par compagnies espacées, afin de diminuer les risques, et le bataillon, marchant dans la neige, se hâte vers Sommedieue. En traversant la forêt, il peut se retrouver très vite dans la cuvette de Verdun. Mais les hommes ont marché la veille pendant treize heures, ils sont épuisés et dorment comme des souches sur la paille des granges.

L'ordre de prendre la route est donné le lendemain à neuf heures seulement. Il semble que l'État-Major ne soit plus pressé de faire entrer en ligne le régiment, qui, la veille encore, devait forcer la cadence. Les fantassins s'indignent, on les oblige à rétrograder, puisqu'ils font leur entrée, au son du tambour, dans le village de Dieue, sur la Meuse. En fait le colonel a renoncé à l'itinéraire trop incertain de la forêt, pour épargner aux fantassins un bombardement possible, et des fatigues inutiles sur des routes verglacées. Le régiment remonte le fleuve, jusqu'à Haudainville. Les traits se tirent, les jambes se traînent, le moral est au plus bas, quand l'avant-garde apercoit le « cercle de tonnerres » qui entoure Verdun, perdu là-bas dans la brume.

Suivis par les caissons de munitions, les voitures de pelles et de pioches, les cuisines roulantes et les ridelles porte-sacs, les bataillonnaires prennent l'ordre de marche de guerre, un quart d'heure de battement entre chaque unité. Les rangs se disloquent, les officiers doivent ramener les traînards. Sur deux kilomètres, le régiment se laisse glisser vers Verdun, par les lacets de la route.

Il est trois heures de l'après-midi, ce 24 février 1916. Le 95e n'entre pas dans Verdun, comme s'il devait gagner immédiatement le champ de bataille. Il fait halte au nord de Souville, où se tient le P.C. du général Chrétien, commandant le XXXe corps. Le général Reibell apprend alors que les Allemands ont pris le bois des Fosses. Chrétien lui donne l'ordre d'engager immédiatement ses deux régiments, qui sont la seule troupe capable de défendre encore Verdun.

Les hommes épuisés sont assis sur le talus. Ils viennent de faire cinquante-deux kilomètres en trente-six heures. Ils voient défiler devant eux des attelages d'artillerie fourbus dont les conducteurs sont tête nue, sans armes. On déplace en toute hâte les pièces de 75, pour qu'elles ne soient pas prises par l'ennemi. Beaucoup ont déjà été capturées.

– Les Boches ont rompu nos lignes, lance un conducteur de roulante. On se bat en rase-campagne.

Péricard essaie de rassurer ses soldats. Ils discutent, interrogent, donnent leur opinion. « L'approche du danger, dit le lieutenant, nivelle les distances. » Le commandant donne un coup de corne. Le bataillon doit former les faisceaux de chaque côté de la route. Les hommes revêtiront la tenue d'assaut et mettront deux jours de vivres dans leur musette. Ils prendront leurs pelles, leurs toiles de tentes et leurs couvertures en sautoir. Ils ont cinq minutes pour se préparer.

Pas d'hésitation chez les fantassins du 95e. Déjà les *Shrapnels* encadrent le bataillon. Il a été repéré par les observateurs ennemis. Il ne faut pas rester sur place, sous peine de se faire tuer. Pas de démoralisation, malgré le spectacle désastreux que donne l'armée en ligne, l'inquiétude visible des généraux, le feu incessant du canon allemand. La fuite en avant est le seul remède à une situation dramatique.

La colonne du bataillon s'ébranle à travers le pré qui gravit les pentes jusqu'au bois de la Caillette. Le commandant prend la tête, canne au poing, barbiche au vent : un revenant de la guerre de 1870. La marche d'approche est presque joyeuse, comme si la proximité immédiate de l'ennemi apportait un soulagement. Les hommes oublient les épaules meurtries, les pieds qui saignent. Plus de traînards ni de grognards. Ils longent le fort de Douaumont, en traversant le terrain labouré par les obus. Ils grimpent la pente d'un ravin en enjambant les troncs d'arbres abattus. Ils atteignent ainsi, protégés par la nuit, les espaces dénudés de la cote 347.

Sans maugréer, ils creusent à la pioche la caillasse de la colline, pour s'abriter dans des tranchées sommaires. Un contrordre arrive : les Allemands sont de l'autre côté de la crête, prêts à l'attaque. Ils ne feront qu'une bouchée des trois bataillons, s'ils restent sur place. Il faut se replier au plus tôt sur le village de Douaumont. Le 3e bataillon, celui de Péricard, s'embusque à la lisière nord. Le 2e est en réserve, devant Fleury. Pourquoi cette contre-marche ? Le général Chrétien doit, à l'évidence, disposer de troupes fraîches pour contenir l'ennemi qui s'apprête à lancer son offensive de rupture sur l'axe de Douaumont, directement vers Verdun. Une attaque préventive est prévue à l'aube, sur le bois des Fosses occupé par les Allemands.

Nouveau contrordre dans la nuit : la brigade Reibell (le 95e et le 85e, régiment frère), appartient désormais au XXe corps du général Balfourier qui s'apprête à entrer en ligne. Il n'est pas question d'attaquer, mais de se défendre : le 95e tiendra à la fois le village de Douaumont et le ravin de Bras, à l'ouest de la ferme de Thiaumont qui n'est plus qu'une ruine fumante. Il assurera la liaison avec les chasseurs à pied établis dans le bois de la Vauche sur la droite.

Ainsi s'est reconstituée une nouvelle ligne de défense, parfaitement conforme à l'esprit du combat d'infanterie. De nouveau les ordres sont de ne pas céder un pouce de terrain. La 37e brigade n'est pas la seule à entrer dans la danse. La 153e division du général

Deligny est également à pied d'œuvre. Elle comprend une brigade française de chasseurs (2e et 4e bataillons) et de fantassins du 418e, mais aussi les régiments d'Afrique du Nord de la 3e brigade marocaine : le 9e zouaves, le premier régiment mixte de zouaves et de tirailleurs. Pour toutes ces unités, les ordres du général Chrétien sont les mêmes : elles ont, lui dit-on, marché à pied, au cours de longues étapes avant d'arriver au front. Que lui importe ! À la Marne, on a vu des fantassins exténués par la retraite faire demi-tour et marcher au combat. Les brigades, disent les ordres, « entreront en ligne dès leur arrivée sur le terrain ».

*

* *

Le général Reibell, qui revient du Q.G., a averti le colonel de Belenet, commandant le 95e : « Voici la consigne que j'ai reçue : engager nos troupes le plus tôt possible, à fond et jusqu'au dernier homme. » Comment tenir un tel langage devant des hommes exténués ? Les commandants des bataillons interprètent les ordres à leur manière, pour les rendre acceptables. Ils expliquent que le village d'Ornes vient de tomber, que les fantassins héroïques du 164e ont rejoint les positions de ceux du 44e à Bezonvaux. La deuxième position française sur cette partie du front ne tient plus. Le bois le Fays a dû être évacué. Seul le village de Louvemont résiste encore, on ne sait par quel miracle.

Le général de Langle de Cary, estimant indéfendable la plaine de la Woëvre, a ordonné le retrait rapide des unités. Les généraux Duchêne, Chrétien et Bazelaire doivent replier leurs troupes sur la rive gauche. Mais un contrordre de Joffre arrive peu après : il est essentiel de tenir entre Meuse et Woëvre les secteurs au nord de Verdun. Pas question d'accepter un recul. « Tout chef qui donnera un ordre de retraite, ajoute le généralissime, sera traduit en conseil de guerre. » Le général de Castelnau est dépêché du Grand État-Major pour s'assurer que les ordres sont bien respectés.

Ce flottement dans le haut-commandement, les soldats l'ignorent, de même que les capitaines et les lieutenants. Ils vont prendre leurs positions sous la neige sans maugréer, convaincus qu'ils sont désormais les seules forces capables de s'opposer à l'invasion. Si les Allemands avaient poursuivi leurs attaques dans cette nuit tragique du 24 au 25 février, ils auraient sans doute bousculé les renforts qui n'avaient pas pris leurs emplacements, et contraint le quartier général à abandonner Verdun. Mais la résistance obstinée de l'infanterie les avait rendus circonspects. Ils comptaient sur le *Trommelfeuer* du lendemain pour reprendre efficacement leur offensive.

Les fantassins du 95e avaient passé la nuit dehors, cachés dans des replis du terrain, blottis les uns contre les autres dans des bribes de tranchées, des abris éventrés. Dès l'aube, les obus de 77, de 105, les avaient réveillés. Les lourdes marmites passaient au-dessus de leurs têtes pour bombarder Verdun. Les cratères se creusaient de toutes parts, des gerbes de pierrailles retombaient sur les épaules des soldats. Le village de Douaumont devenait une ruine. Impossible de boire le café servi par les roulantes. Les obus tombaient en rafales, dès que la fumée des cuisiniers était repérée.

Dans le village, les cadavres s'accumulaient, et les blessés qu'il était impossible d'évacuer... « Nous faisons les morts, dit Péricard, couchés pêle-mêle au fond de la tranchée, par-dessus les morts véritables, les bras étendus, la bouche ouverte, afin de donner aux observateurs l'illusion que tous les défenseurs du village sont tués et que toutes nos défenses ne sont plus qu'un vaste cimetière... ». Aucun tir d'artillerie ne vient soutenir les défenseurs, en frappant les unités adverses qui se rassemblent pour l'offensive. L'État-Major est aveugle sur les mouvements de l'ennemi : pas le moindre avion d'observation dans le ciel. « Nous avons l'impression, dit encore le lieutenant du 95e, responsable d'une compagnie du 3e bataillon, d'être seuls, abandonnés du reste de l'armée, holocaustes choisis pour le salut de Verdun. »

*
* *

Pourtant, cette nuit-là, le bombardement avait été moins intense qu'à l'accoutumée. L'ennemi avançait méthodiquement ses pièces, en prévision de l'offensive prévue le 25 février. Les fantassins qui prenaient leur poste, côté français, ignoraient que le général Chrétien, commandant du XXXe corps, avait abandonné le sien dans la nuit. Balfourier s'était installé au Q.G. de Souville, sous le canon. Il s'était immédiatement fait tenir au courant, point par point, des positions françaises : les 51e et 72e divisions combattaient depuis quatre jours et fondaient au feu. De cinq cent trente-trois officiers et vingt-six mille hommes, elles étaient tombées à trois cent vingt-deux officiers et neuf mille six cent trente-six hommes, soit des pertes de plus de 60 %.

Pourtant ces gens-là tenaient encore. À l'ouest du dispositif français, de la Meuse à Louvemont, les débris de la 72e division avaient été renforcés par une seule brigade, la 74e, aux ordres du général de Bonneval. Au centre, de Louvemont, qui tenait encore, jusqu'à la cote 378, sur la position ultime assignée aux fantassins de Boulangé par le général Chrétien, à moins de quatre kilomètres de son quartier général, les survivants héroïques de la 51e se mélangeaient aux renforts de la 73e brigade. À l'est, Deligny espérait tenir le front de la cote 378 à Bezonvaux avec deux brigades (31e et 306e). Plus à l'est encore, sur les Hauts de Meuse, de Bezonvaux à Eix, le général Crépey avait gardé sous ses ordres deux régiments d'infanterie, les 42e et 44e, qui devaient interdire tout enveloppement de Verdun par la rive droite, conformément aux ordres de Joffre : soit au total, en toute première ligne, dix brigades, cinq divisions dont deux étaient réduites de plus de la moitié. Une division, la 39e, commandée par Nourrisson, était mise à la disposition de Balfourier, avec quatre solides régiments d'infanterie. Toutes ces unités avaient vécu dans l'angoisse la nuit du 24 au 25. L'État-Major n'était pas sûr que cette journée qui s'annonçait ne serait pas la dernière de la bataille de Verdun.

*

* *

Les troupes en position depuis quatre jours étaient à bout de souffle. Celles qui les renforçaient étaient tout aussi épuisées. Le caporal Macquot, du 156e, avait vécu la même expérience que ceux du 95e : « Partis de Charmes [1], explique-t-il, nous avons marché toute une journée et toute une nuit, et nous sommes arrivés à la côte du Poivre le 25 février au début du jour. On nous

1. Charmes est un chef-lieu de canton du département des Vosges, situé sur la Moselle.

avait dit : nous ne savons pas où est l'ennemi, allez de l'avant jusqu'à ce que vous le rencontriez et là, fortifiez-vous sur place. »

À huit heures du matin, le caporal Macquot avait subi le bombardement d'artillerie, comme tous ceux qui montaient en ligne sans le moindre repos, après une marche exténuante pour gagner les positions. « Nous sommes bien repérés, écrit un soldat du 95e couché en rase campagne à la cote 347 : tout saute autour de nous. Un nuage de fumée sillonné d'éclairs nous environne. C'est un roulement continu, un vacarme abominable... Je fume cigarette sur cigarette. À quoi bon me priver ? Ce sont peut-être les dernières. »

L'aspirant Bourdillat, du 2e chasseurs, est tapi dans son trou, à droite des fantassins du 95e : « À chaque rafale qui passe, écrit-il, le corps se resserre, les nerfs se contractent, et la respiration se fait plus courte, plus saccadée. » À côté de lui son lieutenant ne supporte pas de rester dans son trou. Il sort. Un obus lui emporte la tête. Au bombardement allemand s'ajoutent les effets du tir malheureux des canons français. Le commandant Puig, du 2e bataillon du 95e régiment fait en vain des signaux lumineux. Les artilleurs ne les voient pas.

Les fantassins, une fois de plus, s'apprêtent à mourir comme ceux qui les ont précédés depuis plus de quatre jours. Ils ont grimpé au petit jour, sur la neige verglacée, les pentes du bois d'Haudremont. Ils ont attaqué aussitôt les Allemands qui s'y étaient retranchés. Leur artillerie ne pouvait pas intervenir dans cette mêlée, le combat d'infanterie faisait rage, à la baïonnette, à la pelle, au corps à corps. Les Français avaient dû se retirer devant le tir convergent de mitrailleuses avancées par l'ennemi. Les renforts allemands surgissaient, il fallait faire retraite.

Les anciens d'Apremont n'étaient pas surpris par ces combats rapprochés. Ils y étaient depuis longtemps accoutumés, ils les préféraient cent fois aux bombardements. Ceux du premier bataillon se coulaient dans des abris d'artilleurs, ils se montraient du doigt, avec rage, trois pièces de 90 abandonnées, un caisson de 75 attelé à un cheval mort, un 155 de fabrication récente, un obus engagé dans la culasse. Ils s'empressaient de faire partir le coup, pour la seule satisfaction de répondre au tir ennemi qui ne cessait pas, bien qu'il passât alors au-dessus des têtes des bataillonnaires occupés à entasser les étuis de 75 et les caisses à obus abandonnées par les artilleurs pour en faire des abris qui leur permettent de creuser des tranchées.

Ils n'en ont pas le temps. Les mitrailleuses ennemies crépitent. Il faut ramper jusqu'aux éléments de boyaux qui subsistent sur le champ de bataille ravagé. L'attaque allemande se déchaîne, comme tous les jours, après la violente et interminable préparation d'artillerie. Le 1er bataillon lutte à un contre dix dans un bout de tranchée en forme de fer à cheval. Vers l'est, le 2e bataillon de chasseurs a été surpris par l'ampleur de l'attaque allemande et s'est replié vers le fort de Douaumont, laissant ainsi ceux du 95e et leurs camarades, qui tiennent l'ouest du fort, en position aventurée.

Le recul des chasseurs était héroïque. Le feu roulant de l'ennemi, qui était tombé sur eux, précédait vers seize heures une attaque en force des Allemands. La nuit s'annonçait, les chasseurs du 4e bataillon lançaient des fusées d'alarme, pour signaler l'offensive.

– Allons messeigneurs, disait le capitaine de Rohan, aux créneaux, tirez-moi sur cette valetaille !

Mais les compagnies étaient refoulées les unes après les autres. L'aspirant Bourdillat raconte que les chasseurs qui se repliaient sur la partie est du fort de Douaumont étaient arrêtés par Rohan qui voulait former le carré :

– Nous allons les attendre de pied ferme, et, comme à Waterloo, nous nous ferons tuer jusqu'au dernier !

Le commandant Fouchard avait prévenu ce massacre en donnant l'ordre aux chasseurs de se replier sur le fort de Souville. Ils avaient subi d'énormes pertes, comme le bataillon du 95e replié dans sa tranchée en fer à cheval : accablé par cinq ou six vagues successives d'attaquants, il était réduit à une soixantaine d'hommes dirigés par leur commandant qui faisait le coup de feu comme un fantassin ordinaire. Le 2e bataillon entrait alors en ligne, et le 3e, celui de Péricard, fusillait bientôt à bout portant les colonnes allemandes qui se présentaient en masses nombreuses et non, comme au 21 février, par petits paquets. Les Français tiraient sans cesse, abattaient des files de *Feldgrau*... le repli était cependant inévitable.

Devant l'ampleur de l'attaque allemande, le lieutenant-colonel Theuriet, qui commande le 85e, un régiment proche, retrouve lui aussi, comme le duc de Rohan, les réflexes de Waterloo. Il forme son régiment en carré, n'étant pas sûr de ses ailes, dont il est sans nouvelles, alors qu'elles sont à deux cents mètres de lui. La technique de l'« encagement » a isolé son unité. Il place des mitrailleuses sur les flancs. Les pertes sont considérables et le colonel lui-même trouve la mort à la tête de ses hommes. Mais les Allemands, surpris par ce feu nourri, se sont arrêtés. C'est pour envoyer aussitôt des signaux à leur artillerie. Les 210 crachent, avec une surprenante précision. Un seul obus emporte plus de soixante hommes. Un bataillon est réduit de moitié. Pourtant les officiers veulent encore résister de part et d'autre du fort. Il est cinq heures. La nuit tombe. Une effroyable nouvelle se répand dans les lignes : le fort de Douaumont s'est rendu !

*
* *

– Direction, Douaumont !

L'officier qui donne cet ordre est un lieutenant du 24e de Brandebourg. Il commande la 8e compagnie de ce régiment, des hommes harassés qui viennent de participer au très coûteux bond en avant de l'armée allemande dans la région du fort. Les ravins de l'est et de l'ouest ont été bombardés, gazés, investis par de fortes attaques allemandes qui contournent la masse de béton de la citadelle, comme s'il était impossible de lui donner l'assaut. Le 24e régiment d'infanterie de Brandebourg a reçu l'ordre de marcher directement sur le fort, mais de s'arrêter à huit cents mètres pour ne pas gêner le tir de l'artillerie allemande qui va tenter d'écraser la place avec des obusiers lourds.

À seize heures, le lieutenant von Brandis est en position, rongeant son frein d'avoir à exécuter cet ordre d'arrêt. Ses hommes se sont déjà jetés dans les trous d'obus pour y passer la nuit. Ils sont convaincus qu'ils ne reprendront pas l'offensive avant le lendemain. Pourtant leurs camarades gagnent des croix de fer en se mesurant avec les Français de part et d'autre du fort. Ils n'en ont cure. La recherche de la gloire militaire n'est plus le fait des soldats des tranchées depuis longtemps. Ils dorment dans la boue enneigée en attendant la nuit noire. Ils se réveilleront alors pour creuser des trous. C'est la routine depuis quatre jours.

– Levez-vous ! crie Brandis, les Français sont en retraite.

Les *Feldgrau* se redressent lourdement, sortent de leurs abris, obéissent à la discipline prussienne, mais en traînant les bottes : ils sont convaincus que le lieutenant est sonné par la bataille, qu'il n'a plus son bon sens.

Il regarde la forteresse de Douaumont. Il inspecte les alentours. Rien ne bouge. La grande masse grisâtre de béton semble déserte, morte, comme si les défenseurs avaient fui en même temps que les fantassins qui en défendaient les abords.

– En avant ! crie von Brandis.

La troupe hésite. Un caporal trouve le mot qui s'impose :

– Il y aura des lits là-haut !

Les soldats les plus fatigués hâtent le pas. Un lieutenant ne peut pas se tromper. S'il donne l'ordre d'attaquer, c'est à bon escient.

Mais si l'artillerie allemande tirait ? Si les Français étaient embusqués, prêts à combattre jusqu'à la mort ? Le lieutenant von Brandis n'hésite pas, il se précipite le premier, demande des cisailles pour les barbelés.

– Approchez les perches ! vous voyez bien qu'il n'y a pas un seul tireur dans les coffres !

Ils se laissent glisser jusqu'au fond du fossé. Ensuite, il faut grimper, escalader la carapace enneigée, verglacée. La petite troupe y parvient après de violents efforts, sans être bombardée, ni même remarquée par les guetteurs allemands ni par les Français. Von Brandis se reçoit le premier dans la grande cour du fort. Les portes des casemates sont ouvertes, il suffit de s'y engouffrer. Est-ce un piège ? Les Français sont une cinquantaine, barbus, ahuris, à peine armés. Von Brandis regarde derrière lui, ses hommes suivent, mais ils ne sont qu'une poignée. Heureusement le capitaine Haupt, qui commandait une compagnie proche, a suivi le mouvement. Ses hommes accourent, mettent en joue les occupants inoffensifs de la forteresse.

*
* *

Ils sont une cinquantaine : le maréchal des logis Chenot les commande. Au moment de l'action, a-t-il expliqué plus tard, il est occupé à manœuvrer la tourelle de 155 qui tire trop mollement sur les lignes allemandes. La garnison compte une grande majorité d'artilleurs territoriaux désœuvrés, y compris ceux qui ont abandonné leur batterie détruite en rase campagne pour chercher un refuge ; des gens qui construisent un observatoire, des sapeurs du Génie arrivés le matin même pour faire sauter, selon les ordres de l'État-Major, les organes défensifs à la dynamite.

Chenot n'est pas au courant du déroulement de la bataille. Il tire au jugé sur les batteries allemandes, sans que personne lui ait donné d'instructions. Il ne dispose d'aucune troupe d'infanterie pour protéger le fort. Il s'apprête à l'évacuer, comprenant que l'avance allemande met en péril Douaumont. Il est juché dans la tourelle de 155, quand un cri l'interrompt :

– Mon adjudant, venez vite ! Les Allemands sont dans la cour, le commandant vous demande !

Les territoriaux se sont groupés en file, surveillés par les dix-neuf Brandebourgeois armés jusqu'aux dents. Un maréchal des logis grommelle :

– Nous étions plus nombreux que vous. Si on avait su, vous seriez à notre place !

– Trop tard ! dit Brandis.

Malgré le renfort de la compagnie Haupt, il sait qu'il n'a pas les moyens de résister si les Français, s'apercevant de leur bévue, contre-attaquent aussitôt. Ses compagnons sont moins d'une centaine. Aussi se lance-t-il à l'extérieur, dans la neige, pour trouver des hommes, des munitions, des vivres. Il veut pouvoir tenir dans la forteresse captive. Il tombe sur des groupes d'Allemands qui tournent autour des fossés du fort, sans direction précise : certains sont de sa compagnie, d'autres de la compagnie Haupt. Ils n'ont pas voulu suivre leurs camarades dans le fort, jugeant l'entreprise absurde. Il les compte, une fois rassemblés : ils sont trois cents.

Brandis doit convaincre ces hommes égarés, grognons, presque réfractaires, de le suivre dans le fort. Ils savent parfaitement que les ordres de l'état-major de division étaient de rester au dehors.

– Vous trouverez des vivres, des lits et des poêles !

Ce langage plaît aux troupiers originaires des plaines glacées du nord de Berlin, pourtant habitués au froid et à la mauvaise nourriture. Les hommes se laissent tenter, tout heureux de se retrouver à l'abri sous la carapace bétonnée. Aussitôt le drapeau jaune à l'aigle noir est hissé en haut de l'observatoire. Il est clair pour tous les Français que le fort est allemand. Dès que la nouvelle est connue en Allemagne, elle est à la une des grands journaux sous le titre : « Douaumont ist gefallen. » Comme si l'action téméraire du lieutenant von Brandis avait été un assaut en règle.

Naturellement les canons et les mitrailleuses du fort sont remis en état, ainsi que l'observatoire, et tirent sur les lignes françaises. Il est pourtant remarquable que l'État-Major allemand, pas plus que le français, ne songe à faire entrer la place conquise dans un système défensif. Préoccupé uniquement de sa progression sur Verdun, qui laisse bientôt l'ouvrage en dehors des lignes, il prévoit d'en faire uniquement un abri pour les troupes de passage, un réservoir de vivres et de stockage des munitions, un centre de rassemblement des prisonniers en cours d'évacuation. À aucun moment le fort ne sera utilisé par les Allemands dans la bataille.

Il aurait pu l'être par les Français lors de l'offensive du 25 février en fin d'après-midi : une singulière anecdote court alors dans leurs lignes, significative du désarroi des unités : la compagnie Péricard, au moment de la prise du fort, se trouve dans la tranchée coudée, près du village de Douaumont, à l'ouest du fort. Pas un soldat de métier dans l'encadrement. Ces hommes viennent de tous les milieux, et leur appréciation de la bataille n'est pas celle de militaires de carrière : l'adjudant Durassier est imprimeur dans le civil, le sergent Larpent garçon-livreur aux grands magasins du Printemps, son camarade Fortier employé de la compagnie parisienne d'électricité. L'aspirant Debard est ingénieur, et Péricard journaliste. Leur témoignage est concordant : ils ont aperçu une troupe descendant sans doute du fort et portant la chéchia des zouaves. Sans l'héroïsme de Durassier qui s'avança vers ces ennemis déguisés pour les démasquer, ils auraient peut-être tourné les défenses du village de Douaumont. On s'est demandé si les Allemands n'avaient pas employé ce genre de supercherie pour s'emparer à peu de frais de l'ouvrage.

En réalité, ils n'en avaient nul besoin : le général von Mudra, qui commandait les troupes d'assaut autour de Douaumont, n'avait sans doute pas programmé la prise du fort, pas plus que les Français n'avaient nourri le projet de le défendre ou de le reprendre. Le témoignage du général Reibell, commandant la 37e brigade est formel : le 24 février au soir, le général Chrétien lui aurait affirmé devant deux de ses officiers d'état-major, « que le fort de Douaumont possédait sa garnison spéciale et qu'il n'y avait pas à s'en occuper, que nous devions combattre en rase campagne comme aux marais de Saint-Gond ». Le général est hanté par les souvenirs de la bataille de la Marne, où combattait le XXe corps de Foch, le même qui est appelé au secours de Verdun.

Quelles étaient les troupes qui devaient, selon Chrétien, le chef du XXXe corps, tenir garnison dans le fort ? Des fantassins de la Territoriale, qui venaient de la plaine de la Woëvre en direction d'Étain. Ce régiment avait été enlevé à ses positions par l'ordre d'évacuation de la rive droite de la Meuse donné par le général de Langle de Cary, et rapporté par la suite. Les territoriaux avaient considéré que leur retraite devait se poursuivre jusqu'à la rive gauche de la Meuse, et qu'ils n'avaient pas à rester dans le fort. Le général Chrétien pouvait donc ignorer, et de fait ne s'en souciait pas, que Douaumont n'était tenu que par une poignée d'artilleurs commandés par un gardien de batterie sexagénaire. Plusieurs offensives meurtrières seraient par la suite nécessaires pour reprendre le fort.

*

* *

De part et d'autre de l'ouvrage, les Allemands ont confirmé leur avance. Les renforts ne leur manquent pas encore. Ils poussent en avant leurs unités de réserve, qui attendent depuis plusieurs jours d'entrer en action. La prise du village de Louvemont a été la première alarme pour la défense française.

Le village se défendait seul, avec acharnement, sans renforts notables, sans soutien d'artillerie. Situé sur une butte de plus de trois cents mètres, il occupait une position stratégique : qui tenait Louvemont pouvait progresser vers Douaumont, et de là vers Verdun.

La défense héroïque du lieutenant-colonel Theuriet, mort à la tête de ses fantassins du 85ᵉ, montrait que les officiers, privés de tout autre soutien que de maigres renforts d'infanterie, n'avaient d'autre ressource que de se faire tuer. Il avait, canne en main et cigare en bouche, ordonné une charge à la baïonnette dès que les grenadiers qui suivaient les lance-flammes s'étaient présentés. Le deuxième bataillon ayant été ainsi exterminé, ceux qui tenaient encore le village avaient été accablés par un bombardement d'une intensité inouïe, précédant la dernière charge des fusiliers allemands. Les Français ne pouvaient pas savoir qu'ils avaient devant eux trois divisions. Le colonel de Belenet, qui commandait à l'ouest du fort le 95ᵉ ignorait, faute de la moindre liaison, ce qui se passait à l'est. À trois heures de l'après-midi, les défenseurs de Louvemont avaient cessé toute résistance.

Le bombardement des unités encore en place autour de Douaumont était des plus violents. De nouveau les fantassins s'abritaient dans les trous, tiraient au jugé sur tout ce qui se présentait. Une fois encore, la résistance spontanée de l'infanterie désorganisée, débandée, sans liaison ni soutien d'aucune sorte contenait l'avance allemande sur quelques positions.

Si les grenadiers ennemis s'infiltraient vers la côte du Poivre, à la fin de la journée du 25, les tirailleurs tenaient encore les hauteurs du bois d'Haudremont, du bois Chaufour, du bois Alban. Ils tiraillaient dans les ruines fumantes du village de Douaumont, tenaient, au sud-est du fort, le bois de la Caillette et s'appuyaient sur le fort de Vaux. Le quartier général de Souville était à trois kilomètres de la ligne de bataille. Il n'était plus protégé que par les défenses en avant du village de Fleury. Il ne restait plus pour garder Verdun qu'une ultime position de repli : de l'ouvrage de Froideterre, à l'est du village de Bras au fort Saint-Michel et au fort de Tavannes.

Mais Joffre ne veut pas entendre parler de ce projet de repli du général Reibell. Il menace les généraux coupables d'abandon, de conseil de guerre.

– Même si j'étais Napoléon, dit l'un d'eux, je n'empêcherais pas la défaite de cette armée.

Déjà les civils évacuent les ruines du village de Belleville, en avant de Verdun. Une cohue se précipite vers la citadelle, dont les civils ont été aussi évacués en raison des bombardements. Pourquoi les Allemands ne donnent-ils pas le dernier coup de collier, à la fin de cette journée du 25 où la résistance française semble à bout de souffle ?

Ils préparent en vérité une nouvelle attaque le 26, mais ils ne disposent plus de troupes fraîches permettant un coup de boutoir efficace. Les divisions mises en ligne ont toutes été engagées. Si elles ont éprouvé moins de pertes que les françaises, si elles ont été plus ménagées par le commandement, elles n'en sont pas moins épuisées, au cinquième jour de la bataille. Des récits allemands évoquent les colonnes de prisonniers français traversant le village de Beaumont, mais aussi des files d'ambulances hippomobiles remplies de blessés graves, ainsi que des camions de renfort qui transportent au front des obus. Les artilleurs, malgré les stocks considérables amassés au début de la bataille se plaignent de manquer de munitions pour la préparation du 26 au matin.

Ils ont dû être approvisionnés, car le feu éprouvé par les troupes françaises qui tiennent encore le terrain ne faiblit pas. Dans l'après-midi, les Allemands se rendent maîtres définitivement de la côte du Poivre et des hauteurs d'Houdromont. La progression se poursuit, d'obstacle en obstacle. Ils sont convaincus que le front français va céder. Il est grand temps. Le moral allemand commence à faiblir. Les officiers des unités ordinaires de la 7e armée rapportent des propos alarmants tenus la veille par les hommes de première ligne. Mais les *Stosstruppen* sont reparties à l'assaut. Le front français va-t-il enfin craquer ? Comment se rendre maître des quelques positions où s'accrochent les Français pour défendre Verdun sans accumuler de nouveaux cadavres ? Cependant, il faut en finir, et les hommes marchent, courbés sous le poids des grenades et des réservoirs de gaz des lance-flammes.

*

* *

Ceux qui résistent avec le plus d'énergie sont les plus exténués, les fantassins du 95e. Ils ont passé leur deuxième nuit au front sans dormir, les pieds dans la boue transformée en glace des tronçons de tranchées. Péricard change de chaussettes en puisant dans la musette d'un mort. Les hommes meurent de soif dans le froid, toutes les sources d'eau courante sont taries par les bombardements. Ils sucent des glaçons, boivent de la neige fondue. Ils ont évacué les abris blindés où s'entassent les blessés. Il leur reste quelques boyaux pour s'abriter, dans l'horrible odeur des cadavres.

Impossible d'enterrer un adjudant tué la veille. Le sol est trop dur, il résiste aux pioches. Des hommes se dévouent pour ramener au poste d'urgence les blessés qui geignent entre les lignes. Ils meurent souvent en entrant dans le réduit bétonné, administrés par l'abbé Bedu, aumônier du régiment.

Le colonel de Belenet répète : « Quoi qu'il arrive, je n'abandonnerai pas Douaumont ! » Un tir de destruction remue les ruines du village où les cadavres d'hommes et de chevaux s'amoncellent. Les blessés sont achevés par les éclats, les hommes valides trop souvent ensevelis dans les trous d'obus. De nouveau des morts, des blessés que l'on ne peut rechercher et évacuer qu'en rampant. Pourtant les survivants consolident les défenses, les sections de mitrailleurs s'affairent en haut des parapets. Il faut contenir le nouvel assaut.

Les Allemands s'infiltrent dans un ravin, au nord de la position française. Les survivants du 95e ont à peine touché à la soupe froide. « Leur fièvre s'exaspère en rage », commente Péricard. Ils montrent le poing à l'ennemi, ils le défient. Un tirailleur flambe, atteint par un projectile incendiaire tombé sur sa capote. L'ennemi déplace ses pièces d'artillerie, comme s'il était assuré du succès de son attaque imminente.

Les Français laissent approcher les *Stosstruppen* qui s'avancent en lignes. Trois vagues successives sont ainsi repoussées par le tir convergent des mitrailleuses qui ont été épargnées par le bombardement. Une seule pièce brûle quinze mille cartouches.

Des tirailleurs venus du Maroc repoussent l'assaut sur le flanc gauche. Leurs officiers sont tués par les grenades. Ramenés en arrière, ils sont repris en main, repartent à l'assaut avec ceux du 95e qui sortent des tranchées. Les clairons sonnent la charge. L'un d'eux, Bruneau, originaire de Bourges, est tué d'une balle dans la tête. On voit un sergent-major commander une compagnie, ses officiers ayant été éliminés. Les Allemands reculent, poursuivis par les Marocains qui leur tirent dans le dos en marchant.

Le bombardement reprend, rapide, hargneux. Il faut de nouveau se terrer. L'exaspération des hommes est telle qu'ils prennent des risques insensés. Des officiers parcourent les rues fumantes du village, bravant le feu. Quand l'ordre de relève arrive à la tombée de la nuit, les hommes ne veulent pas y croire. Quelqu'un se soucie donc encore de leur sort ?

Une remarque de Péricard en dit long sur l'état d'esprit des officiers. On avait proposé au colonel de quitter les lignes dès le matin, pour laisser la place à des troupes moins éprouvées. Il avait refusé, craignant qu'elles ne fussent inexpérimentées. Il avait demandé la « faveur » de garder la position jusqu'à la nuit, et pas un murmure ne s'était élevé dans la troupe. Était-elle seulement au courant ? À trois heures du matin, une compagnie avait repoussé une attaque allemande. Le jour venu, l'heure du départ vers le village de Fleury s'annonçait. La première bataille du 95e d'infanterie avait pris fin.

À l'arrière, on comptait les pertes : elles étaient significatives. Pour les trois divisions les plus éprouvées, la 37e dont faisait partie le 95e régiment, la 51e et la 72e, les morts étaient six cent quatre-vingt-un, les blessés trois mille cent quatre-vingt-six, ce qui pouvait paraître modéré. Mais seize mille quatre cent sept hommes avaient disparu sans que nul ne pût dire ce qu'ils étaient devenus. On considérait que ces unités étaient réduites des deux tiers. Les disparus étaient retournés à la terre de Verdun, abîmés dans les crevasses, enfouis dans les trous d'obus sous dix mètres de terre, noyés dans la boue, volatilisés par les explosions. Il était clair, au soir du 26 février, que seule une arrivée continue de renforts et de munitions pouvait sauver le front de Verdun.

*
* *

L'aménagement de la seule route disponible, de Bar-le-Duc à Verdun, était indispensable. Les régiments d'infanterie pouvaient cheminer à pied jusqu'au champ de bataille, mais les renforts d'artillerie, seuls capables de retourner le sort des armes en faveur des Français, devaient être acheminés par la route, ainsi que les munitions lourdes.

La supériorité allemande tenait à l'initiative constante des offensives, constamment précédées de tirs de destruction de l'artillerie, accompagnées de tirs de barrage tenant en respect les contre-offensives françaises. Les armes de la défense étaient la mitrailleuse et la grenade. Les 75 avaient été réduits au silence par les tirs adverses. La seule concentration française était sur la rive gauche de la Meuse, à l'abri des entreprises immédiates de l'ennemi : elle répondait avec parcimonie à l'avalanche d'obus qui accablait l'ensemble du triangle de Verdun, déjà rétréci, comme une peau de chagrin, par les trois ou quatre kilomètres d'avance allemande dans les lignes de l'est. Le danger immédiat créé par la situation du 26 février obligeait à ouvrir la route aux unités d'infanterie du XXe corps, appelé d'urgence à la rescousse pour tenter de sauver le front. Un fois encore la priorité absolue allait aux troupes de choc, seules capables d'apporter un remède immédiat à une situation entièrement subie par l'État-Major.

Il ne s'agissait plus seulement de renforts, mais de relèves. Les sacrifices et l'effort consentis par les premières unités qui avaient reçu le choc du 21 février ne pouvaient se prolonger. Il fallait pratiquer sur le champ de bataille de Verdun, si l'on peut dire, une transfusion de sang. Les Allemands fatigués, harassés, déconcertés par la longue résistance de leurs ennemis avaient encore l'énergie d'attaquer. L'expérience avait montré qu'il suffisait de quelques unités de bonnes troupes pour contenir de nouvelles poussées, à condition qu'elles fussent immédiatement en place, guidées, instruites par les anciens.

La parcellisation des combats rendait impossible les offensives de front. Les troupes françaises avaient été à ce point bombardées, traquées par les obus, encagées, qu'elles combattaient sans liaisons avec les états-majors, au jugé, ne percevant du champ de bataille que les combats les plus proches. On ne distinguait les vagues d'assaut allemandes qu'au dernier moment, quand elles surgissaient de la poussière du bombardement. Elles se séparaient très vite en petites unités, opérant isolément, menant contre les Français une guerre de compagnies ou de sections. Un régiment combattait rarement seul. Il était morcelé en bataillons, et ceux-ci, pour s'adapter au terrain, improvisaient des configurations de combat qui n'étaient nullement prévues dans les manuels d'instruction de l'infanterie en campagne. Guerre de capitaines, et surtout de sergents. L'unité véritablement opérationnelle était la section. Quand les colonels étaient au feu, ils agissaient comme des lieutenants, conduisant l'assaut ou la résistance à partir de la petite unité qui était restée à leurs côtés. Ils avaient rarement conservé des moyens de liaison avec leur propre régiment dont les bataillons étaient éclatés.

Le haut-commandement persévérait donc dans l'idée que le sacrifice de l'infanterie était une nécessité de la bataille imposée par l'ennemi. La justice voulait que toutes les unités fussent successivement confrontées au feu dévorant. Il était désormais assez clair que les

Allemands n'avaient pas les moyens de déclencher ailleurs une deuxième offensive. Le seul front concerné était celui de Verdun, où l'ennemi avait massé toutes ses troupes disponibles, celles de l'armée du Kronprinz. Même si Joffre gardait espoir de monter pour juillet sa propre offensive, il ne pouvait plus désormais négliger la menace mortelle qui pesait sur Verdun.

En dépit du « caviardage » des lettres du front et de la presse, les nouvelles qui filtraient de la grande bataille répandaient la morosité à l'arrière. Bientôt les gendarmes délivreraient dans les villages de France les premiers avis de décès. On ne pouvait mentir plus longtemps au public, affirmer, comme au soir du 25 février que la position de Douaumont « avait été enlevée par l'ennemi après plusieurs assauts », qui lui avaient coûté « des pertes très élevées » et que la forteresse avait été « de nouveau atteinte et dépassée par nos troupes, que toutes les tentatives de l'ennemi n'avaient pu faire reculer ». Le public savait que l'on se battait férocement à Verdun. Écartant délibérément les mensonges, il attendait du gouvernement et du commandement un effort énergique de redressement, un devoir de justice pour que les sacrifices ne soient pas toujours demandés aux mêmes. Joffre commençait à sentir que sa tête était en jeu, aux frémissements de l'opinion parlementaire, aux questions fiévreuses des ministres et des députés. Il ne pouvait pas perdre à Verdun.

*
* *

Cet ancien colonel du régiment des chemins de fer de Versailles, cet officier du génie toujours sensible aux problèmes de logistique, d'acheminement des renforts, de l'artillerie et des munitions avait déjà une fois sauvé le pays sur la Marne, grâce à la montée en ligne rapide de cent mille hommes de troupes fraîches. Ce polytechnicien pondéré aimait à se donner, longtemps à l'avance, les moyens d'une action décisive. Il pensait depuis 1915 à l'aménagement de la route de Verdun, en prévision d'une attaque allemande.

Il avait exigé le rassemblement d'une flotte de camions suffisamment nombreuse pour constituer vers le front des convois ininterrompus, sur plusieurs dizaines de kilomètres. Le parc de véhicules existait, alimenté par des fabrications françaises et par une politique d'achats à l'étranger : plus de mille avaient été commandés et livrés de Grande-Bretagne et des États-Unis. L'industrie française les produisait en quantité croissante. L'armée était déjà motorisée en 1914 : grâce à la vigilance de Joffre, elle disposait déjà de sept mille camions : ils seraient quatre-vingt-dix mille en 1918. Verdun avait fourni la preuve qu'ils étaient l'instrument idéal, plus rapide que le chemin de fer, pour conduire les unités aussi près que possible des lignes, sans transbordements, sans pertes de temps. On pouvait enlever d'un coup deux divisions en employant un millier de camions qui circulaient, pare-chocs contre pare-chocs sur une longueur de route de trente kilomètres. Pour cette raison le généralissime, toujours prévoyant, exigeait que l'on tînt constamment en réserve mille camions ayant fait le plein d'essence, pour pallier une offensive inopinée de l'ennemi. Ils avaient l'inconvénient d'être montés sur bandes et non sur pneus, ce qui les rendait cruellement inconfortables aux blessés.

Les transports d'artillerie étaient souvent motorisés : des tracteurs transportaient des pièces lourdes de 155 longs, de 220 à tir rapide, de 280 superlourds. Ces engins avaient quatre roues motrices ; ce type de matériel avait déjà été expérimenté sur d'autres secteurs du front. Rien n'empêchait de l'acheminer sur Verdun par la route de Bar-le-Duc. Des camions spéciaux transportaient les artilleurs, les munitions, les bagages. Ces chargements d'obus étaient dangereux, car en explosant, un camion montant au front pouvait immobiliser toute la colonne circulant sur la route. L'armée disposait ainsi de nombreux véhicules disponibles pour convoyer les renforts indispensables.

Pour utiliser à plein ce potentiel, il suffisait d'aménager la route. Dès le mois d'août 1915, Joffre avait donné les ordres nécessaires pour qu'elle fût élargie à sept mètres, ce qui permettrait à trois véhicules de s'y croiser de front. Selon le témoignage du sergent Madelin, du 44e d'infanterie territoriale, « le général Herr faisait depuis quelques semaines (avant l'offensive allemande) raffermir la chaussée ». Le général commandant la place de Verdun avait donc le souci de préserver un cordon ombilical avec l'arrière, en cas d'attaque ennemie. Il avait fait renforcer la voie étroite du petit chemin de fer meusien, le seul qui pût être de quelque utilité.

L'essentiel était le camionnage. Il était question d'organiser une « chaîne sans fin » d'engins montant en ligne et descendant du front, sans arrêt jour et nuit, laissant la partie centrale aux voitures plus rapides des courriers et de l'État-Major. On voulait à tout prix éviter les accrochages, les accidents qui ralentissaient le débit. Ainsi le général Chrétien avait donné l'ordre, dans la nuit du 21 février, d'écarter de la route les civils et les convois hippomobiles.

À cette date, la montée des renforts par colonnes motorisées était déjà envisagée. Le capitaine Doumenc à la direction des services automobiles, avait été muté le 19 février à Bar-le-Duc pour y mettre en place la « commission régulatrice automobile », qui installerait de Bar à Verdun la « courroie de transmission » des convois ininterrompus, tournant jour et nuit comme une « noria » sans fin. Le capitaine Doumenc, comprenant l'urgence de sa mission, avait déclaré que la route pouvait fonctionner, selon les ordres de l'État-Major, à partir du 20 février.

Dès les débuts de l'offensive, cet officier s'était préoccupé de réunir les camions et d'organiser les convois. Dix-huit véhicules renforcés d'un camion-atelier constituaient une section appelée T.M. (transport de matériel) ou T.P. (transport de personnel). Quatre sections réunies formaient un groupe de quatre-vingts camions, commandé par un capitaine. Doumenc avait imaginé le « groupement », constitué de six groupes, soit quatre cent quatre-vingts camions, comme unité tactique chargée d'intervenir en colonne d'un point à un autre, avec le maximum d'efficacité. Chaque armée du front français disposait en février 1916 d'un de ces groupements. Ils pouvaient être renforcés par des unités des « réserves de transports à la disposition du général en chef » qui réunissaient au moins mille engins.

Certaines sections étaient spécialisées en fonction de la nature des transports. On considérait l'apport de viande fraîche au front comme essentiel au moral du soldat : des sections s'en chargeaient, groupées par divisions. Les sections sanitaires disposaient naturellement de leurs véhicules d'évacuation des blessés, en nombre insuffisant à Verdun puisqu'elles réunissaient seulement dix-huit camions ordinaires par division. Elles seraient renforcées rapidement, et l'on utiliserait les camions vides ayant déversé leurs troupes au front, pour redescendre les blessés.

La commission Doumenc se chargeait de la police de la route, de la discipline des conducteurs. Elle avait en charge le transport sur Verdun deux mille tonnes de munitions par jour, cent tonnes de vivres et de matériels par division. Une vingtaine de divisions seraient ainsi approvisionnées régulièrement. Les colonnes de camions devaient être en état de charger jusqu'à vingt mille hommes par jour. Les vivres seraient acheminés de préférence par le chemin de fer meusien, qui ne pouvait assurer, du fait de son faible débit, que huit cents tonnes par jour.

Dès le 22 février, les groupes du capitaine Ballut et les réserves de Rigaudias et de Collot étaient à pied d'œuvre. Le groupement indépendant aux ordres de Barthez était mis en place le 25. À cette date, Doumenc organisait déjà une noria de trois mille cinq cents véhicules. Il avait exigé et obtenu que la route fût entièrement rendue libre pour le transport automobile. Tout transbordement était interdit. Les camionneurs devaient livrer leur chargement directement d'un point à un autre. Un service de pilotage et de surveillance était mis en place pour aider les chauffeurs et s'assurer de la régularité du mouvement. La route était divisée en six cantons qui disposaient d'un important service d'entretien assuré en permanence par les territoriaux.

La régulatrice avait pour mission essentielle d'assurer elle-même le transport des troupes de renfort. Les convois comprenaient des camions lourds de deux tonnes et des autobus de la région parisienne réquisitionnés pour le front. Les groupements pouvaient enlever quatre brigades de vingt-cinq mille hommes chacune et les lancer dans la noria avec leurs bagages et leur équipement. Les accidents n'étaient pas tolérés. Au début de l'opération, on avait réuni des camions de dépannage. On jugea bientôt plus expéditif de précipiter les véhicules endommagés dans le ravin, pour ne ralentir en rien le mouvement.

Les sections étaient bientôt portées à vingt camions, avec vingt hommes du train des équipages pour les conduire et les entretenir. Ces sections étaient autonomes, elles devaient s'administrer elles-mêmes. La technique d'embarquement avait été mise au point minutieusement par Doumenc et ses officiers : les hommes étaient réunis en un seul groupe sur un terrain accessible aux camions, appelé « chantier d'embarquement ». Les officiers orienteurs se chargeaient, de jour et de nuit, de guider les colonnes. Les officiers serre-file s'assuraient qu'on n'avait rien oublié, que la division embarquée était au complet avec ses équipements. Le point de débarquement n'était communiqué aux officiers de route qu'après le départ, pour éviter les indiscrétions et les rapports d'espions. En fin de parcours, le conducteur de tête recevait l'indication du « poste régulateur », toujours situé à faible distance du lieu d'intervention prévu pour l'unité.

Le transport des munitions était la hantise des officiers de la régulation. Il imposaient des distances de trois ou quatre cents mètres entre les camions lourdement chargés, qui pouvaient exploser d'un instant à l'autre, incendiés par les obus. Les véhicules, en période de bataille, devaient passer coûte que coûte pour ravitailler les pièces à court de projectiles. Les transporteurs de munitions voyageaient quatre par quatre. Il arrivait que trois fussent touchés avant de décharger leur cargaison sur le bord de la route, où les artilleurs venaient les enlever.

.Les effectifs du service automobile s'accroissaient sans cesse. Du 22 février au 7 mars, les huit mille cinq cents hommes du train des équipages avaient acheminé jusqu'aux premières lignes cent quatre-vingt-dix mille hommes et vingt-deux mille cinq cents tonnes de munitions. Au premier mars, l'armée de Verdun comptait déjà quatre cent trente mille hommes et cent trente-six mille chevaux et mulets. Car l'artillerie au front restait très largement hippomobile. Impossible, avant l'entrée en ligne des tracteurs à caterpillar, d'engager dans la boue de Verdun des tracteurs sur roues. Force était de recourir aux équipages à chevaux. À cette date, la conversion de l'État-Major était faite : l'essentiel des unités combattantes était, par force, mis en ligne sur le front de Verdun. Il était enfin évident que cette bataille était, depuis la Marne, celle où le pays engageait son destin.

*
* *

La découverte d'une nouvelle forme de solidarité n'était pas la moindre nouveauté du front de la deuxième armée. La fragilité de la communication avec le champ de bataille mettait soudain au premier rang l'effort des soldats du Train. Ils sautaient avec leurs camions sous les obus, comme les combattants de première ligne. De leur résistance à la fatigue et à l'angoisse du bombardement dépendait la survie des « poilus ». Au lieu d'être des planqués de l'arrière, les chauffeurs, comme ceux des taxis de la Marne, entraient dans la légende, mais surtout dans le vécu de la guerre. Pour éviter le repérage par avion, ils avaient fait peindre leurs camions par des spécialistes du camouflage. Cela n'empêchait pas les appareils de reconnaissance allemands de donner des indications sur l'état d'encombrement de la route qu'ils connaissaient parfaitement, aux artilleurs qui la bombardaient sans trêve. Heureusement les tirs étaient rares la nuit. Les camions, en sécurité, pouvaient allumer leurs phares, et le long serpent lumineux convoyer sans trop de risque ses effectifs, de Badonvilliers où embarquaient les hommes jusqu'au faubourg de Glorieux, devant Verdun.

Les chauffeurs faisaient l'aller et retour jusqu'à la limite de leurs forces. Du 23 au 27 février, ils ne dormaient plus. Leurs yeux étaient rouges d'épuisement, leurs mains graissées pour éviter ou soigner les engelures. Ils mangeaient au volant, suivant sans cesse le rythme de la colonne. Les camions glissaient sur la route verglacée. Les accidents n'étaient pas rares. Les épaves s'accumulaient sur les bas-côtés, ou dans le fond des ravins.

Le temps s'était réchauffé à partir du 26 février : une accalmie passagère de la guerre et des basses températures. La glace et la boue neigeuse avaient fondu, transformant la route en cloaque. Les camions patinaient, la noria risquait d'être interrompue. Des mesures d'urgence s'imposaient.

Nouvelle occasion d'imposer la solidarité aux troupes : les soldats de la Territoriale, déjà fort exposés dans les constructions de tranchées de première ligne, étaient affectés par régiments entiers à la réfection de la route. Ils entraient dans la bataille de Verdun, non plus seulement pour creuser des trous au front, ou pour enterrer les morts, mais pour assurer la survie de tous par l'entretien constant de la chaussée : des carrières avaient été ouvertes par les officiers du Génie tout le long de la voie. Les territoriaux chargeaient les camions qui déversaient les pierres en tas sur les bas-côtés ; ils les jetaient par pelletées sous les roues bandées des engins lourdement chargés, qui servaient de rouleau compresseur.

Les travaux de réfection n'étaient jamais interrompus. Ils ne pouvaient l'être, en raison de l'intensité du trafic : jour et nuit, un véhicule passait toutes les cinq secondes. Seize bataillons de terrassiers de la Territoriale, soit huit mille deux cents hommes, étaient échelonnés le long des six cantons de la route, avec des postes de commandement à Rosnes, Chaumont-sur-Aire, Souilly et Glorieux. En dix mois, neuf cent mille tonnes de pierres seraient jetées, pelletée par pelletée, sous les roues des camions de Verdun.

*
* *

Du perron de pierre de la mairie de Souilly, un général regarde passer les colonnes, dans le grondement sourd de l'horizon. Il sait qu'une nouvelle offensive se prépare, que les Allemands font monter en ligne des troupes fraîches. Lui-même vient de prendre son commandement. Il n'est pas seulement chargé de la succession de Chrétien à la tête du XXXe corps. Il remplace aussi le commandant de la place de Verdun, le général Herr, limogé. Il devient le responsable unique du secteur de Verdun et s'appelle Philippe Pétain.

Ce colonel blanchi sous le harnais n'aurait jamais été nommé général si la guerre n'avait montré ses qualités de lucidité et de sang-froid. Le bon sens rural de cet ancien chasseur à pied, breveté de l'École de guerre, lui inspirait des conduites prudentes et résolues. Il savait que l'infanterie ne pouvait longtemps tenir un front, si elle ne bénéficiait rapidement du secours des canons de tous calibres, et pas seulement des 75. Il n'ignorait pas que les liaisons étaient vitales dans le secteur, et que le désordre tenait à ce qu'elles avaient disparu. Il savait enfin que rares étaient les chefs qui avaient au combat le souci de ménager les hommes, alors que cette considération était seule capable de permettre au front de tenir. Remplacer régulièrement et rapidement les unités usées au feu devenait son obsession.

Ces idées simples, d'autres pouvaient les soutenir. Le problème était de les appliquer sur un front en décomposition, où les relèves ne pouvaient se faire qu'avec prudence. À Balfourier, dont le XXe corps était en position dans le secteur-est, il téléphonait aussitôt : « Je prends le commandement. Faites-le dire à vos troupes. Tenez ferme. J'ai confiance en vous. » À Bazelaire, commandant du VIIe corps dans le secteur de la rive gauche, il tenait le même langage. Déjà le chef d'état-major de la deuxième armée, le colonel de Barsecut, affichait les nouvelles cartes au mur. Pétain s'en approchait, un fusain à la main.

Il délimitait les quatre secteurs de la bataille. À la tête de chacun, un homme de confiance : Bazelaire sur le front du nord, rive gauche de la Meuse. Du fleuve à Douaumont, Guillaumat. Balfourier assurait le secteur de Douaumont à Eix. De là, Duchêne gardait le flanc droit de l'armée jusqu'à Saint-Mihiel, pour éviter toute surprise.

Pétain avait pris son commandement dans la nuit du 25 au 26 février. Il avait aussitôt demandé à l'artillerie de la rive gauche d'intervenir dans la bataille. Les fantassins français croyaient leurs canons hors de combat. Voilà qu'ils se réveillaient assez efficacement pour gêner l'ennemi. Ils avaient permis de contrarier son avance jusqu'au village de Douaumont, dont la résistance se prolongeait jusqu'au 3 mars. Dès le 27 février, Joffre envoyait à Pétain un message de satisfaction. Mais il lui recommandait aussi de garder un esprit offensif. « Vous sentez comme moi, lui disait-il, que le meilleur moyen d'enrayer l'effort que prononce l'ennemi est d'attaquer à votre tour. Il faut reprendre le terrain qu'il nous a pris. Les munitions ne vous manqueront pas. Les positions flanquantes de la rive gauche vous permettent d'écraser constamment l'adversaire de feu. »

Pétain restait sceptique. La route de Bar-le-Duc acheminait régulièrement les munitions et les canons. Mais ils étaient loin d'être assez nombreux pour écraser l'ennemi. Il faisait le même calcul que l'État-Major allemand : sans un feu de préparation meurtrier et nourri pendant plusieurs heures, les troupes d'assaut n'avaient aucune chance de réussir une contre-attaque.

Il était déjà convaincu que l'armée de Verdun, avec les pertes qu'elle avait subies, ne pouvait espérer dans l'immédiat que de reconstituer ses effectifs et d'améliorer ses positions. Mais il était aussi persuadé qu'en « remettant de l'ordre » et en utilisant plus judicieusement ses ressources d'artillerie, il pouvait encore tenir. Ce qui l'encourageait dans cet espoir, c'était la résistance spontanée, anarchique, désespérée des hommes du front.

Il ne pensait pas encore à une innovation fondamentale de la tactique et de la stratégie. Il ne rêvait, pour l'heure, que de reconstituer l'« ordre » militaire, sans trouble et sans danger, celui d'un réseau de tranchées bien établies, renforcées par des points forts, protégées par les batteries d'artillerie. Il n'était pas question d'admettre, comme il le ferait les années suivantes, les reculs stratégiques devant les offensives allemandes. Le nouveau général commandant l'ensemble du champ de bataille de Verdun ne pouvait plus perdre de terrain. Il comptait, comme Joffre, sur les fantassins pour accomplir le miracle que la France attendait. Son pari était simple : ce que ceux-là avaient fait, dans les pires conditions, d'autres le feraient encore.

Les attaques allemandes sur la rive gauche de la Meuse : Avocourt-Cote 304-Mort-Homme-Cumières. Du 6 mars au 20 juin 1916

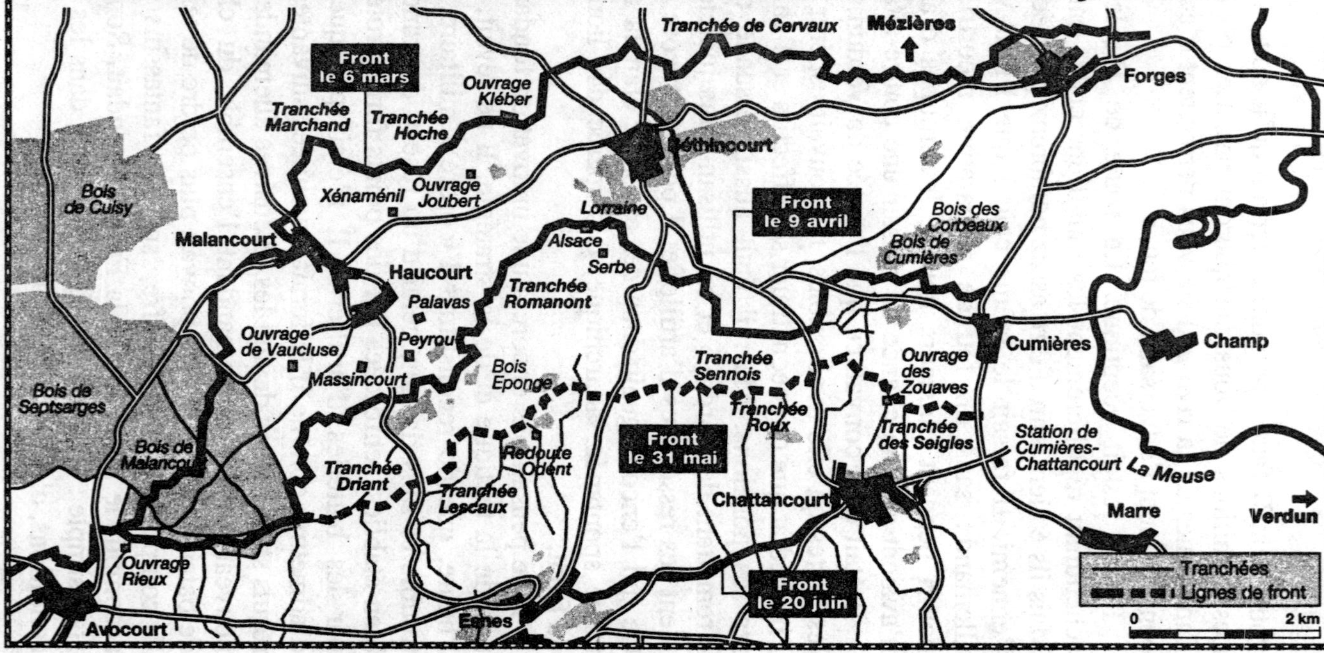

Chapitre 3

LA SEMAINE TRAGIQUE DE MARS

Le 6 mars au matin le canon tonne de nouveau sur l'ensemble du front. Le *Trommelfeuer* est de retour, pour préluder à une offensive comparable à celle du 21 février, mais plus ample dans ses bases de départ, puisqu'elle attaque l'armée française aux deux ailes, à droite sur le front déjà en partie enfoncé, et pour la première fois sur la rive gauche de la Meuse.

La technique de bombardement est la même : les mortiers de tranchée et les pièces à tir rapide pour les premières lignes, les gros calibres « encageant » les secteurs du front pour interrompre les communications et couper les lignes téléphoniques, les obus lourds interdisant les voies d'accès aux renforts, jusqu'à Verdun et au-delà dans la vallée de la Meuse.

Rive gauche, deux divisions allemandes, les 12e et 22e sont prêtes à se lancer en avant. Les moyens les plus importants sont massés à l'aile droite de l'armée française : ils ont été récupérés sur cinq corps d'armée et sont précédés de *Stosstruppen.* L'ambition de Falkenhayn est encore de percer le front français, cette fois par une manœuvre d'ensemble, en faisant converger par les ailes les axes d'attaque sur Verdun. Cette stratégie sans imagination est logique : puisque les Français s'appuient sur les vallonnements de la rive gauche pour bombarder les colonnes allemandes sur l'autre côté du fleuve, il faut, à l'évidence, avancer simultanément sur les deux rives.

Le Kronprinz enrage : le haut-commandement a perdu une semaine pour rassembler les éléments d'attaque, reconstituer les stocks d'artillerie, aménager des tranchées de départ pour une offensive dans l'axe de Forges, sur la rive gauche. Les Français, craint-il, auront mis à profit cette semaine de répit pour se renforcer.

Il n'en est rien : un prisonnier a décrit pour Jacques Péricard les ouvrages allemands du bois de Forges. « Le sol, large d'un mètre, est dallé ; les murs sont en pierre avec des joints cimentés ; ils ont trois mètres de haut avec un chemin de ronde de un mètre cinquante. Tout dans le fond, des abris, un grand nombre de tranchées françaises n'étaient constituées que par de simples boyaux, avec des banquettes de tir à peine ébauchées. Les boyaux de dégagement vers l'arrière étaient rares et peu profonds. Rares également les abris et sans aucun confort. L'eau y suintait de partout et formait au sol des flaques ; pas de bancs pour s'asseoir, pas même un clou pour accrocher musettes et bidons. »

Le répit n'avait pas été mis à profit pour installer des fortifications de campagne. Selon le major de la 67e division, Paul Voivenel, rien n'a été fait jusqu'à Chattancourt, en seconde ligne. « Pas un réseau de fil de fer, pas une tranchée... C'est notre brigade qui travaille nuit et jour. » Le général commandant le secteur a été limogé. Les soldats travaillent à vue et se font tirer dessus par l'artillerie ennemie. On compte des blessés au 214e d'infanterie. « Nous avons l'air, devant la menace actuelle, dit le major, d'écoliers pris en faute. » Pourquoi ces négligences ?

On pourrait évoquer la nature du sol, marécageux dans cette partie du front, la terre humide, spongieuse, où les soldats s'enfoncent jusqu'à mi-jambe. Mais les Allemands ont les mêmes inconvénients et ils disposent d'abris bétonnés. Il est vrai que, depuis le 21 février, le bombardement ne cesse pas contre le front français, y compris celui de la rive gauche de la Meuse. Les renforts ont le plus grand mal à monter en ligne. Les camions disponibles sont chargés exclusivement de vivres et de munitions. Il n'est pas question d'envisager un programme de construction. De plus l'état-major de Verdun a prélevé des hommes sur toutes les divisions de territoriaux pour constituer les unités de terrassiers qui travaillent jour et nuit sur la route de Bar-le-Duc.

Les lignes françaises sont cependant organisées, dans la partie gauche du front, plus solidement qu'à l'aile droite, qui a subi les conséquences des attaques allemandes de février. Dans le bois des Corbeaux, resté longtemps sans défense parce qu'il n'était pas immédiatement en première ligne, « seule la lisière est en état, explique Voivenel. La ligne du centre a été terminée il y a un mois à peine. Quant à la lisière sud, c'est nous qui avons commencé à y travailler ».

Du moins ces défenses existent-elles. Les quatre kilomètres de front menacés, entre Béthincourt et Forges, sont aux mains de six régiments d'infanterie, aux ordres du général Aimé. En première ligne ceux de la 133e brigade, du général de Laborderie (211e, 214e et 220e régiments d'infanterie). Le général Alby, commandant le XIIIe corps d'armée, tient la gauche et le centre du dispositif, des bois de Malancourt et d'Avaucourt jusqu'à Béthincourt. Il a sous ses ordres la 29e division de Guyot de Salins, renforcée d'une brigade de la 26e division.

La première position est organisée classiquement, avec des tranchées, certes inconfortables, mais qui sont renforcées d'ouvrages et de réduits, protégées par des réseaux de fil de fer barbelé. Elle est mal reliée à la seconde position dont les lignes, de la cote 304 au Mort-Homme et au bois des Corbeaux sont à peine ébauchées. Une ligne intermédiaire peut permettre de repousser l'avance ennemie si la première position est percée : elle déroule ses barbelés hâtivement mis en place du village d'Esnes à celui de Chattancourt. D'autres réserves sont disponibles entre le bois d'Esnes, la cote 310, le bois Bourru et le village de Charny.

À l'évidence, le général de Bazelaire, commandant le VIIe corps d'armée et responsable du secteur, a voulu préparer une défense échelonnée, comme s'il avait prévu l'attaque allemande. Il a pris grand soin d'établir ses liaisons avec l'armée d'Argonne sur sa gauche, commandée par le général Humbert, du célèbre corps colonial, illustre depuis la bataille de la Marne.

*
* *

Pendant une semaine, la poussée allemande ne va pas faiblir sur cette partie du front : les tirs d'artillerie, qui avaient déjà incendié, en février, le village de Chattancourt, reprennent de plus belle : la rive gauche avait été éprouvée, mais les troupes avaient rétabli leurs positions. Depuis le 5 mars, elles sont bouleversées. Les obusiers multiplient les cratères d'obus : « Au bois des Corbeaux, écrit un territorial, le sergent Léon Gestas, au début de mars, ça tombait de tous les côtés.

On était tué sans même savoir d'où le coup était parti. »

Le 6 mars en effet, à partir de sept heures du matin, les projectiles de tous calibres pleuvaient sur les ouvrages défensifs de Forges, Béthincourt, Regnéville. On ne pouvait gravir la côte de l'Oie sans recevoir des éclats. Le Mort-Homme était de plein fouet frappé par les projectiles lourds, qui remuaient profondément le sol. Les capitaines ou les lieutenants ne pouvaient plus obtenir leurs colonels au téléphone, les lignes étaient coupées.

Ceux qui avaient la charge dangereuse de les réparer hésitaient à affronter le déluge. Quand ils sortaient de leurs abris, ils ne reconnaissaient plus le champ de bataille : « Un téléphoniste, explique Émile Carrier, du 29e d'infanterie, doit avoir de très nombreux et visibles points de repère, où il peut se reconnaître de nuit... le calvaire, un poteau indicateur, les ruines d'un mur, le cadavre d'un cheval. » Si ces repères ont été bouleversés par le bombardement, il est impossible de retrouver les fils. Ils sont « coupés par les obus cinq ou six fois par jour et autant la nuit. Nous bondissons de trou d'obus en trou d'obus avec notre rouleau de fil et l'appareil qui nous sert à délimiter les cassures. Notre baïonnette nous sert de piquet de terre. Nous sommes encore en hiver et la neige tombe en abondance, mais nous rentrons baignés de sueur dans notre poste ».

Les téléphonistes ont dû attendre midi pour tenter de réparer les lignes, au moins à l'arrière immédiat des tranchées. À dix heures trente, les Allemands avaient lancé leur attaque. Le quartier général de Souilly demandait sans cesse des informations. Les colonels devaient être en mesure de répondre. Aussi les réparateurs de lignes prenaient-ils des risques, à la demande formelle de l'État-Major qui ne voulait plus conduire la bataille en aveugle. La priorité accordée par Pétain au rétablissement des liaisons était une innovation. Pendant l'attaque du 21 février, nul n'avait eu le temps de s'en soucier.

Le brouillard était épais, la neige dense, quand les premières unités allemandes se présentèrent devant les lignes bouleversées des tranchées françaises. Les *Stosstruppen*, sans difficulté, franchissaient le ruisseau glacé de Forges et contournaient les obstacles au lieu de les réduire. Le sergent Teyssère a décrit l'avance de ces troupes : « Les vagues étaient précédées d'hommes qui portaient un brassard blanc et, une fois la ligne franchie, s'avançaient toujours, laissant aux autres le soin du nettoyage. Ils lançaient avec un pistolet, à chaque avance, une fusée blanche et une fusée rouge. C'était évidemment une élite. Des jeunes, chics, sans sac. Ils n'avaient qu'un fusil, cartouchières et ceinturon, et un calot. »

Les troupes d'assaut les talonnent, non pas sur quatre rangs, mais par sections : « Elles se suivent, explique l'aspirant Girard, à quarante et cinquante mètres de distance, dans un ordre admirable, au pas, le fusil à la main, comme à l'exercice. En tête de chaque section, un sous-officier, un fanion à la main, indiquait le mouvement. » Quand ils arrivaient aux premiers barbelés, ils lançaient une fusée pour que le tir roulant de l'artillerie, qui suivait leur attaque en la précédant, s'allongeât. La technique allemande d'assaut s'était affinée, elle impliquait la synchronisation étroite, dans le « feu roulant » de l'infanterie et de l'artillerie.

Le tir de barrage de l'artillerie française était inefficace. Il n'arrêtait pas les colonnes qui pénétraient profondément le dispositif tenu par le 211ᵉ régiment d'infanterie. Les sections et les compagnies étaient encerclées, encagées, dans Forges, dans Regnéville, au moulin de Raffécourt, sur la cote 265. Les points d'appui français ne pouvaient plus communiquer entre eux. L'artillerie hésitait à tirer pour les soutenir, de crainte de les accabler.

L'avance allemande était telle, en fin de journée, que les fantassins de ce régiment se trouvaient à trois kilomètres à l'intérieur de la ligne ennemie, sans pouvoir se retirer. Les prisonniers étaient très nombreux. « Les hommes se sont chiquement tenus sous le plus féroce des bombardements, explique au major, qui vient d'échapper par miracle à la destruction de son antenne, le sous-lieutenant Bouzac, de la 19e compagnie du 211e, blessé aux reins d'un éclat d'obus. Le 5e bataillon était entièrement anéanti. Dans la cave la plus solide de Forges que j'occupais, sous l'effondrement, sept hommes seulement ont pu se dégager. C'est une lutte désespérante contre du matériel, la plus brutale des forces. »

Quand la nuit tombait, le désordre était à son comble sur la ligne française. Le colonel de Laborderie s'efforçait de regrouper les débris de ses régiments. À onze heures et demi, le major Paul Voivenel voyait arriver à son poste un homme du 211e : « Il nous dit que ce qui restait du régiment a été tourné et pris, que quelques hommes ont pu s'échapper en filant à travers champs. Plus rien de cohérent du régiment n'est derrière nous. » Les rares survivants en état de porter les armes étaient bientôt regroupés, avec ceux du 259e de la 134e brigade, à Germonville. Les blessés affluaient aux postes de secours, et les majors devaient demander constamment à la division des renforts de voitures et de brancardiers.

L'État-Major entendait les appels au secours du général Aimé, il dépêchait des renforts. La résistance s'organisait en retrait, du bois des Corbeaux au bois de

Cumières. On passait la nuit sur cette position, en attendant les hommes de la relève. Ceux du 211e, malgré leur bravoure, attribuaient injustement à l'État-Major la responsabilité de l'échec ; les généraux, disaient-ils, s'étaient laissés surprendre.

Le lendemain 7 mars, les soldats étaient réveillés par le violent incendie du dépôt du Génie, dont la poudre avait explosé sous les obus du tir de destruction. Le bruit couvrait celui des *Shrapnels* et des lourdes « marmites ». La semaine sanglante se poursuivait : le *Trommelfeuer* avait désorganisé les batteries françaises, dont le tir avait été pourtant actif toute la matinée. Il n'y avait pas grand secours à espérer de leur soutien. Elles n'avaient pas empêché la reculade de la veille, devant des unités plus nombreuses. Elles entraient en terrain conquis : en dehors de quelques points de résistance, les Français n'avaient pu s'accrocher à leurs lignes. L'encagement avait eu raison des derniers îlots.

Il reste que la progression était lente, aléatoire. Les Allemands étaient victimes de leur tactique : à force de vouloir réduire les défenses de Verdun secteur par secteur, ils étaient contraints de temporiser. Sans doute le choix de cette méthode s'était-il imposé à Falkenhayn par le souci d'économiser les hommes, en les lançant à l'assaut à coup sûr, les défenses ennemies une fois morcelées et désemparées.

Après la côte de l'Oie, le bois des Corbeaux et Cumières. L'avance allemande était méthodique, elle abordait un nouveau secteur. Mollandin, qui commandait le 211e, un régiment de Gascons recruté à Montauban, voulait se faire tuer pour faire oublier la conduite de son unité qui avait, la veille, dû abandonner ses lignes. Il fut seulement blessé et fait prisonnier. Son régiment avait disparu de la carte, il s'était volatilisé.

Les territoriaux, gens d'âge habituellement occupés aux défenses tenaient désormais les lignes, comme des bleus. Deux compagnies du 34e se faisaient massacrer en assurant jusqu'au bout des tirs de mitrailleuse. Dans le bois des Corbeaux, ceux du 259e résistaient pied à pied. Les Allemands encageaient, contournaient, surgissaient sur les arrières des défenseurs. Le bois de Cumières avait des défenses plus solides : les Allemands cessaient leur attaque et demandaient un tir d'artillerie. Puis l'assaut reprenait, sans merci.

Le village de Cumières brûlait, rayé de la carte par l'artillerie lourde. Pourtant les fantassins du 214e s'accrochaient aux ruines et tiraient sur les vagues d'assaut à la mitrailleuse. Ils appartenaient toujours à la 67e division, recrutée dans le sud-ouest, à la malheureuse brigade de Laborderie. Le capitaine Pougès, entendant les fuyards crier sauve qui peut, avait pris l'initiative de les regrouper en établissant des barrages de territoriaux. Avec cette troupe sans unité, obligée de retourner au combat alors que son moral avait flanché, le capitaine arrêtait l'ennemi, qui ne pouvait avancer au-delà du cimetière. Le feu infernal des mitrailleuses lui interdisait toute progression.

Même résistance dans une tranchée du Mort-Homme enlevée par l'ennemi au premier assaut. Elle était d'abord tenue par des territoriaux qui avaient offert une mousqueterie nourrie aux assaillants, mais qui avaient été débordés par le nombre. Faits prisonniers dans les tranchées qu'ils avaient eux-mêmes creusées, ils partaient en colonne vers l'arrière pendant que les bataillons du 220e régiment, lancés au feu par Laborderie, reprenaient la ligne au prix de grandes pertes. Bazelaire, de son P.C. multipliait les ordres pour que le front fût rétabli, que l'on ne laissât aucune chance à l'ennemi. La résistance qui s'opposait à cet assaut allemand sur la rive gauche de la Meuse était très différente de celle, anarchique, spontanée, presque individuelle qui avait accueilli et déconcerté les *Stosstruppen* par un feu incontrôlable, lors de l'offensive de février. Cette fois le commandement s'efforçait à chaque moment de la bataille de reconstituer des lignes de résistance, de ne pas se fier au hasard des exploits des chefs de sections.

*
* *

La 67e division du général Aimé, qui devait plus tard trouver la mort à Souville, venait en quelques heures de subir plus de dommages que les unités engagées au début de la bataille. Celles-ci avaient été maintenues constamment en ligne, malgré l'épuisement des « poilus ». Dans la nuit du 7 au 8 mars, Bazelaire bénéficiait de la montée au front de troupes fraîches grâce au bon fonctionnement de la noria du capitaine Doumenc. Il était en mesure de lancer directement dans la bataille, au cœur de la trouée sanglante laissée par les survivants de la 133e brigade du général de Laborderie, les renforts du 92e commandés par Macker. Mais ces renforts n'intervenaient pas pour se substituer à des troupes fatiguées, ils remplaçaient des unités anéanties qui fondaient l'une après l'autre au feu ennemi, et dont les survivants restaient au front.

Le bombardement était désormais ininterrompu, nuit et jour, ce qui était une nouveauté : à défaut de réussir leur percée, les Allemands, par leurs tirs de nuit, étaient assurés d'infliger aux Français des pertes constantes, à la longue irréparables. On s'acheminait vers l'idée d'une bataille d'anéantissement. Pendant la tragique semaine du 6 au 13 mars, Français et Allemands se disputeraient constamment les mêmes points de résistance, bois des Corbeaux, Mort-Homme et bois de Cumières. Les nouveaux venus retrouvaient les conditions des premiers combats. En dépit des efforts des généraux, la carte du front semblait impossible à fixer. Attaques et contre-attaques alternaient sur terrain découvert, de trous d'obus en boyaux, dans les conditions les plus meurtrières. Les régiments succédaient aux régiments pour reprendre, selon les ordres venus de Joffre, les positions perdues. La division Aimé, très atteinte, n'était pas retirée des lignes mais renforcée dans la nuit du 8 au 9 par une brigade de la 25ᵉ division (général Debeney) composée de troupes du XXᵉ corps d'Alger : le 1ᵉʳ de zouaves et le 9ᵉ de tirailleurs. Ces unités seraient à leur tour décimées, comme les bataillons du 92ᵉ venus à la rescousse sur le front du bois des Corbeaux.

Le lieutenant-colonel Macker, faute d'eau, s'était rasé le matin avec du vin de sa gourde, pour affronter la mort le visage lisse. Il marchait à la tête de sa troupe, qui avait mis les baïonnettes au canon pour reprendre à découvert le bois sinistre. Les cent derniers mètres avaient été parcourus au pas de charge, clairons sonnants, comme aux beaux jours d'août 1914, quand l'armée avait perdu de deux à trois cent mille des siens, fusillés par les tirs de mitrailleuses, hachés par les tirs des canons de 77. Le bois était repris, au prix de nombreuses victimes. Dix officiers avaient été tués pendant la charge.

Non content de cet exploit sanglant, le colonel décidait de prendre d'assaut, le 10 mars au matin, la corne du bois de Cumières, d'où partaient les attaques ennemies contre le bois des Corbeaux reconquis. Il devait mourir dans cette affaire, avec deux de ses officiers, fauchés par un tir de mitrailleuse. Comme Driant, Macker donnerait son nom à une tranchée de Verdun. Ces officiers, en lancant leurs hommes à l'attaque sur un terrain découvert répondaient alors parfaitement aux vœux de l'État-Major et à l'impatience de l'opinion publique de l'arrière : ils seraient encensés dans la presse patriote, ils deviendraient autant de symboles de la résistance française. « La 67e division, disait un ordre du jour du général de Bazelaire (lequel, selon le major Voivenel "faisait sa Jeoffrette"), a mis une belle page dans l'histoire de la Grande Guerre. Elle l'a marquée de son sang. Morts ou vivants, bravo les Gascons ! »

Leurs exploits glorieux n'étaient pas d'une évidente efficacité : repris, le bois des Corbeaux était de nouveau abandonné, ainsi que le bois de Cumières. Le 10 mars au matin, quand le régiment était relevé, ses officiers avaient tous été tués. Ils avaient combattu à un contre quatre, contenu au prix d'un sanglant sacrifice l'avance de quatre régiments allemands. Le général de Bazelaire faisait défiler devant lui, drapeau en tête, les restes de l'unité : de cent à cent soixante hommes par bataillon : les pertes étaient de 80 à 90 %. On entrait dans la période de l'holocauste.

Le régiment-frère de la 52e brigade se lançait dans la contre-attaque. Le 139e avait-il, plus que le 95e, une chance d'échapper au massacre ? Le capitaine de Pornélie se faisait tuer devant sa section de mitrailleuses en tentant, une fois encore, de reprendre le bois des Corbeaux, où les cadavres des camarades s'amoncelaient sous la neige. Quand il fut relevé, le 1er bataillon n'avait plus qu'un seul officier valide, il avait perdu 90 % de ses effectifs.

Plus sévères encore étaient les pertes des gens du recrutement d'Alger : le bombardement avait anéanti le

9e de tirailleurs algériens, que ses officiers avaient posté à découvert près d'un bois. Portefax, le médecin-chef, avait son poste de secours envahi de blessés graves au sud du Mort-Homme. Un obus était tombé sur lui. Le chirurgien avait seul survécu, il continuait à opérer les jambes brisées, à prendre des baïonnettes pour attelles. Impossible d'évacuer les blessés graves. Le bombardement n'avait pas cessé. La section du sergent-mitrailleur Albobois, venue d'Alger, avait entièrement péri, volatilisée par un obus. Un capitaine avait refusé d'être évacué : « Prends ta mitrailleuse, avait-il dit à un sergent qui voulait le secourir, elle est plus précieuse que moi maintenant ! »

Tant de sacrifices avaient au moins un résultat, la stabilisation provisoire du front sur les pentes du Mort-Homme. Rien ne pouvait désormais déloger les Allemands de Béthincourt, de Forges, des bois des Corbeaux et de Cumières, mais leur progression dans ce secteur était arrêtée au prix de pertes très lourdes.

Certaines contre-attaques, montées hâtivement et sans renseignements suffisants, envoyaient les hommes directement à la mort : quand la 50e brigade de la 25e division Debeney était entrée en ligne, elle s'était trompée de bois, attaquant Cumières, où les mitrailleuses ennemies étaient très nombreuses, au lieu du bois des Corbeaux. Le lieutenant Lemoële et sa 9e compagnie devaient faire les frais de cette tragique erreur.

*

* *

L'artillerie française était toujours aussi incapable de contrebattre les tirs allemands, malgré l'entrée en scène progressive, depuis le 21 février, de nombreuses unités de renfort. Le *Trommelfeuer* reprenait de plus belle pendant les journées des 12 et 13 mars, où l'ennemi évacuait ses blessés et mettait en ligne de nouvelles troupes. Dans le boyau conduisant du bois Bourru à la cote 275, le 139e régiment avait été surpris par une avalanche d'obus : « On marchait sur des morceaux de viande, raconte le capitaine Grand, du 211e, c'était une bouillie humaine. À l'entrée du boyau, sac au dos, fusil à côté, huit hommes et un caporal étaient sinistrement étendus, la face noire de poudre. » Le colonel de Laborderie qui commandait la 134e brigade était tué dans sa salle à manger en compagnie d'un député mobilisé, Tomé.

Les 75, sans doute alertés par l'État-Major, entreprenaient des tirs de batteries sans aucune efficacité. Les lignes étaient à ce point proches, et les renseignements si incertains qu'ils manquaient totalement de précision, accablant leur propre infanterie. On manquait d'agents de liaison pour tenir les artilleurs informés, et même, dans certains secteurs, de fusées. À l'évidence, le désordre n'avait pas disparu des lignes françaises avec l'arrivée de Pétain. Les officiers généraux ne parvenaient à reconstituer des lignes, comme jadis Chrétien, qu'en faisant monter directement dans la fournaise les unités fraîches à peine débarquées de la route de Bar-le-Duc. La situation devenait d'autant plus menaçante qu'une attaque allemande simultanée avait fortement ébranlé les positions françaises sur la rive droite.

*
* *

L'artillerie allemande a rompu les défenses hâtives jetées par les Français du bois Chaufour au fort de

Vaux. Une attaque, lancée exceptionnellement de nuit dans le bois d'Hardaumont surprend, le 6 mars au matin, les fantassins du 409e qui abandonnent l'ouvrage où ils s'étaient retranchés. Une contre-attaque heureuse, mais coûteuse, est lancée deux heures plus tard. Les ordres sont de répondre immédiatement, coup pour coup. Les troupes déjà très affectées par les combats des jours précédents tiennent autour du fort de Douaumont, elles s'accrochent au terrain. Le capitaine de Gaulle, à peine monté en ligne en avant du village de Douaumont avec la 10e compagnie du 33e régiment, avait été assailli par un bataillon allemand. Porté disparu à son régiment, il avait été blessé d'un coup de baïonnette et il avait perdu connaissance avant de se réveiller dans les lignes ennemies.

L'offensive ennemie semble enrayée. Mais le bombardement reprend, il accable l'ensemble du front, jusqu'à Verdun. Les forts de Vaux et de Souville sont marmités, le village de Vaux brûle. Les renforts abrités dans les ravins sont décimés par les obus avant d'avoir pu monter en ligne.

L'attaque reprend deux heures avant le tomber du jour, autour de Vaux. Elle est enrayée. Les hommes combattent au corps à corps et ne se laissent pas manœuvrer. Les blessés affluent vers les postes de secours débordés : le 107e d'infanterie doit être relevé d'urgence, en lisière des bois Albain et Chaufour, par un bataillon de chasseurs à pied. Il avait été pris dans sa contre-attaque par les feux directs des canons et des mitrailleuses installés sur le glacis-est du fort de Douaumont. Le commandant dépêchait des coureurs pour demander le feu des canons français. Ils se faisaient tous tuer avant d'arriver à destination. « Doublez, triplez le nombre de vos coureurs, lui disait un officier de l'État-Major, il en restera bien quelques-uns. » Les Allemands, avançant sur l'aile gauche française, s'emparaient de Fresnes, dans la plaine de la Woëvre. Le front, au soir du 7 mars, était en grand danger d'être tourné.

Il fut immédiatement renforcé. La 13e division du général de Bouillon entre en ligne, avec deux brigades, soit quatre régiments d'infanterie et un bataillon de chasseurs. Un général de corps d'armée, Maistre, coordonnait les mouvements de deux divisions, la 13e sur sa gauche, la 120e sur sa droite. Il restituait à droite le front du général Balfourier. La 120e division, aux ordres de Nicolas, s'accrochait au terrain de l'étang de Vaux jusqu'au village d'Eix. Le commandement donnait les moyens aux troupes de la rive droite de repousser l'attaque allemande. Y parviendraient-elles, sans un renfort correspondant d'artillerie ?

Elles avaient devant elles un adversaire dont les méthodes évoluaient déjà. Au lieu de canonner de l'aube jusqu'au milieu de l'après-midi, les batteries allemandes entraient plus dans le jeu des mouvements de l'infanterie, en réalisant, à la demande, des tirs très violents pour des opérations locales. Les officiers français avaient remarqué le tir d'obusiers ennemis de tranchée surpuissants et c'était une précieuse indication sur les intentions de l'ennemi : il attachait de nouveau du prix aux opérations de position, où les tranchées et les abris étaient des objectifs prioritaires à enlever absolument. Il n'était plus question de les déborder, puis de les oublier pour continuer l'offensive, mais de ne rien laisser en état de défense derrière la ligne d'attaque. De ce point de vue, l'offensive de mars était une régression.

S'il employait encore des attaques frontales précédées de lance-flammes, comme les 7 et 8 mars sur le front du général Maistre, le commandement allemand poursuivait méthodiquement des attaques de secteurs limitées à un bataillon, à deux compagnies comme celle conduite sur le ravin de Vaux-Hardaumont contre des unités du 21e d'infanterie, à peine entré en ligne.

Les attaques, même de détail, sont toujours précédées désormais de feux d'artillerie sur des objectifs précis. L'intervention du canon peut s'introduire à la demande dans une action d'infanterie qui s'interrompt, le temps d'en apprécier les résultats. Ces tirs sont parfois mal réglés et affectent gravement les fantassins, mais ils font partie de la pratique courante de la guerre. Ils sont accompagnés de repérages précis des lignes par saucisses d'observation, qui se font plus nombreuses, ainsi que les avions, dans le ciel de Verdun.

Bien qu'ils soient très souvent repoussés, parce qu'ils n'emploient pas toujours des effectifs très supérieurs à ceux des Français, les Allemands font preuve d'une remarquable persévérance dans leurs lignes d'attaque et ne renoncent jamais. Les Français, grâce à l'arrivée des renforts, ont égalisé le jeu dans les combats d'infanterie. Mais ils subissent encore constamment l'initiative de l'ennemi, du fait de leur infériorité en artillerie et en armes spéciales.

*
* *

Les journées des 7 et 8 mars sur le front de la rive droite sont à cet égard significatives : le front français, dans ce secteur, vient d'être renforcé sensiblement, mais les unités du général Maistre, montées en ligne, sont aussitôt absorbées par la bataille : ces jours-là, trois régiments des deux brigades de la division

Bouillon, les 17e, 21e et 109e, sont immédiatement accrochés, sans qu'ils aient le temps de s'habituer au secteur, par les troupes d'assaut allemandes. On les livre en pâture à l'offensive.

Ils se conduisent brillamment, mais ne peuvent éviter certains reculs : au sud-ouest et au sud du fort de Douaumont, le 17e de ligne recruté à Béziers fléchit devant la nappe de feu des lance-flammes. Les officiers se font tuer en prenant la tête de la contre-attaque. Les soldats montent sur le parapet des tranchées pour être sûrs de toucher l'ennemi. Au prix de lourdes pertes, celui-ci est repoussé par un régiment dont les anciens avaient mis la crosse en l'air, au début du siècle, pour ne pas combattre les vignerons du Languedoc.

Sur le front du 109e, la situation était plus grave, parce que le régiment était situé exactement dans l'axe d'attaque allemand, parti de Bezonvaux, qui s'infiltrait dans le ravin de la Caillette pour gagner le village de Fleury. Deux redoutes l'arrêtaient. Elles furent rapidement encerclées, isolées, jonchées de cadavres. L'adversaire pouvait ainsi attaquer à revers les voisins du 17e et les faire tous prisonniers. Il était essentiel de contre-attaquer sur ce secteur crucial.

Solidarité du front : les officiers survivants décident d'armer tous les auxiliaires, qu'ils soient téléphonistes, pionniers, agents de liaison ou brancardiers. Le danger est tel que pas un seul ne proteste. Ils considèrent comme un devoir de soutenir les fusiliers. À l'initiative d'un sous-lieutenant, Gleizes, les hommes armés de fusil se jettent sur l'ennemi et le repoussent. Cette « compagnie des lions » est bientôt célèbre dans le secteur. Son sacrifice aurait été probablement inutile, car les Allemands ne renonçaient pas à leur progression dans ce secteur prioritaire, si l'état-major de Maistre n'avait aussitôt dépêché sur le point menacé un renfort de deux bataillons du 109e tenus en réserve. Ils réussissaient à reprendre le ravin de la Caillette encombré de cadavres de l'un et l'autre camps.

L'une des tactiques favorites des assaillants était de pousser une pointe entre deux unités, pour les isoler, les contourner et les réduire. Ils purent ainsi secouer le 21e régiment d'infanterie, jeté dans la fournaise au nord de l'étang de Vaux, sur les pentes d'Hardaumont. Ils séparaient cette unité de sa voisine, le 109e, mais la manœuvre échouait, devant la détermination d'officiers subalternes, qui prenaient l'initiative de placer des mitrailleuses aux points cruciaux.

Les ouvrages du bois d'Hardaumont pouvaient gêner la progression de l'ennemi, en organisant des contre-attaques de flanc. Ce secteur était tenu par les 408e et 409e de ligne. Ces deux régiments avaient beaucoup souffert des bombardements et des attaques du 6 mars : le 8, le 409e dut faire face à treize tentatives successives contre le village de Vaux. Les pertes étaient considérables : le commandant de Lattre, du 1er bataillon, avait été tué. Des compagnies comptaient seulement une dizaine de survivants.

Les Français avaient perdu au soir du 8 mars le massif d'Hardaumont, dont les ouvrages avaient été réduits les uns après les autres. Pour éviter l'encerclement, force avait été de reculer. On se battait furieusement à l'est de Vaux, dans le village de Damloup, sur les rives ensanglantées du ruisseau de Tavannes. Des blessés restaient en ligne et continuaient à tirer, comme ce soldat Métais, touché à la jambe qui recevrait la médaille militaire des braves pour avoir résisté jusqu'au soir, son fusil à la main. Dans le village de Vaux se renouvelle la mobilisation générale de tous les hommes valides, à quelque spécialité qu'ils appartiennent. Les sapeurs du génie de la compagnie Borgoltz font le coup de feu quand l'ennemi attaque. La lutte est acharnée, secteur par secteur. L'avance allemande est repoussée, au prix de concessions de terrain, par le courage désespéré de quelques unités accrochées aux positions. Le sacrifice de l'infanterie se poursuit.

*
* *

Pendant les journées des 9 et 10 mars, le commandement français doit faire face à une intensification de l'attaque allemande vers le sud, toujours sur le même axe Bezonvaux-Fleury, entre le fort de Douaumont et celui de Vaux. Il accompagne cette poussée d'actions secondaires à l'aile gauche, sur la ligne Vaux- Damloup-Tavannes.

Face à cette menace, le remaniement du commandement français est constant, et le changement des unités nécessaire. La 39e division du général Nourrisson est à rude épreuve et déjà décimée. Il faut la renforcer à brève échéance. Le secteur Maistre, du 21e corps d'armée, deviendra bientôt le « groupement Maistre », il sera épaulé sur sa gauche par le groupement Guillaumat.

Les épreuves imposées aux unités obligent Pétain à les renouveler. La 77e brigade du colonel Leboucq (on ne trouve plus de généraux pour commander les brigades) appartenait à la malheureuse 39e division. Le 153e est toujours en ligne entre Haudromont et le bois Albain, mais le 146e a disparu. Il est remplacé par le 201e. Installé sur la croupe de Thiaumont, ce dernier ne manque pas de subir des pertes sévères.

La 43e division du général de Boissoudy, tardivement entrée en ligne a été frappée de plein fouet par le feu ennemi. Ses unités sont si éprouvées que Boissoudy est nommé à une autre division, la 120e, dont le général est limogé. Quant à la 27e division du général Legrand, elle est affectée au groupement Maistre et change de secteur. Certains régiments n'ont plus que la moitié de leur effectif : c'est le cas du 409e qui est enfin relevé. Trente-quatre de ses officiers sont morts au combat. La 39e division doit être entièrement retirée des lignes, elle est remplacée par la 42e du général Deville qui prend le secteur Froideterre-Thiaumont et deviendra la formation de base du groupement Guillaumat. Pétain répond à la situation de crise par un renforcement constant des unités, mais aussi, pour la première fois, par des relèves accélérées.

Il a pris la décision de s'appuyer sur les derniers forts qui demeurent en sa possession. Celui de Vaux est désormais sur la première ligne des combats. Il n'était tenu que par deux compagnies de territoriaux et devait faire face à des bombardements incessants. La garnison suivait avec angoisse la progression des Allemands qui cherchaient à isoler le fort. Une compagnie d'active était aussitôt dépêchée par l'État-Major. On décidait aussi, pour les mêmes raisons, de s'accrocher au village de Vaux. Des barricades étaient construites dans la rue principale, défendues par des chasseurs à pied, renforcés par des fantassins du 149e. Les survivants du 409e y tiraient leurs derniers coups de feu. Le régiment avait perdu trente-quatre officiers et mille quatre cent soixante-dix-neuf soldats. On se battait furieusement sur les pentes du fort.

Puisque les unités n'avaient pas eu le temps, à aucun moment de la bataille, de creuser des réseaux cohérents de tranchées, force était de s'appuyer aux ouvrages existants. On se faisait tuer pour le village de Vaux, pour celui de Damloup, pour la ferme de Dicourt comme pour le fort. Les feux des Allemands abrités dans Douaumont avaient mis en péril une attaque française. On découvrait, un peu tard, le mérite des fortifications dans l'improvisation de la bataille.

Pétain avait aussi pris la décision d'imiter l'ennemi et de faire précéder ses attaques de tirs de batteries : quand les Allemands étaient partis à l'assaut des positions tenues par le 17e d'infanterie au sud-ouest de Douaumont, ils avaient été surpris par le feu nourri des 75 qui avaient décimé les premières sections. Les tirs avaient été commandés, non plus par des fusées aléatoires, souvent mouillées par la neige et la boue, mais par projecteurs optiques. Bien que le 17e eût perdu beaucoup de monde, il avait pu contre-attaquer efficacement.

Les réactions au feu étaient surprenantes. L'esprit de sacrifice s'accommodait assez mal de l'incapacité de certains chefs et de l'étourderie des officiers d'état-major, qui connaissaient peu le terrain : ainsi le 21e bataillon de chasseurs à pied avait-il été sacrifié, en pure perte, quand on lui avait demandé de tenir sous les tirs incessants de quelques canons et nids de mitrailleuses du fort de Douaumont. Les cas de folie dans les lignes devenaient fréquents, notamment au 409e régiment, lui aussi sacrifié dans la défense du village de Vaux. Sa résistance avait un sens, elle barrait l'offensive ennemie sur une position précaire, mais efficace. Les soldats du capitaine Groscolas supportaient parfaitement qu'il leur dise, dans une tranchée située près de la ferme de Dicourt : « Vous savez que nous sommes sacrifiés ? Nous devons nous faire tuer sur place. Mais il est défendu de reculer. Tâchons de vendre chèrement notre peau. »

Les hommes au combat avaient alors des réactions étranges. Les plus placides devenaient des lions. Un lieutenant de la Territoriale, Albert Chérel, évoque ainsi le comportement de ces hommes dans la défense du fort de Vaux : les vagues d'ennemis montent à l'assaut. Le tir des canons et des mitrailleuses les arrête. Les Français ne se sentent plus de joie : « Au parapet, territoriaux et jeunes gens de l'active se félicitaient et se conseillaient mutuellement. Le plus ardent et le plus sanguinaire de mes hommes était un placide chemisier d'Angers. Il visait avec calme et poussait un cri de joie quand un des assaillants tombait. » Au 408, quand la dernière attaque allemande de la journée est repoussée, on compte plus de mille morts, dont vingt-six gradés. Les survivants, rendus fous par la victoire, chantent la Marseillaise. Le corps à corps prolongé, les attaques et contre-attaques de tranchées et de points d'appuis développent chez les hommes une sorte d'ivresse dans les moments d'exaltation, qui suit et précède de longues périodes de désespoir, de silence et d'angoisse.

Pétain ne voit d'autre remède à cette instabilité du moral, que la relève aussi fréquente que possible des unités engagées. Le feu atteint une telle intensité, dans les combats rapprochés, que les plus endurants finissent par flancher. La noria des camions est là pour empêcher les hommes du front de devenir fous. Elle ne fonctionne pas encore à son meilleur niveau d'efficacité, parce que la violence de l'attaque allemande exige des hommes envoyés en renfort qu'ils interviennent en plus et non à la place des unités combattantes. Celles-ci ne peuvent être remplacées qu'avec parcimonie, alors qu'elles subissent les pertes les plus lourdes de la bataille de Verdun.

*
* *

Sortira-t-on jamais de cet enfer ? Ceux qui ont combattu depuis le 6 sur la rive droite de la Meuse posent la question aux nouvelles troupes qui arrivent en secteur. Parmi celles-ci, le 11 mars, les fantassins du 151e, troupe d'élite, régiment levé dans la région de Verdun et particulièrement attaché à sa défense. Il avait quitté le 2 août 1914 sa caserne Miribel pour livrer la bataille des frontières. Il formait, avec le 94e de Bar-le-Duc, la 84e brigade de la 42e division, entièrement constituée de soldats des bords de Meuse et des villages de Lorraine. Le 162e d'infanterie, les 8e et 16e bataillons de chasseurs faisaient aussi partie de la grande unité qui défendait ses terres. Des Parisiens, des conscrits ou des réservistes du Nord complétaient les effectifs.

Le 22 février [1], le régiment, au repos à Vitry-le-François, avait pris la route de Verdun. Au début du mois, il était urgent de relever, avec les unités fraîches de la 42e division, celles de la 39e, qui ne pouvaient plus rester en ligne, étant pratiquement anéanties.

Le sous-lieutenant Jubert raconte que les officiers du régiment, aussitôt arrivés à Verdun, sont réunis par le général Deville, en charge de la 42e division, dans la grande salle de l'hôtel de ville : « Deville entre, rapide, pressé, les lèvres sèches contractées dans la barbe grise, le monocle immobile dans le visage nerveux. » Les hommes sont anxieux, des jeunes pour la plupart, même s'ils ont vu le feu, des non-professionnels : Raymond Jubert a 27 ans, il est avocat au barreau de Reims. Ils n'ont jamais vu un général de division, ils ne l'ont jamais entendu parler.

1. Ces renseignements proviennent d'une préface de Gérard Canini à un livre de Raymond Jubert intitulé *Verdun*. Presses universitaires de Nancy, 1989.

– Messieurs, dit Deville, Verdun est menacé, vous êtes à Verdun et vous êtes la brigade de Verdun.

L'introduction est abrupte : comment ces jeunes gens ne sont-ils pas encore morts pour sauver leur terre, semble penser le divisionnaire ? Ils n'ont que trop tardé. Il va leur donner l'occasion de se racheter. Tant d'autres ont déjà donné leur vie pour que l'ennemi ne passe pas.

– Je n'ai pas à vous cacher la vérité ; nous avons été surpris... Je n'ai pas à vous cacher les fautes, nous avons à les réparer…

Alerte esquive : les généraux Herr et Chrétien ne sont plus en poste, on peut les accabler. La prétendue supériorité de l'ennemi n'est due soi-disant qu'à leurs erreurs. Comme si l'ordre de démanteler les forteresses n'émanait pas de Joffre lui-même, comme si l'insuffisance de l'artillerie lourde n'était pas le défaut de l'armée française depuis le début de la guerre. Comme si elle n'était pas spécialement défaillante ici-même, sur le front de Verdun.

– Le secteur que nous prenons ? poursuit Deville... Un chaos... La vie qui nous y attend ? La bataille... Les tranchées ? Elles n'existent pas… Ne me demandez pas de matériel, je n'en ai pas… De renforts, je n'en ai pas…

Le silence accueille ces paroles.

– Bon courage, Messieurs, dit le général en regagnant son état-major.

« Un froid nous prend aux os, commente Jubert, une vibration aux moelles, car par-delà les mots, la mort plane, muette. »

Le régiment de Verdun a de la chance, le 11 mars : il a quitté la cité dans la nuit, sans savoir où il allait. Les soldats ont franchi la Meuse sans mot dire, glissant sur le verglas comme des fantômes. Les bleus ont entendu les premiers obus tomber dans le faubourg de Belleville. Ils ont marché pendant trois kilomètres en voyant au loin rougeoyer les incendies des villages de Bras, de Fleury et de Charny. Ils avaient quitté la Champagne à la fin de février pour se retrouver dix jours plus tard dans le pire secteur du front. Ils prenaient position sur la côte de Froideterre, à cheval sur la route de Bras à Douaumont, au-dessus du ravin de la Dame, encore appelé ravin de la Mort, exactement au sud-ouest du fort. Ils ne savaient pas encore qu'ils étaient des privilégiés : l'ennemi n'attaquerait pas dans ce secteur.

Mais les bombardements n'y cessaient pas. Les nouveaux venus devaient apprendre à se cacher. Les obus sillonnaient la crête par rafales de dix ou de douze. Ils tiraient aussi la nuit, pour contrarier le ravitaillement des Français. Ceux du 151e avaient repéré le jeu des observateurs allemands qui, dans les aérostats, dirigeaient le tir des artilleurs et décrivaient minutieusement le terrain, les voies d'approches des tranchées, les sentiers qui conduisaient aux ouvrages de Froideterre et de Thiaumont. Leur réglage fait sur les passages obligés, les artilleurs bombardaient la nuit, à intervalles réguliers. Il était essentiel de détruire ces « saucisses » qui encombraient le ciel. Les Français en avaient aussi. Les aviateurs allemands prenaient l'air pour les descendre. Les observateurs sautaient en parachute quand leur engin était touché. On assistait à des duels d'avions allemands et français. Les fantassins applaudissaient comme au cirque, comme au « champ d'aviation », les dimanches d'avant-guerre, les exploits des leurs.

Mais les avions français n'étaient pas encore assez nombreux, les Allemands tenaient le ciel.

*
* *

Dès l'aube, les soldats du 151e creusaient des sapes dans la côte de Froideterre pour abriter les dépôts de munitions, de ravitaillement, les P.C. du colonel et des chefs du bataillon, aussi pour se protéger eux-mêmes. Ils étaient constamment obligés de se cacher, en raison des tirs d'artillerie. La nuit, ils convoyaient en première ligne des munitions et du matériel qu'ils allaient chercher au fort de Froideterre. Ils marchaient sur des étendues désertes, à peine recouvertes par endroits de broussailles. Les fusées, les explosions, les projecteurs éclairaient leur marche. À certains endroits, ils devaient se précipiter, sac au dos, sur les sentiers pentus pour éviter le tir régulier, toutes les trois minutes, des canons de 88.

La colonne de cent hommes suivait le ravin de la Couleuvre entre deux collines boisées jusqu'à la route de Bras à Douaumont, où étaient postés les deux bataillons du régiment. Les hommes de corvée qui les ravitaillaient étaient fréquemment pris à partie par les Allemands. Mais ceux-ci étaient trop proches pour que les canons osent tirer sur les lignes avancées. Dans les tranchées d'avant-poste, aucune sécurité, pas d'abris, pas de boyaux de raccordement. On y perdait des hommes tous les jours, par des tirs d'enfilade à la mitrailleuse. Dans les rares abris, les gens s'entassaient, y compris les blessés qu'on ne pouvait évacuer de jour.

La défense cependant s'organisait autour de Froideterre. On creusait une tranchée pour accéder au fort sans passer par la porte principale, régulièrement battue par le canon. On avait découvert, dans une casemate, le départ d'un réseau téléphonique souterrain en liaison avec les forts de l'arrière : nouvelle incohérence, les officiers du Génie, en dépit de leurs recherches, ne purent trouver les points d'aboutissement des fils qui auraient pu rendre les plus grands services et épargner la vie des « coureurs ». Personne n'était en mesure de donner les informations nécessaires.

On se battait le 11 mars dans la plaine de Woëvre, et non sur Froideterre. Le 151e avait eu de la chance : son baptême du feu à Verdun était remis à plus tard. Le 12, c'est la côte du Poivre, à l'ouest, qui était attaquée à la grenade. Le bombardement par obusiers lourds se poursuivait, mais épargnait les premières lignes. On commentait dans les abris la chance du 160e d'infanterie qui venait d'être relevé, parce qu'il n'avait perdu que 636 hommes, soit un cinquième de son effectif. Encore beaucoup avaient-ils été évacués parce qu'ils avaient les pieds gelés. Le colonel, Métois, était un professionnel : il avait fait creuser des tranchées à contrepente pour les abriter des tirs d'artillerie. Péricard, dans son récit de Verdun, en fait la remarque. Elle porte condamnation de tous ceux qui construisaient leurs tranchées n'importe où, sans réfléchir à l'impact des obus. Elle en dit long sur l'incapacité de certains chefs, qui méprisaient la guerre de forteresses et se refusaient à suivre les règles de prudence et d'expérience, pourtant régulièrement rappelées par des notes de Pétain, qui seules pouvaient sauver les hommes.

*
* *

Du 16 au 28 mars, le 151e est en ligne dans le ravin d'Hardaumont. Les remarques de Jubert confirment celles de Péricard : « La ligne de tranchées, écrit-il, n'était qu'un mauvais couloir à flanc de coteau, creusé hâtivement, au mépris de toute idée tactique, parallèlement à la route de Douaumont qu'il commandait sur plus de deux cents mètres. Sa disposition était telle que des hauteurs d'Hardaumont qui lui faisaient face, l'ennemi y plongeait ses vues et, par ses tirs d'enfilade, y arrêtait tout mouvement. Cent cinquante mètres de terrain découvert l'isolaient du reste du système de tranchées. Le jour, la liaison y était impossible, et pénible la nuit. »

De plus, la tranchée n'était profonde que d'un mètre : à certains endroits, les soldats rampaient pour éviter les balles. Il fallait travailler sous le canon pour tenter d'améliorer cette position. Le secteur était effroyable :

– Vous avez une mission de sacrifice, disait franchement le colonel à ses troupes ; c'est ici le poste d'honneur où ils veulent attaquer. Vous aurez, tous les jours, des pertes, car ils gêneront vos travaux. Le jour où ils voudront, ils vous massacreront jusqu'au dernier, et c'est votre devoir de tomber. Selon Jubert, ce discours s'adresse à des parias, à des « condamnés à la mort ». Les territoriaux qui ravitaillent la nuit les premières lignes le savent. Ils ne veulent pas se mêler aux intouchables et partent dès qu'ils ont rempli leur mission, comme si le secteur était maudit.

Aucune protestation, aucune révolte chez ceux qui vont mourir, ils n'éprouvent que « la sensation de l'isolement et de l'hébétude ». Ils perdent à la fois l'appétit et la gaieté naturelle à la jeunesse. Ils s'ennuient et ils dorment. Chaque soir un obus enlève un homme par surprise. La compagnie n'est pas massacrée dans une attaque subite, elle est décimée au compte-gouttes. Les Allemands n'ont pas attaqué dans ce secteur. Les condamnés à la mort ont été oubliés.

Plus tard, après la relève, le général Deville viendra féliciter les survivants : « Vous étiez sous le coup d'une

Les reculs successifs
du front français du 6 mars au 20 juin
Bois de Haudromont
Front le 10 mars
Bois Chaufour
Front le 2 avril
Bois d'Hardaumont
Douaumont
Fort de Douaumont
Bois de Nawé
Ouvrage de Lorient
Ouvrage d'Hardaumont
Bois Morchée
Bois en T
Front le 8 mai
Ferme Thiaumont
Bois de la Caillette
Front le 9 mars
Station
Ouvrage de Thiaumont
Bois de la Bèche
Bois des 3 Cornes
Vaux
Front le 1er juin
Bois de Vaux-Chapitre
Bras
Fort de Vaux
Damloup
Front le 20 juin
Bois Fumin
Bois des Vignes
Fleury
Station
Bois de Damloup
Bois de la Lauffée
Fort de Souville
Retegnebois
Ouvrage de la Lauffée
0
4 km

attaque que vos successeurs essuieront sans doute, mais qu'ils repousseront grâce à vos travaux. » Ainsi l'État-Major s'est trompé. Il n'a pas su prévoir les intentions de l'ennemi. Ceux à qui l'on promettait la mort ont obtenu un sursis. Ils ne s'en plaignent pas, mais ils n'en pensent pas moins que dans cette guerre, les prévisions des chefs sont rarement confirmées par l'ennemi. Les généraux français se laissent trop souvent surprendre. Pour une heureuse erreur d'appréciation, combien, sur d'autres secteurs, de désastreuses ?

Du 14 au 29 mars, les Allemands font porter partiellement leur effort sur la rive gauche : les Français sont frappés par l'exceptionnelle intensité du bombardement. Les obus à phosphore sont si nombreux que l'on travaille de nuit aux tranchées comme à la lumière du jour. Pour un caporal-brancardier du 98e régiment d'infanterie, posté sur la pente nord du Mort-Homme, « le 14 mars est peut-être la journée où nous avons reçu le plus d'obus de toute la guerre : sur notre petit front, les observateurs de l'arrière ont compté à peu près cent vingt coups à la minute, ce qui fait cinquante mille obus en six heures ».

Les pertes sont lourdes, une section n'a plus que trois hommes. Elle reflue vers les survivants de la compagnie. Le capitaine chasse les malheureux qui doivent regagner leurs positions, parmi les cadavres de leurs camarades. Les Allemands, après une telle dépense de munitions, réussissent à s'emparer d'un boyau, à occuper le sommet de la cote 265. Guerre de positions, ruineuse en hommes.

L'artillerie française est intervenue dans la bataille, elle a fauché des rangs entiers d'assaillants. Il faut croire que les Allemands étaient en grand nombre, puisque la 50e brigade du colonel Garçon (98e et 16e d'infanterie) les a contenus à grand-peine. Les lignes étaient si enchevêtrées que les fournisseurs de soupe aboutissaient dans les postes allemands.

Le général Debeney, en charge de la division du secteur dont fait partie la brigade Garçon envoie des renforts, pour tenter de reprendre le terrain perdu, selon les ordres de Joffre et de Pétain : toute parcelle prise par l'ennemi doit être immédiatement reconquise. Un seul bataillon du 16e régiment est engagé dans cette action, moins de mille hommes. Les Français font des prisonniers, ils ne savent qu'en faire. Ils les invitent à descendre avec eux aux abris, pendant la reprise du bombardement. Pas la moindre haine entre les combattants, affirme un soldat du 16e, Robert Gillet : « L'aumônier divisionnaire Lestrade trouve dans un abri plusieurs soldats français en compagnie de soldats allemands. Les Français ont ouvert leurs musettes et en ont partagé fraternellement le contenu avec leurs prisonniers. Tous mangent d'un bon appétit, on dirait une pension de famille. »

Le 16 mars, les Français, qui ont échoué la veille en raison de l'intensité du tir allemand reprennent leur contre-offensive avec un régiment entier, le 154e. Nouvel échec. L'ennemi rassemble des forces dans les ravins pour remonter à l'assaut du Mort-Homme. Heureusement le colonel Saint-Mars dispose de nombreuses batteries de 75 qui découragent cette sortie et infligent aux attaquants de lourdes pertes. Il est clair, le 16 mars, que le Mort-Homme ne sera jamais durablement français ou allemand. La guerre piétine à Verdun.

*
* *

Bazelaire décide de redéployer ses troupes, et de modifier son commandement. Un nouveau général entre en ligne, de Mort-Homme à Chattancourt et à Marre-Charny. Il s'appelle Berthelot et commande un corps d'armée : c'est dire l'importance que Pétain accorde au secteur. Il faut, à toute force, rester maître du Mort-Homme. La 25e division, si éprouvée, est relevée par la 40e du général Lecomte. La noria se poursuit. À peine débarqués des camions, les nouveaux régiments prennent le chemin des boyaux du Mort-Homme. Le commandement français n'a en rien modifié sa tactique. Il a tout juste renforcé les effectifs de l'artillerie et les a disposés en appui efficace de l'infanterie. Mais les pièces les plus nombreuses sont encore des 75 divisionnaires.

Le 20 mars, l'attaque allemande s'éloigne du Mort-Homme, comme pour effectuer un mouvement de débordement de l'aile gauche française, du côté d'Avocourt et de Malancourt. La 29e division d'infanterie du général Guyot de Salins attend le choc. Elle connaît bien se secteur qu'elle occupe depuis septembre 1914. L'ennemi attaque en force, après une violente préparation d'artillerie. A-t-il une chance d'aboutir ?

Il ne met pas dans cette offensive des moyens exceptionnels. Elle est certes précédée comme tant d'autres d'une violente préparation d'artillerie que les Français, faute de canons lourds, ne peuvent contrebattre. Mais tous les secteurs du front ont connu des situations semblables et ils ont résisté.

La ligne tenue par la 29e division est un modèle de fortifications de campagne. Les tranchées n'existent vraiment à Verdun que dans ce secteur. Elles sont profondes, bien tracées, correctement entretenues. Le troupier y survit comme un coq en pâte car l'alimentation par les hommes-soupe n'y est pas un exploit. Les communications avec l'arrière sont bonnes, grâce à un réseau de fils téléphoniques enfouis dans des tubes de plomb. Les abris semblent à toute épreuve et les hommes ont souffert plutôt moins qu'ailleurs du bombardement. Les effectifs du colonel Brümm qui commande la brigade sont éclatés en une quinzaine de compagnies dans le bois de Malancourt, et non groupés par régiments. Le brigadier est estimé à l'État-Major pour son calme et son sens des responsabilités.

Pourtant, en quelques heures, les Allemands s'emparent du bois de Malancourt, ils dispersent les groupes du 111e régiment d'infanterie, tournent ceux du 258e et font prisonnier son chef, le lieutenant-colonel Géant. Brümm avertit le général Guyot de Salins, chef de la 29e division, que son P.C. est investi et qu'il est sans nouvelles de ses unités. On apprend que les Allemands ont fait deux mille cinq cents prisonniers. Pour la première fois, sur le front lugubre de Verdun, une troupe entière s'est rendue à l'ennemi presque sans combattre.

On serait tenté de lui trouver des excuses : il est plus facile, pour l'ennemi, d'investir une ligne de tranchées bien tracée fortement remuée par le bombardement, facile à repérer, à détruire et à prendre d'assaut que les positions anarchiques du Mort-Homme qui se reconstituent sur des lignes imprévisibles après les bombardements. À Verdun, les tranchées classiques, quand elles existent, sont la pire des protections, car elles offrent des cibles admirables aux coups de l'ennemi et facilitent ses schémas offensifs.

Bientôt le colonel Brümm ne répond plus. Il est déjà parti en captivité, avec ses vingt compagnies. Les Allemands occupent son P.C., ses abris, ses tranchées qu'ils retournent aussitôt contre les Français. Une enquête est ouverte à l'état-major d'armée sur la défaillance du 258e d'infanterie à Avocourt. On apprend que vingt et un hommes, dont un sergent, ont abandonné leur régiment au moment de l'entrée en ligne. Pétain le savait. Il s'en est expliqué avec Joffre et Poincaré, président de la République. La première défaillance du front de Verdun devenait une affaire d'État. Si d'autres unités imitaient le 258e, c'en était fini du système Joffre, basé sur la résistance désespérée de l'infanterie s'accrochant au terrain.

Le généralissime avait visité le front de Verdun le 10 mars. Il s'était rendu à Souilly, à l'état-major de Pétain. Il rappelait au chef de la deuxième armée, qui demandait des renforts, que les effectifs français étaient passés de cent cinquante mille à cinq cent mille dans le secteur, que Verdun avait reçu des renforts d'artillerie. Pétain rappelait les promesses qui lui avaient été faites quand il avait pris son commandement.

– Sauvez Verdun. Demandez-nous ce qu'il faudra. On tâchera de vous le donner.

Pétain exigeait des renforts beaucoup plus importants d'artillerie, pour contrebattre le feu allemand. Joffre n'avait pas changé de position : il réservait ses 155 pour l'offensive de la Somme. Il ne donnerait pas une pièce de plus. Il estimait qu'en juillet l'affaire de Verdun se terminerait naturellement par le départ des Allemands vers le front du Nord. Dans l'immédiat, il fallait résister avec les moyens du bord. Pétain qui perdait trois mille hommes par jour, estimait qu'il n'avait pas les moyens de tenir aussi longtemps sans accroître la puissance du feu, seule capable d'épargner des vies humaines.

– Il s'agit de gagner la guerre, concluait Joffre.

Dix jours plus tard, il lisait les rapports sur l'état d'esprit de la 29e division. Pour la première fois, l'infanterie renâclait, le moral avait flanché. Certes des sanctions seraient prises, « au besoin par contumace » disait, sans humour, le général de Bazelaire. Comment convoquer les morts, les blessés, les prisonniers, au tribunal de la défaillance des braves ? Jugerait-on aussi les officiers ? « Plus encore qu'aux hommes, devait déclarer par la suite le capitaine Couston du 157ᵉ, cette responsabilité doit aller aux officiers, lesquels étaient manifestement au-dessous de leur tâche. Quand mon régiment a repris le réduit huit jours plus tard, il a recueilli des territoriaux blessés du 106 régiment d'I.T. Leurs dépositions permettaient d'affirmer qu'aucune résistance sérieuse n'avait été faite à l'ennemi. » Un bruit courait alors dans les lignes. Était-il crédible ? La reddition des poilus de la 29ᵉ était un mauvais exemple qu'il fallait combattre avec toutes les armes disponibles : on disait que les Allemands, qui n'aimaient pas les lâches, avaient égorgé sur place ceux qui s'étaient rendus.

*
* *

Pétain devait-il maintenir en première ligne une troupe aussi peu sûre, capable d'avoir des intelligences avec l'ennemi ? Cette question, les hommes politiques de l'arrière se la posaient. Outre que des unités douteuses, réputées molles, sans ressort et de mauvais esprit s'étaient bravement tenues au feu, trouvant sur place, dans les conditions de guerre imposées par l'ennemi, les moyens moraux de la riposte, le général commandant l'armée de Verdun estimait impossible de privilégier une troupe aux dépens des autres. Retirer du front ceux qui menaçaient de trahir était donner une

« prime à la lâcheté ». Une seule exigence était à respecter, celle de l'égalité devant la mort. Le devoir du général en chef, quels que fussent les risques, était de la respecter scrupuleusement, sous peine d'accroître la crise du moral qui s'était manifestée pour la première fois dans les confortables tranchées d'Avocourt.

La reconquête des positions perdues est une coûteuse série d'opérations, que le commandement s'efforce d'accompagner d'un appui solide de l'artillerie. Le front de l'ouest est réorganisé complètement : le général de Bazelaire disparaît, son groupement est dissous le 26 mars. Seuls subsistent les groupements Berthelot et Alby, renforcés par celui de Balfourier (XXe corps d'armée) arrivé en renfort sur ce front jusque-là tranquille et qui donne désormais des inquiétudes.

La noria se poursuit : les combats sont si furieux qu'il faut accélérer le remplacement des unités décimées. C'est aussi un moyen de maintenir le moral, que de faire entrer en ligne des troupes jusque-là inconnues à Verdun, pour que le sacrifice de l'ensemble de l'armée soit conforme aux exigences de l'égalité au feu : dans la nuit du 24 au 25 mars, la 29e division, qui vient de subir le feu intense des Allemands en tentant de reconquérir les positions perdues en raison des défaillances, quitte enfin le front, remplacée par la 76e du général de Vassart, avec ses quatre régiments de troupes fraîches. Des batteries françaises tonnent contre les Allemands retranchés dans le bois d'Avocourt. Le « marmitage » affecte désormais l'ennemi. Les « tirs de barrage » déciment son infanterie, les feux roulants précèdent nos offensives. Les moyens disponibles trop mesurés sont désormais utilisés selon les méthodes allemandes, et obtiennent des résultats encourageants.

Mais l'artillerie d'en face se renforce constamment, retrouve sa supériorité, règle ses tirs et arrête les efforts français. Le colonel de Malleray se fait tuer à la tête de ses troupes. Le « réduit d'Avocourt » change de mains plusieurs fois ; il faut bientôt relever la 76e division du général de Vassart, dont les pertes sont effrayantes. Elle quitte les lignes sans pouvoir enterrer ses morts, remplacée aussitôt par les quatre régiments de la 11e (général Ferry) qui descendent tout juste de camions. Au front, les unités se sont reconstituées à la hâte, souvent en effectuant des fusions improvisées entre plusieurs régiments qui ont assez de survivants pour reformer quelques bataillons. Les officiers ne reconnaissent plus leurs hommes. Ils sont morts, ou ensevelis dans la boue. Les sergents commandent des compagnies au feu, un bataillon du 16e gravement décimé est aux ordres d'un lieutenant qui n'a guère plus de vingt ans. La jeunesse française s'abîme dans la boue de Verdun.

À l'aile droite de l'armée, la situation n'est pas moins tragique. Les artilleurs sont soumis à des feux formidables de contre-batterie, comme si l'ennemi ne tolérait pas la présence des canons de 75 sur cette rive de la Meuse. Les attaques ne cessent pas, toujours précédées de lance-flammes. Les bombardements sont meurtriers : le 158e régiment d'infanterie, en secteur sur les pentes du fort de Vaux n'a pas reçu moins de dix mille obus de tous calibres dans la journée du 16 mars. Il perd plus de six cents hommes en quelques heures. Le 17e bataillon de chasseurs à pied est tapi dans les trous d'obus, il attend le moment de venir en aide aux défenseurs du village de Vaux. Recevant de plein fouet le tir d'artillerie ennemi, il perd, en un seul jour, un tiers de ses effectifs sans avoir combattu.

Pétain avait raison de dire à Joffre que le renforcement de l'artillerie française aurait pu économiser un grand nombre de vies humaines. Les canons allemands, plus nombreux et plus puissants restaient les maîtres du terrain un mois après le début de la bataille, en dépit du renforcement notable des batteries françaises. Aussitôt mises en activité, elles étaient repérées par les aviateurs ou les aérostats et contrebattues puissamment. Les morts étaient nombreux aussi dans les unités d'artillerie. Les obus de 210 écrasaient la tôle ondulée et les boiseries des cagnas, anéantissant d'un coup une équipe de servants.

Misère de Verdun : se terrer est le seul moyen de survivre mais aucun abri n'est sûr. Les fantassins se croyaient protégés dans la cave de la ferme de Dicourt. Une « marmite » perce la voûte, anéantissant cinquante hommes. En arrière de Vaux, une compagnie du 97e régiment d'infanterie est détruite presque entièrement par les obus. La ville de Verdun flambe, touchée par des projectiles incendiaires.

L'attaque de mars, aux deux ailes, a échoué. Mais Falkenhayn a usé l'armée française, lui imposant une rotation de plus en plus rapide des unités en ligne. Est-il déjà convaincu que la victoire à Verdun ne peut être que politique : imposer par l'ampleur des sacrifices consentis une ouverture de paix qui n'aurait d'autre but que de mettre fin à l'hécatombe ? L'année 1917 et ses incertitudes s'annonce déjà sur les bords de la Meuse. Les premiers refus d'obéissance et de désertion devant l'ennemi s'y sont manifestés. Il reste qu'au début du mois d'avril, le commandement allemand garde l'espoir d'une percée. En dépit de la résistance acharnée des Français, il donne encore des raisons de croire qu'ils ne seront pas en mesure de poursuivre.

Chapitre 4

LES CONTRE-OFFENSIVES MANQUÉES

Le pouvoir politique s'impatiente : il faut que l'admirable résistance française à Verdun se transforme dans les meilleurs délais en victoire incontestable. Chaque matin les gendarmes apportent aux domiciles des parents des victimes les avis de décès. La France est alors une démocratie parlementaire où les électeurs peuvent demander des comptes aux députés, qui peuvent interpeller le gouvernement, dont la politique de guerre est mise à rude épreuve dans les commissions parlementaires. Clemenceau au Sénat montre une particulière vigilance et s'il défend le soldat contre l'incurie de l'arrière qui ne lui fournit pas les moyens de se battre, il met aussi en question le commandement sur les responsabilités des échecs successifs de la stratégie de guerre depuis l'automne de 1914. Il n'est pas le seul : Aristide Briand est à l'écoute des bruits d'état-major. Il est du reste sollicité par les généraux qui critiquent Joffre et demandent à Verdun une politique moins suiviste.

Briand lui-même a averti le président de la République Poincaré des défaillances sur le front de Verdun. Montrer la lassitude des troupes, qui va jusqu'au refus de monter en ligne, exploiter les premiers indices de découragement, c'est affirmer la volonté de changer le jeu politique et peut-être aussi l'esprit et les méthodes du haut-commandement. Pourquoi ne pas changer aussi de généralissime ?

Poincaré, en visite au front dans son costume bizarre à casquette de chauffeur devient sensible aux critiques qui jadis accablaient Joffre et désormais Pétain sur l'immobilité des lignes, quand il se rend compte sur place que les attaques et contre-attaques usent l'infanterie dans des actions limitées, toujours sujettes à des retours en force de l'ennemi. Avec une politesse glacée, Pétain lui explique posément qu'une attaque ne peut réussir si elle n'est soutenue par des moyens importants d'artillerie et d'aviation.

Il vient de charger le commandant de Tricornot de Rose de « nettoyer le ciel de Verdun ». Ce pionnier de l'aviation, qui a mis au point avec Roland Garros le tir de mitrailleuse à travers les pales de l'hélice a fait affecter à Verdun les meilleurs pilotes de la jeune aviation française, encore trop peu efficace. Les Nungesser, Navarre répondront présents. Guynemer aurait été des leurs, s'il n'avait été blessé juste avant son arrivée. De Rose avait du mal à convaincre les « as » qu'ils devaient adopter la tactique de groupe des Allemands, seule capable d'assurer la maîtrise du ciel dont avaient besoin les artilleurs. Les Nieuport seraient-ils capables d'éliminer les Fokker et les Aviatik ? Pétain, qui ne concevait pas la victoire sans un renforcement de la capacité technique de l'armée française comptait beaucoup sur l'aviation.

Il ne pouvait critiquer ouvertement Joffre, ni se plaindre de l'insuffisance de ses batteries d'artillerie lourde.

Les combats récents en faisaient pourtant la démonstration : le 7 avril, sur le front du 129e régiment d'infanterie, au sud et au sud-ouest du fort de Douaumont et vers la région du bois Morchée, les Allemands avaient lancé cinq attaques successives avec appui de mortiers de tranchée au tir meurtrier. L'emplacement de ces *Minenwerfer* avait été soigneusement repéré. Ils étaient installés dans les fossés du fort. Le commandant du bataillon avait demandé de manière urgente un appui feu à l'artillerie, avec des pièces au tir court, seules capables d'atteindre leur cible.

Refus de l'état-major de division. Il ne disposait que d'une seule pièce de ce genre, un 155 court usé, pratiquement hors service. Que le chef de bataillon imagine une autre solution !

– Le bombardement des *Minenwerfer,* expliqua le commandant Maguin, du 129e d'infanterie, augmentait d'intensité de minute en minute. Il devint d'une violence extrême, bouleversant notre tranchée, mettant tous les défenseurs hors de combat.

La disproportion entre les pertes et le peu de terrain perdu ou reconquis sautait aux yeux des plus inexpérimentés. Le président Poincaré pouvait se rendre compte, en observant à la jumelle le paysage de Verdun, que l'usure de l'infanterie était inévitable : les contre-attaques sans appui d'aviation, sans soutien véritable de l'artillerie, étaient constamment meurtrières. Si elles étaient victorieuses, elles ne pouvaient être exploitées parce que le commandement français avait seulement les moyens de tenir, au prix de lourdes pertes quotidiennes.

*
* *

On se battait constamment depuis le 1er mars sur les deux rives de la Meuse, sans aucun profit notable. Les « offensives » allemandes étaient incessantes, mais montées par secteurs, par lignes, presque par tranchées. Elles avaient pour but de reprendre une crête, de déboucher hors d'un ravin, d'occuper un bois qui n'avait plus d'arbres.

La presse française avait d'abord célébré l'héroïsme des défenseurs de Verdun : l'ennemi n'était pas passé ! Mais les pertes qui s'accumulaient entraînaient un renouvellement constant des effectifs, par rotation des divisions. Ainsi toute l'armée aurait été témoin qu'il était impossible d'obtenir une décision à Verdun. On ne pouvait que s'y faire tuer en tenant le front. Le 30 mars, une nouvelle division, celle du général Bouyssou, relevait au front la 42e de Deville, réduite à l'ombre d'elle-même. Le lendemain, 31 mars, ce n'était pas une division nouvelle, mais une ancienne, la 43e de Boissoudy, qui remplaçait dans la région de Vaux la 77e de Cugnac, déjà hors d'état de poursuivre le combat. Il n'y avait pas assez d'unités nouvelles pour qu'on pût éviter de faire remonter en ligne celles qui avaient déjà connu le feu de Verdun. Certaines divisions auraient trois ou quatre affectations successives sur le champ de bataille. Elles étaient recomplétées dans un secteur calme généralement proche du front, avec des régiments héritant des bataillons des unités dissoutes.

Les divisions nouvelles ne sont pas assurées de garder leur cohésion, une fois montées en ligne. Le général Mangin, commandant la 5e division est probablement perplexe quand il reçoit l'ordre de lâcher immédiatement sa 9e brigade (74e et 274e d'infanterie) sur la ligne de Souville pour colmater une brèche inquiétante.

Mangin est un homme nouveau sur le front de Verdun, qui prétend innover et relancer l'idée d'offensive. Il partage les vues de son supérieur, le général Nivelle, un artilleur placé à la tête du IIIe corps d'armée, et qui bout d'impatience à Verdun. Il estime qu'avec des moyens appropriés et « une attitude agressive » on pourrait, sans plus de pertes, remporter la victoire. Voilà que le général Nudant, qui a déjà remplacé Maistre à la tête du groupement qui tient le front du fort de Vaux jusqu'à Douaumont, s'empare de la moitié des effectifs de Mangin pour les précipiter dans la brèche.

Comment rêver d'actions offensives alors qu'il s'agit de répondre, avec des effectifs constamment amputés par les bombardements, à des attaques locales et simultanées sur de nombreux points du front ? Pendant que la garde prussienne, le 1er avril, entame les lignes des régiments Boissoudy sur les pentes du fort de Vaux (un seul bataillon de chasseurs y perd plus du tiers de son effectif) la percée en face de la 70e division est réalisée, au départ, par une simple section de soldats allemands qui parvient à pénétrer en première ligne, à s'infiltrer dans la seconde. C'est le début d'une brèche où s'engouffrent ensuite les vagues d'assaut précédées de lance-flammes. Les Français doivent rester vigilants et disposer constamment de petites réserves disponibles et les porter immédiatement sur les points menacés, pour éviter la percée que chacun redoute. On assure dans les couloirs de Parlement que Pétain a fait préparer, à toutes fins utiles, un plan de retraite pour ne pas être surpris.

Sur chaque parcelle du champ de bataille, la percée allemande est possible. Dans le village de Vaux anéanti par les tirs d'artillerie, le bataillon de chasseurs à pied commandé par Magagnosc se fait tuer sur place pour enrayer une attaque en masse, « par rangs de huit ou dix, coude à coude ». Le lendemain, les fantassins de

Mangin sont requis pour attaquer au sud du fort de Douaumont, où une brèche vient d'être ouverte. Le lieutenant-colonel Brenot a fait parcourir dix-huit kilomètres en pleine nuit à deux bataillons pour dégager une partie du bois de la Caillette et tâcher d'y installer des points fortifiés. Il faut envoyer sur place le reste de la division Mangin pour tenir. Par petits paquets, l'ensemble de l'unité a déjà fondu au feu, simplement pour repousser les attaques allemandes.

Les bombardements ne cessent pas : à Verdun, le 3 avril au matin, un obus incendiaire enflamme une réserve de farine dans un magasin à vivres. Deux cents territoriaux y trouvent la mort. Les obus de 420 tombent régulièrement sur la ville, ainsi que sur le village d'Esnes où sont installés des états-majors ; on ne trouve nulle part de sécurité. Sur le fort de Vaux, les gros calibres s'acharnent. Tout semble indiquer qu'on est à la veille d'une nouvelle offensive allemande de grande envergure. Au début d'avril, Falkenhayn n'a pas renoncé à l'idée de percer le front de Verdun.

*

* *

Nivelle a remplacé Nudant à la tête du groupement de trois corps d'armées (XXIe, XXXIIIe et IIIe) d'abord organisé pour Maistre. Il est chargé par le quartier général de préparer avec méthode la reprise du fort de Douaumont.

Cette promotion a-t-elle été imposée à Pétain et à Joffre par les politiques ? Nivelle passe pour sympathique dans les couloirs de la Chambre des députés et reçoit avec égards et attentions les parlementaires en visite au front. Beaucoup de députés et de sénateurs, qui trouvent Pétain trop pessimiste ou trop timide se réjouissent sans doute de cette nomination. Joffre a-t-il pensé qu'il fallait accorder cette concession à l'opinion politique impatiente, qui exigeait un changement dans la direction de la guerre à Verdun ?

Le 8 avril, Pétain reçoit un télégramme signé de Joffre lui ordonnant de monter « une vigoureuse et puissante offensive, dans les meilleurs délais ». Le 9 avril, la rive gauche de la Meuse doit faire face à une violente attaque allemande qui est repoussée à grand-peine. Joffre doit abandonner son quartier général de Chantilly pour voir sur place si la poussée peut être contenue. Elle l'est de justesse : Pétain lance son ordre du jour. « Honneur à tous ! Les Allemands attaqueront sans doute encore, que chacun travaille et veille pour obtenir le même succès qu'hier. Courage, on les aura ! »

Cet ordre du jour saluait-il une victoire ? Les Allemands avaient attaqué avec cinq divisions sur la rive gauche. Le général Ferry, du groupement Balfourier, avait vu sa 11e division fondre au feu du bombardement. Sur le front Malancourt-Béthincourt, la brigade Hallier avait dû reculer, sur ordre de Pétain, avec ses 37e et 79e R.I. Des combats furieux s'étaient déroulés sur le Mort-Homme à l'aile droite, au bois d'Avocourt à l'aile gauche. Falkenhayn tentait d'envelopper la position de résistance française et de la tenir à merci. On s'était battu à l'arme blanche, à coups de pelle et de pioche pour garder des éléments de tranchées bouleversés par les bombardements. Du 30 mars au 9 avril la bataille s'était poursuivie jour et nuit, sans une heure de repos. Le 5 avril, un régiment de la division Ferry, le 69e devait être presque entièrement détruit. Les renforts envoyés d'urgence venaient de la division Nourrisson (39e) qui avait déjà beaucoup donné et qui avait été reconstituée à grand-peine en recueillant les effectifs des régiments dissous. L'usure de l'armée française s'accentuait.

Au bois d'Avocourt, la 34e division du général de Lobit n'avait pas encore été engagée dans la bataille de Verdun. Elle réussit à occuper et à fortifier des positions solides mais, au centre du dispositif français, la poussée allemande était générale. Les obus à gaz, les lance-flammes entraient dans la danse, à la tête des unités d'assaut. Les Français devaient reculer. Le colonel Jeanpierre ne parvenait pas à reprendre les lignes perdues. Au soir du 8 avril, le général Pétain décidait d'organiser un recul dans la nuit. Les soldats harassés de Ferry quittaient leurs abris pour s'accrocher au terrain à quelques centaines de mètres de là, attendant un nouvel assaut. Ils étaient renforcés par les unités reconstituées de la 39e de Nourrisson qui remplaçait Ferry dans ce secteur. On estimait l'avance allemande dangereuse : la prise de la cote 295 pouvait en effet permettre une offensive de grand style contre le Mort-Homme, dernier rempart de Verdun sur la rive gauche.

La 42e division, dite de Verdun, commandée par le général Deville, très mal remise de ses pertes antérieures, montait en ligne dans ce secteur. Elle avait été chargée dans les camions qui remontaient la « voie sacrée » pour intervenir au plus tôt. Elle était dirigée sur le Mort-Homme et prenait ses emplacements dans des positions installées par le Génie. Pendant la nuit, les soldats assistaient au bombardement furieux du Mort-Homme et de la cote 304. À l'aube du 9 avril, le tir des canons allemands reprenait, avec une violence accrue, jusqu'à treize heures.

Raymond Jubert raconte que ce matin-là, son unité était « commandée pour l'assaut » du Mort-Homme, dont la crête avait été occupée par les Allemands.

L'attaque était conduite par sections, de trou en trou, d'obstacle en obstacle. Arrivé au sommet, sautant dans la tranchée allemande, Jubert s'aperçut qu'elle était déserte. Comment prévenir le P.C. du colonel que la compagnie avait touché au but ? Jubert décida d'y aller lui-même. Il s'entendit répondre à ses demandes de secours urgent qu'il devait se débrouiller seul, parce que toutes les unités disponibles avaient déjà été engagées. La compagnie tint pendant cinq jours le Mort-Homme avant d'être mise au repos.

La 42e division dont elle faisait partie devait être, une fois de plus, recomplétée. Elle avait subi de plein fouet le choc ennemi sur la rive gauche. Des renforts importants étaient aussitôt acheminés vers ce secteur névralgique : la 69e division du général Taufflieb, unité gonflée à six régiments d'infanterie, et la 153e commandée par Magnan, avec les zouaves et les tirailleurs. Les groupements Balfourier et Berthelot, qui tenaient la rive gauche, étaient ainsi renforcés. Les trois divisions du corps d'armée du général de Bazelaire (14e, 37e et 48e) qui avaient été retirées du front devaient y revenir d'urgence, remplaçant les unités épuisées du XXXIIIe corps.

L'ennemi poursuivait ses attaques furieuses le 10 avril, sur les deux rives de la Meuse. L'ordre du jour de Pétain ne célébrait pas une victoire de l'« agressivité » française, comme l'aurait souhaité le quartier général, mais simplement la résistance désespérée des soldats d'Avocourt et du Mort-Homme, qui avaient une fois de plus arrêté l'offensive en se sacrifiant. Il était difficile, dans ces circonstances, de prétendre organiser une « puissante contre-offensive française » avec des troupes qui avaient été décimées, à peine engagées. Les bouillants partisans de la reconquête du champ de bataille de Verdun l'avaient-ils compris ?

*
* *

À peine nommé, Nivelle avait subi sur la rive droite un bombardement d'une ampleur telle qu'il avait perdu le contact avec les premières lignes, indiscernables à la jumelle. Grenadiers et lance-flammes s'avançaient dans le saillant de Douaumont. Comme Mangin, Nivelle devait parer au plus pressé, repoussant avec ses maigres réserves les attaques de l'ennemi. Il n'avait eu qu'une satisfaction dans ces journées tragiques : apercevoir enfin dans le ciel de Verdun des avions français en plus grand nombre, engageant des combats aériens, abattant les avions d'observation et les saucisses. Un renfort d'artillerie lourde, pensait Nivelle, aurait suffi à permettre aux Français de reprendre l'initiative. Il se renseigna : on lui dit que sur six cent cinq pièces lourdes de qualité souvent médiocre, avec des calibres périmés, quatre cent quatre-vingt-six seulement étaient en état de tirer, quarante-neuf étaient en réparation, soixante-dix hors d'usage. Les pertes portaient surtout sur les canons de 105, qui devenaient inutilisables en raison du tir intensif auquel ils avaient été soumis. Les 155 longs manquaient, et surtout les 155 courts, si bien adaptés au style de bataille de Verdun. L'artilleur Nivelle savait qu'il n'obtiendrait pas des renforts de batteries avant l'offensive prévue par Joffre sur la Somme en juillet. Pouvait-il maintenir sa réputation de général entreprenant alors que les moyens lui faisaient défaut ?

« J'ai constaté avec la plus grande satisfaction, télégraphiait Joffre à Pétain le 11 avril, que vos instructions concernant l'attitude agressive à prendre portaient leurs fruits et que le commandant du secteur (Nivelle) comptait poursuivre ses avantages de part et d'autre de Douaumont. » Pour calmer l'opinion parlementaire, le général en chef songeait manifestement à une opération spectaculaire telle que la reprise de Douaumont. Si Nivelle réussissait, Joffre en partagerait le bénéfice. S'il échouait, il serait débarrassé d'un successeur possible.

Pouvait-il réussir, alors que les Allemands menaçaient sérieusement le Mort-Homme sur la rive gauche, la crête Souville-Saint-Michel sur la rive droite, derniers obstacles avant Verdun ? Pourtant Joffre fit savoir à Pétain qu'il souhaitait plus que jamais l'adoption d'une « tactique contre-offensive », dont Mangin et Nivelle se réclamaient bruyamment. Avec quels effectifs ? Déjà les jeunes recrues de la classe 16 avaient été réparties dans les unités décimées. Certaines, comme la 42e, division martyre, redescendaient du front après un deuxième séjour mortel. Sans évoquer le renfort d'artillerie qui ne venait jamais, Pétain s'inquiétait désormais de la relève par l'infanterie. Il demandait, au nom de l'égalité devant la mort, que les unités des autres fronts du nord-est non encore engagées devant Verdun, fussent intégrées à la noria.

Une fois de plus, les renforts accordés seraient utilisés dès leur arrivée en ligne, car les Allemands n'attendaient pas que leurs adversaires préparent une offensive sur Verdun, même limitée au fort de Douaumont. Ils pensaient que la meilleure réponse à ces velléités françaises de reconquête du terrain perdu était la reprise énergique de leurs attaques.

Pour tenter de suivre les directives du quartier général, Pétain avait entrepris un « programme offensif », mais sur la rive gauche de la Meuse, où il avait dû consentir à des reculs. Il avait chargé le général Tauffieb, du groupement Berthelot, de rétablir la situation à la cote 295. Le 14 avril, une première action confiée à un seul bataillon avait échoué. Un engagement plus important ne pouvait être entrepris, car Pétain organisait en profondeur la relève sur le front de la rive gauche. Le VIIe corps d'armée de Bazelaire rentrait en ligne devant le bois d'Avocourt, à la place du général Alby dont la 76e division, qui avait perdu trois mille hommes en deux séjours meurtriers en première ligne, était remplacée par la 37e division coloniale du général Niessel, avec ses zouaves et ses tirailleurs.

Pétain exigeait des artilleurs qu'ils accompagnent constamment l'infanterie au combat rapproché. On avait vu des batteries de 75 monter en premières lignes, au moment des attaques, pour faire feu à bout portant (« en tir au lapin », disaient les servants) contre les troupes d'assaut. Quand les Allemands étaient repartis en groupes serrés dans le secteur du Mort-Homme, le 15 avril, les fantassins français avaient été réconfortés d'entendre le tir de leurs 155, placés juste en arrière des deuxièmes lignes.

La division Tauffliеb était déjà décimée. Il était urgent de la renforcer avec les unités de la 40e de Leconte, qui prenait le commandement du secteur. Pendant la semaine pascale, les duels d'artillerie et les combats au corps à corps dans les boyaux faisaient rage. Les Allemands étaient toujours repoussés à la grenade, à la mitrailleuse et par le tir ajusté, incessant, des Lebel. « Pendant deux heures que dura l'attaque du Mort-Homme, explique le sergent Suteau, du 90e d'infanterie, les fusils étaient portés au rouge. La boîte de graisse auprès de nous, nous graissions nos cartouches avant de nous en servir, car notre fusil surmené boudait parfois. Nous n'étions plus des hommes, nous étions des démons. »

La haine de l'adversaire au moment de l'assaut était probablement ressentie des deux côtés du front. Mais elle faisait place à des sentiments plus humains quand les hommes se retrouvaient dans des situations plus calmes. Un zouave blessé et prisonnier du 2e régiment, le révérend père Bonsirven, raconte que les infirmiers lui offraient du pain, que les hussards qui convoyaient les Français vers l'arrière consentaient à faire halte auprès des fontaines de village pour que les hommes épuisés pussent boire. Un autre aumônier de la 51e D.I. évoque le cercle de combattants allemands, rassemblés dans la neige autour d'un brasero, « enveloppés dans des couvertures comme des moines, quelques soldats allemands sommeillaient en attendant le jour. En nous voyant arriver, on ouvrit les rangs, on nous fit place. À nous aussi, on tendit une couverture et on nous invita à dormir ». Le caporal Brassard, du 56e bataillon de chasseurs à pied, se souvient du soldat allemand, un jeune de vingt ans, qui l'avait sauvé au péril de sa propre vie, quand il était blessé dans un trou d'obus.

Plus la bataille se prolonge, plus l'écart se réduit entre la condition du soldat allemand et celle de son adversaire. L'armée du Kaiser subit aussi de lourdes pertes et n'a pas toujours le temps de reconstituer ses points d'appui marmités. L'artillerie française renforcée répand le « mal-vivre » sur tous les secteurs allemands de Verdun. « À plusieurs reprises, dit l'aide-major Chaize, du 212e d'infanterie, j'ai vu partir des régiments allemands pour les lignes et revenir quatre ou cinq jours après décimés, les soldats anéantis de fatigue, exactement comme on voyait les Français à l'arrière de nos lignes. »

Le malheur subi en commun d'un versant à l'autre du Mort-Homme crée-t-il des liens secrets entre les combattants ? Bertrand, sergent au 272e, se retrouve un jour entouré d'Allemands dans une tranchée qu'il croyait déserte. Vont-ils le tuer, le désarmer ? « Ils se montrèrent tous sans armes, sans équipements, avec un air des plus pacifiques : on lui offrit un flacon de rhum, en échange de quoi il donna des cigarettes tout en se tenant sur ses gardes. Il regagna ensuite sa tranchée sans difficulté. » Le caporal Bousquet, du 49e, est prisonnier des *Stosstruppen*, ces troupes de choc qui reviennent décimées de l'assaut : « J'y suis reçu froidement, dit-il, mais poliment. Les visages sont sévères, mornes ; on ne parle pas, mais on ne rit pas non plus. Ils ont tous l'air d'être fortement secoués. J'ai connu ça. »

Même réaction chez les Français, quand ils sont confrontés à des ennemis qui ont cessé le combat. Le docteur Barros, aide-major au 217e, voit défiler en colonne des prisonniers allemands : « Nos poilus qui viennent de subir tant de mal par eux leur offrent du pain, du chocolat, de l'eau et oublient toute rancœur. » La lassitude de la bataille est telle qu'on en vient à considérer l'ennemi comme un adversaire qui partage le malheur d'être à la guerre. Comme l'alouette ou le rouge-gorge saluent l'arrivée du printemps, et s'étonnent de ne plus trouver d'arbres pour s'y nicher, des bouffées de sentiments humains parcourent les premières lignes, dans l'intervalle des bordées de marmites. À quand la fin de la guerre ?

*
* *

Pour reprendre la bataille, Pétain poursuit en l'accélérant la relève des unités fatiguées ou massacrées.

Épuisé, le général Balfourier quitte les lignes, remplacé par Curé, du IXe corps. Les quatre régiments de la 17e division Lancrenon montent en secteur, relevant ceux de la 39e dont le général Nourrisson a donné son nom à un boyau. Ceux de la 18e (général Lefèvre) remplacent les Marocains de Deligny. Les combats reprennent sur les flancs du Mort-Homme, furieux, obstinés, pour la maîtrise de la tranchée des Corses ou de la tranchée de Westphalie. Un communiqué laconique de l'état-major de la 2e armée annonce le 1er mai, au matin, que « le front du 8 avril est rétabli entre la cote 295 et la Meuse ». On ne dit pas à quel prix.

Sur la rive droite, l'initiative est à Nivelle et à Mangin. Le quartier général a les yeux fixés sur eux : dans la nuit du 13 au 14, la division Mangin est relevée. Elle a subi trop de pertes pour être en mesure de lancer la contre-attaque sur Douaumont. La 4e division du général Lebrun prend sa place devant les tranchées allemandes creusées sur le plateau sud-est du fort, entre le ravin de la Caillette et celui de la Fausse-Côte. On souhaite surtout améliorer les positions françaises, en s'emparant méthodiquement du terrain, tranchée par tranchée.

Nivelle connaît ses limites : il n'a pas les moyens de pousser sur le fort des troupes suffisantes. Il lance des éléments de deux régiments d'infanterie et le bataillon du 36e de ligne dans l'affaire : l'échec est immédiat, un seul fortin allemand suffit à interdire le mouvement des Français. Ils font quelques prisonniers, capturent des boyaux repris par l'ennemi le lendemain. Le 17 avril au matin, une forte concentration d'artillerie se manifeste par un tir très dense dans le secteur, comme si les Allemands, pour décourager toute velléité offensive, avaient recours au canon. L'artilleur Nivelle organise, il est vrai, la riposte mais il faut se rendre à l'évidence : les Allemands, et non les Français, ont les moyens d'attaquer à Douaumont.

Quand un bataillon entier du 19e R.I. (division Bouyssou) se fait anéantir devant Thiaumont par un tir d'au moins cinq mille obus de 210, les Allemands mettent en ligne trois divisions fraîches pour l'attaque. La rage des chasseurs à pied submergés par le nombre est telle qu'ils résistent jusqu'à l'épuisement de leurs munitions. On voit un chasseur « ayant usé toutes ses grenades, se précipiter sur un Allemand, l'étrangler de ses mains, et continuer la lutte avec les pétards qu'il lui a pris ». Les récits d'héroïsme ne manquent pas dans les journaux des régiments : une compagnie du 62e, par exemple (division Bouyssou) se bat, isolée, entre la croupe de Dame-Couleuvre et le ravin de Bras à Douaumont où elle s'infiltre et réussit à forcer le passage en bousculant les troupes d'assaut allemandes surprises par la fougue de ces vingt fantassins perdus.

L'héroïsme des Français isolés dans leurs îlots de résistance permettait tout juste de tenir le front, de le maintenir dans sa cohérence en acceptant de le rétrécir sur certains points. Non seulement Nivelle n'avait pas pu attaquer, il se trouvait réduit à la défensive et au recul. Des renforts devaient être envoyés d'urgence à la 22e division Bouyssou par le général Descoings [1], pour qu'elle creuse, de nuit, des positions de repli à contrepente du ravin de la Dame, encore appelé ravin de la Mort. Peine perdue, les Allemands étaient en nombre, il fallait leur concéder du terrain. Le seul succès enregistré pendant la journée glaciale du 19 avril, sous les rafales

1. Le général Descoings avait remplacé Guillaumat à la tête du groupement qui occupait le secteur sud-est du fort de Douaumont.

de neige était la prise d'un fortin, sur les pentes du fort de Douaumont, par le 120e d'infanterie de la division Lebrun, au cœur du groupement Nivelle. Exténuée, la 6e division devait être relevée par la 14e de Crepey. Pétain envoyait une unité coloniale, celle de Capdepont (48e division) qui comprenait l'intrépide régiment du Maroc pour remplacer la 6e de Lebrun, déjà décimée. À la 28e division, un bataillon du 30e, dans la nuit de Pâques, au ravin de la Mort, avait connu la désagréable expérience d'être pris entre le feu des canons français qui tiraient trop court, et le barrage allemand. « Nous sommes serrés entre les deux tirs, nous reculons toujours lentement, nous couchant dans les trous à chaque obus plus proche. Oh ! les joyeuses Pâques ! »

*
* *

Les cloches de Pâques rapportent de Chantilly les étoiles de général d'armée pour Nivelle. Le 29 avril à huit heures du matin, le général Lebrun prend son IIIe corps en mains. La nomination de Nivelle était attendue. On savait à Paris qu'il allait remplacer Pétain à Verdun [1].

---

1. La deuxième armée compte alors à Verdun vingt-cinq divisions dont dix-huit sont réparties entre six groupements de défense, soit, de gauche à droite du front :
– Bazelaire. VIIe corps d'armée. Bois d'Avocourt.
– Curé. IXe corps d'armée. Cote 304
– Berthelot. XXXIIe corps d'armée. Mort-Homme.
Sur la rive droite de la Meuse :
– Descoings. XIIe corps d'armée. Marre-Charny-Thiaumont.
– Baret. XIVe corps d'armée. Eix-Haudromont.
– Duchêne. IIe corps d'armée. Haudromont-Les Paroches-la-Meuse.

On ne pouvait interpréter comme une disgrâce la nomination de Philippe Pétain, général d'armée, à la tête du groupe d'armée du Centre occupé le 21 février par le général de Langle de Carry. Sans doute Pétain pourrait-il continuer à veiller sur Verdun, à exiger de Chantilly les renforts nécessaires, à imaginer la stratégie de défense et peut-être la contre-offensive. Mais l'homme qui commandait désormais sur le terrain était Nivelle et les soldats ne s'y trompaient pas. « L'avancement purement formel que vient de recevoir le général Pétain masque mal une disgrâce, écrit Jacques Péricard. Du moins est-ce dans le sens d'une disgrâce que ce changement est interprété par les combattants de Verdun. » Pourtant, ajoute-t-il, « on l'estimait pour son avancement foudroyant, mais tardif : le soldat, dont chaque seconde de vie est une injustice, a pour la justice un amour qui touche à la passion ».

Pétain passait pour ménager la troupe, pour éviter les actions inutiles et coûteuses, et pour veiller à la rotation des unités, à l'alimentation du soldat. Vertus plébéiennes, que l'on n'enseignait guère à Saint-Cyr, mais qui attribuaient à Pétain une aura d'humanité. Sans doute était-il moins populaire que Foch, mais il l'était déjà plus que Joffre, quand on lui avait retiré son commandement, à la grande satisfaction des milieux politiques qui croyaient Nivelle capable de réaliser, avec la reprise de Douaumont, cette opération spectaculaire attendue par l'opinion meurtrie, que seule une victoire nette pourrait consoler de tant de pertes.

L'initiative reste aux Allemands. La violence des bombardements d'artillerie est telle qu'elle semble décourager d'avance toute action offensive. Pétain, de son nouvel état-major de Champagne, en avertit Joffre : même si le feu de l'artillerie française a fortement progressé, il reste très en dessous de l'adversaire. Le 11 mai, une note du général affirme que « depuis quelques jours, la supériorité de l'artillerie allemande s'est nettement accentuée ». Si l'on veut envisager une offensive, il est urgent de prélever sur l'ensemble des quatre armées du Centre les pièces lourdes nécessaires à Verdun : « Toute l'artillerie lourde supplémentaire à longue portée, explique-t-il, sera la bienvenue, en particulier les nouveaux groupes Schneider. » L'usure des tubes de 105 est telle que cinquante-deux pièces sont indisponibles sur les quatre-vingt-seize en secteurs. Il n'est pas raisonnable d'imaginer la reprise de Douaumont, au moment où l'ennemi a renforcé ses batteries pour lancer sa propre offensive dans la région du fort de Vaux, dont il veut à toute force s'emparer.

Qui entend cette Cassandre ? Pourquoi Joffre rechercherait-il à grands frais la décision sur le front de Verdun, commettant ainsi la même erreur que le Kronprinz, alors que la seule chance de gagner la guerre est de lancer une véritable offensive sur le terrain favorable de la Somme, où il peut bénéficier des renforts britanniques, des nouveaux chars mis au point par les Anglais, des modèles très performants de l'aviation alliée qui travaille sans relâche à dépasser les appareils allemands en vitesse et en armements de bord ? N'y aurait-il pas quelque irresponsabilité à renoncer à une action aussi prometteuse (alors que les meilleurs éléments de l'armée allemande sont en ligne devant Verdun) pour la seule satisfaction de mettre fin à la fronde parlementaire et pour relever le moral de l'arrière ? Que les politiques s'en chargent, c'est leur affaire : celle de Joffre (l'a-t-il assez répété ?) est de gagner la guerre.

Voici donc Nivelle réduit à repousser avec les moyens du bord, en particulier avec les unités prévues pour l'attaque de Douaumont, les offensives allemandes sur les deux rives de la Meuse. Celle de la rive gauche n'est pas la moins douloureuse. Elle a pour objectif, une fois de plus, la cote 304 et le Mort-Homme. Cent batteries de six cents canons lourds transforment la cote 304 en paysage lunaire. Les aviateurs envoyés en reconnaissance ne peuvent y prendre de photos : la poussière et la fumée montent jusqu'à huit cents mètres.

Pendant vingt-quatre heures sans discontinuer, les troupes du IXe corps d'armée reçoivent ce déluge de feu qui bouleverse toutes les positions. Deux divisions françaises sont touchées (les 18e et 17e). « Les Allemands, explique le soldat Lange du 90e, sont maintenant sur nous, placides, l'arme à la bretelle. Quelques-uns s'arrêtent, ils nous font signe d'évacuer la position en disant *Loos, Loos* et en faisant tournoyer leurs grenades. » Un lieutenant-colonel frais émoulu de l'État-Major, Odent, du 68e, fait charger en pure perte deux compagnies qui sont anéanties. Il les avait conduites au feu en colonnes serrées et s'était fait tuer à leur tête. Sacrifice inutile, vivement critiqué par les officiers du front. « Il est parfait, dit l'un d'eux, de vouloir que les officiers d'état-major connaissent la troupe… mais n'est-il pas complètement stupide de leur faire faire leurs premiers pas à la tête d'une unité ?... La bravoure ne suffit pas, il faut connaître son métier. »

Le capitaine de Maistre est plus avisé, et non moins héroïque : il a subi trois attaques, avec sa compagnie du 66e régiment d'infanterie recruté en Touraine. Onze hommes restent en état de combattre, alors qu'ils étaient cent quarante-trois au matin. La position a été tenue, mais le capitaine ignore tout des unités voisines. À la fin de la journée, il faut en savoir plus. Comment demander un volontaire pour une reconnaissance alors que les soldats, exténués, dorment dans leurs trous ? Le capitaine part lui-même en patrouille, seul, comme un caporal. Il tombe, dans une tranchée proche, sur un fort parti d'Allemands, prêts à bondir pour l'assaut. Il se tourne et hurle :

– À moi la compagnie, à la baïonnette !

Les Allemands surpris s'enfuient.

L'héroïsme du caporal Touya, dans une autre compagnie du 66e, n'est pas moins étonnant : il défend une tranchée de cinquante mètres avec vingt camarades contre un assaut allemand. Le capitaine crie :

– Tous debout sur le parapet, baïonnette au canon !

Le bombardement est effroyable. « J'ai comme abri le corps d'un camarade. Mon fusil est brisé par un éclat d'obus. Je prends le fusil d'un camarade tombé mort devant moi, les Boches avancent, je n'ai plus de munitions. Un sergent qui est blessé à côté de moi a le courage de chercher des cartouches sur nos morts et de me les faire passer une à une ; chaque Boche qui se présente a son sort réglé. Mais, le soir, quelle fièvre et quelle soif ! »

*
* *

L'attaque est repoussée au bois Camard, mais la ligne a fléchi. Nivelle remplace le général Lancrenon et sa 17e division par la 152e d'Andrieu, avec pour mission de reprendre, aux côtés de la 18e de Lefèvre, les tranchées perdues. Nivelle en est donc réduit à suivre, sans innover moindrement, la tactique défensive de Chrétien et de Pétain : lancer dans la bataille des unités fraîches, sans pouvoir imaginer la moindre action d'ensemble.

Le 7 mai, c'est l'ennemi qui attaque de nouveau avec des moyens importants sur le front du groupement Curé, et d'abord sur celui de la 152e division qui vient de monter en ligne [1]. L'agent de liaison Malécot raconte qu'au 114e les hommes, démoralisés, souhaitaient d'être faits prisonniers, mais qu'ils se sont ressaisis ; deux compagnies du 125 ont été encerclées et ont dû mettre bas les armes, mais les autres ont bien tenu. On s'inquiète de la continuité des lignes entre la division Andrieu et la 18e de Lefèvre. Les agents de liaison partis aux nouvelles se font tuer. Qu'est devenue la 18e division ?

Le 77e d'infanterie en faisait partie. Il était sur le front du nord, le 24 février, quand il avait été relevé par une unité anglaise et dirigé sur Verdun. Les hommes savaient, affirme Terrier-Santans, qu'ils étaient embarqués pour « barrer la route de leurs poitrines ». Le commandant Morand, qui commandait un bataillon, était un quinquagénaire, petit-fils du général d'Empire. Il était assisté par le capitaine de Loray, très proche de sa troupe, qui venait, comme lui, essentiellement de Touraine.

Le régiment était resté longtemps au repos avant d'être embarqué, le 13 avril, en renfort urgent pour Verdun. Les hommes avaient été débarqués à Valmy, en pleine campagne, dans la nuit. Ils apercevaient au loin la lueur de la bataille vers laquelle ils avançaient, par étapes. Le jour de Pâques, ils étaient à Jubécourt, à douze kilomètres des lignes. Le 28 avril, ils montaient en secteur, non sans avoir défilé devant le général Lefèvre, qui commandait la division.

---

1. Terrier-Santans, *On se bat sur terre*, Verdun 304. Les Éditions de France, Paris, 1930.

Des camions chargeaient les fantassins pour les porter au nord, sur le front. Ils avaient fait à pied la route de Montzéville à Esnes. Impossible de rouler plus avant : les chemins étaient réservés aux convois de vivres et de ravitaillement. Dans le village d'Esnes, les obus tombaient sans arrêt ; les unités avaient pris dans la nuit leurs positions de combat. Le 3 mai au soir, les cinq jours réglementaires de présence en secteur étaient écoulés. Le bataillon le plus exposé avait eu des pertes par bombardements et creusé une tranchée en avant des premières lignes, mais il n'avait pas encore participé à la bataille.

Le 4 mai, les Allemands attaquaient les positions au nord de la cote 304. Cinquante-quatre hommes étaient tués par les obus qui pleuvaient à partir de quatre heures du matin. La première ligne était tenue par ceux du 66e régiment. Elle avait été défoncée par le bombardement, menacée par une attaque allemande. Le 77e montait aussitôt en renfort pour s'installer aux côtés du 66e sur le flanc de la butte 304, et soutenir le régiment voisin, le 68e, qui chancelait. Le problème était de découvrir les restes des unités dans le fouillis des boyaux tronqués, des abris effondrés, des lignes en zigzag.

Les hommes avancent en colonne par un et s'arrêtent sans cesse pour franchir les obstacles. Les fantassins d'unités différentes, les chasseurs à pied, les tirailleurs algériens et marocains, les bataillons d'Afrique, tous revêtus d'une capote glaiseuse sont bientôt confondus, ils se regroupent autour de points d'appui défendus par des mitrailleuses. On creuse les trous d'obus, on déploie les toiles de tentes camouflées, on tâche de passer la nuit accroupis dans les anfractuosités des parois, ou bien entassés à dix ou vingt dans un minuscule abri souterrain.

Le tir de l'artillerie allemande rend intenables les tranchées précaires creusées dans la nuit. Il faut les évacuer pour s'accrocher au terrain un peu plus loin, et résister à l'attaque ennemie en s'appuyant presque uniquement sur les tirs de mitrailleuses ; l'avance allemande sera bientôt irrésistible, si les positions françaises ne sont pas soutenues par l'artillerie. Le marquis de Loray dépêche des coureurs. Il faut croire qu'ils arrivent à signaler la position des biffins du 77ᵉ, parce que le tir de barrage des 75 épargne les casques français pour tomber chez l'ennemi.

– Bravo ! crient les hommes. Ah ! Ils ne les ratent pas, eux non plus !

Et le capitaine de commenter :

– Ce tir nous aide contre l'ennemi, mais il nous aide bien plus encore par la confiance qu'il nous donne de ne pas nous sentir isolés. Nous sommes sûrs maintenant que notre artillerie connaît notre position.

Les Allemands avancent toujours, en rampant. Aux mitrailleuses, les pourvoyeurs de bandes sont tués. Le capitaine désigne des sergents-fourriers pour les remplacer. Un nouveau tir de l'artillerie française, de canons lourds cette fois, fait refluer les Allemands, mais les obus visent le front de si près qu'ils tombent aussi dans les lignes françaises. Les chefs de compagnie doivent improviser en pleine bataille, rectifier leurs lignes défaites pour faire face à l'ennemi qui se présente tantôt de front, tantôt de flanc. Souvent les nids de mitrailleuses sont encerclés, isolés, puis dégagés par des contre-attaques de deux sections. Le capitaine doit envoyer des patrouilles pour reconnaître les positions de l'ennemi, qui se modifient sans cesse [1]. Il

1. Ces renseignements proviennent d'une préface de Gérard Canini à un livre de Raymond Jubert intitulé *Verdun*. Presses universitaires de Nancy, 1989.

faut savoir si les Allemands ont réussi à s'infiltrer pour placer des mitrailleuses à l'arrière. Les hommes partent et reviennent, accablés de fatigue, morts de soif.

Car l'eau est rare, à Verdun. Impossible de creuser des puits. Les fontaines ou les sources ont été repérées, encadrées de tirs d'artillerie. On guette à la mitrailleuse ceux qui auront l'imprudence de se ravitailler aux quelques points d'eau qui ont survécu au marmitage. Les filets suintant le long des trous sont maculés de boue, contaminés par les cadavres ou les vapeurs de chlore des gaz asphyxiants. L'ordonnance d'un officier lui tend un quart plein :

– Elle est bonne, cette eau-là, j'ai trouvé un trou dans lequel il n'y avait qu'un cadavre.

Les coureurs en mission reviennent chargés de bouthéons pleins d'eau qu'ils ont recueilli sur des convoyeurs morts. Ils sont portés en triomphe.

Personne n'est à l'abri de la mort : au 66e, le commandant Fleuriau a les deux jambes broyées dans son abri qu'il croyait sûr. Le capitaine adjudant-major est tué. La division entière doit être remplacée.

– Après la mort du capitaine Delattre, explique un jeune lieutenant, j'ai pris le commandement de la compagnie. J'ai actuellement sous mes ordres environ trente hommes fatigués, ayant faim, incapables d'aucun effort physique.

Les pertes sont aussi importantes du côté allemand. La division fraîche qui a participé à l'attaque de la cote 304 s'est fait massacrer. Le 6 mai, les hommes n'ont pu se reposer dans les lignes françaises. Ils n'ont pas eu à subir de nouvelle attaque, mais le bombardement a été incessant. Depuis trente-six heures le bataillon Morand se bat avec acharnement, avec le quart de son effectif. Le désordre est à son comble dans les lignes : le commandant ne sait plus de qui il dépend. Il avait été détaché du 77e pour aider le colonel Odent, qui s'était fait tuer. Il n'est pas aux ordres du colonel Paillé, du 66e, qui tient un secteur proche. À qui doit-il rendre compte ?

On aperçoit devant les lignes un point de résistance allemand qui se met à hisser le drapeau impérial. Croit-il la victoire acquise ? Nullement. Il n'a que ce moyen de signaler à l'artillerie et aux autres groupes du régiment quelle est sa position. La colline est devenue un labyrinthe où les unités se rencontrent au hasard, sans avoir aucune idée d'ensemble du champ de bataille. Dans ces conditions, les tirs d'artillerie frappent également des deux côtés, amis et ennemis. Des officiers sont pris de folie. On voit errer un commandant de poste en poste :

– Ah que c'est drôle, dit-il, j'ai perdu mon bataillon !

Il était resté trois jours enterré.

Quand tombe la nuit, le 6 mai, le bataillon perdu du 77e attend la relève, exténué. Brancardiers et médecins s'activent pour retrouver les blessés et leur donner les soins d'urgence. On les intègre dans la colonne qui descend, de nuit, vers l'arrière, escaladant des trous d'obus de deux mètres, glissant dans la boue, suivant des guides qui se perdent, faute de repères sur le terrain. Les hommes qui n'ont pas dormi depuis trois jours trébuchent et tombent. Quand ils arrivent à Favry, à mille deux cents mètres des lignes, ils s'écroulent sur les lits de paille, n'ayant pas la force de goûter à la soupe.

Quand la 45e division coloniale du général Quinquandon monte en ligne, le 7 mai, c'est pour colmater les brèches. Nivelle a ordonné de reconquérir les lisières du bois Camard. Il reste fidèle à l'esprit de Joffre et de Pétain : reconquérir coûte que coûte le terrain perdu, au prix des plus grands sacrifices. Le caporal Malécot raconte la « défaillance » qui affecte le 125e régiment. Il était au feu depuis quatre jours et attendait la relève. Les hommes se nourrissaient de boîtes de singe, de la viande en conserve qu'ils ne pouvaient plus supporter. Une compagnie composée de jeunes recrues de la classe 16 avait subi de lourdes pertes par bombardement. Leur découragement était tel qu'ils sortirent de leurs abris pour gagner l'arrière. Fallait-il les coucher sous une rafale de mitrailleuse ? Le colonel Oudry avait quitté son P.C. pour se jeter à leur rencontre, seul et sans armes. Sans les menacer moindrement, il avait su trouver les mots pour les réconforter et les reconduire dans leurs abris, en première ligne.

Les tirailleurs s'étaient fait massacrer à l'attaque du bois Camard, ordonnée par Nivelle. Pour la poursuivre, on ne comptait plus que sur les « joyeux ». Ces bataillons disciplinaires, composés de condamnés à des peines diverses, de « fortes têtes » des régiments de ligne, étaient employés en Afrique aux plus rudes besognes. Le commandement se défiait de ces unités pour tenir à long terme des secteurs difficiles. Mais elles montraient un courage légendaire dans les coups de main, les attaques surprises, meurtrières mais brèves. Deux bataillons, commandés par le commandant du Guiny entrèrent en ligne pour sauver les Africains. « Sous un soleil clair, raconte le caporal Colas, du 1er de tirailleurs algériens, ils traversent un plateau de cinq cents mètres en pleine vue des saucisses boches, au pas, en ligne d'escouade par un, indifférents aux obus qui tombent, indifférents à leurs pertes. » À quatre reprises, ils culbutent et repoussent les Allemands. La 45e division d'Afrique se fait ainsi décimer jour après jour.

La relève habituelle des premières lignes a lieu tous les cinq jours. Le 19 mai au matin, les tirailleurs sont encore attaqués au lance-flammes. Ils sont relevés dans la nuit après neuf jours d'enfer : le régiment a perdu les deux tiers de ses hommes et trente-trois officiers. Nivelle écrit à Joffre pour signaler l'état lamentable des divisions qui rentrent du feu, il parle de « dépression physique et même morale ». Ces unités, dit-il, sont inutilisables pour un mois au minimum.

En pleine bataille, le général Nivelle remplace Curé par le général de Maudhuy à la cote 304. Les régiments du XVe corps montent en ligne. Ils ont tous été recrutés dans la région de Marseille et passaient injustement, en août 1914, pour avoir flanché devant le feu ennemi. Il n'importe. La fournaise de Verdun fait flèche de tout bois. Mais désormais Nivelle devient très attentif aux rapports sur le moral. Un fait surtout le frappe : un officier d'état-major avait découvert dans un abri de seconde ligne, parmi une vingtaine d'hommes hagards, un pendu. Le général avait aussitôt pris la décision d'envoyer au repos l'unité tout entière. Cette tragédie le confortait dans son opinion : il fallait au plus tôt obtenir un succès spectaculaire sur le front de Verdun.

*
* *

La contre-attaque pour Douaumont ne pouvait provenir que des groupements [1] de la rive droite : ils

1. Les deux groupements Decoings et Lebrun tiennent le front de la rive droite. Le premier a placé ses deux divisions fraîches, la 24e à Marre-Charny et la 23e à la côte du Poivre. La 28e de Peillard est toujours dans le ravin de la Dame. Lebrun tient la 48e de Capdepont dans le secteur de Souville et la 6e dans la région de Tavannes. Le front de Damloup à Eix est tenu par la 27e de Legrand, soit au total six divisions pour faire face à l'attaque allemande et préparer la contre-attaque sur Douaumont.

n'étaient pas en meilleur état : les Allemands avaient eu l'initiative de l'attaque dans la région de Vaux, dont ils voulaient à toute force s'emparer. Nivelle avait dû relever la 6e division exténuée par la 14e de Crépey, mais une brigade de cette division était si fatiguée qu'elle dut être remplacée immédiatement par une unité empruntée aux troupes fraîches de la 35e division de Cornille, qui venait de débarquer. L'autre brigade était utilisée pour la relève de la 48e du secteur de Souville. Il n'était donc pas question de compter sur les quatre régiments du général Cornille pour une action offensive. Ils étaient déjà promis au massacre.

La garde prussienne attaquait sans relâche au bois de la Caillette ; elle portait de tels coups au 170e régiment (48e division Capdepont), que les « Hirondelles de la Mort » (surnom donné par les Prussiens) devaient être relevées sur-le-champ. Le 7 mai un obus de 380 touchait la poudrière, dans le tunnel de Tavannes : le 57e d'infanterie était presque entièrement anéanti. Le bombardement allemand était ce jour-là d'une intensité exceptionnelle. Le ravin de la Mort, les pentes de Froideterre étaient matraqués. Des régiments entiers fondaient sous les obus, le 174e, le 123e, le 57e. Les Allemands alignaient six divisions pour s'emparer de Thiaumont et du fort de Vaux. Les 8 et 9 mai, les attaques étaient incessantes. Les unités décimées étaient remplacées sous le feu, les mitrailleuses ensevelies avec leurs servants. Le 12 mai, les obus de gros calibre tombaient même sur les premières lignes, les secondes étant accablées de gaz asphyxiant. L'assaut était conduit avec des moyens importants dans l'axe-sud de Douaumont. Descoings demandait des secours. On lui envoyait une nouvelle division fraîche à six régiments, celle du général Hellot (56e) qui relevait la 28e exténuée.

Nivelle avait-il renoncé ? Nullement. La préparation d'artillerie française commençait les 16, 17 et 18 mai dans la région de Douaumont, pendant que le feu allemand se poursuivait dans le secteur de Vaux. Pourtant les troupes prévues pour l'offensive française étaient hors d'état de combattre. Le 57e régiment de la division Cornille devait être relevé. Il avait déjà perdu cinq cents hommes. « On a l'impression, disait un chef de bataillon, que notre organisation défensive est insuffisante. Le commandement veut qu'on s'organise, malgré la pénurie de main-d'œuvre, malgré l'activité de l'ennemi et l'incommodité du terrain… les officiers d'état-major ne semblent pas avoir pour les premières lignes de prédilection bien marquée… Notre artillerie lourde ne semble pas à la hauteur de sa tâche. Ses tirs “trop courts” sont vraiment trop fréquents. » Ces critiques sont-elles prises en compte ? Le général Nivelle, le 13 mai, change seulement son dispositif : le général Nollet prend la tête du groupement Descoings. Deux divisions (la 28e et la 124e) sont relevées. La consigne reste de « tenir » à tout prix et de reprendre le terrain perdu. Il n'est apparemment plus question d'attaquer Douaumont.

*
* *

Pourtant le même jour, le général Nivelle a signé un ordre général d'opérations pour la reconquête du fort. Il en charge le groupement Lebrun, qui dispose de deux divisions seulement : une d'attaque, la 5e de Mangin, renvoyée au feu après avoir été recomplétée, l'autre de réserve, la 6e de Lestoquoi ; tout se passe comme si le général, qui ne dispose pas de forces suffisantes, était poussé à l'offensive alors qu'il en concevait toutes les difficultés. Mangin, qui avait élaboré le plan d'attaque, était l'auteur, un mois auparavant, d'un ordre du jour musclé qui s'adressait à sa division quand elle avait fait connaissance avec le champ de bataille de Verdun :

– Vous en êtes sûrs maintenant : tout Allemand qui pénètre dans une tranchée de la 5e division est mort ou prisonnier, toute position méthodiquement attaquée par la 5e division est une position prise ! Vous marchez sous l'aile de la victoire !

L'attaque est prévue pour le 22 mai, onze heures du matin. À l'est du front de Douaumont, le 74e, qui doit prendre la tranchée des Hongrois, une tourelle occupée par l'ennemi, et parvenir à l'angle nord-est du fort. À l'ouest, le 129e, qui reçoit l'ordre précis de s'emparer du boyau de la Fontaine et de se glisser vers le nord de l'ouvrage. Des unités des 274e et 36e régiments enlèveront les tranchées environnantes, dont celle de Morchée. Des réserves très mesurées, quelques bataillons seulement sont installés derrière chaque secteur. Des gens du Génie et des sections de mitrailleuses accompagneront les fantassins.

Tout est prévu, mais au plus juste : Mangin avait demandé au quartier général quatre divisions d'attaque. Joffre admettait que la reprise de Douaumont serait une opération bénéfique pour le moral, mais il persistait à refuser des unités fraîches : il en avait besoin pour l'offensive de la Somme, dont l'échéance se rapprochait : début juillet. Mangin proposait alors trois divisions, deux d'attaque et une de réserve. Nouveau refus. Il devrait se contenter de celles qui étaient en ligne.

Consulté, Pétain avait fait les comptes de l'artillerie, dont l'engagement serait vital. Les Français disposaient sur le front de Verdun de mille sept cents canons, dont mille deux cents de 75. Les Allemands alignaient deux

L'attaque française du 22 mai 1916
sur le fort de Douaumont
Douaumont
(Village ruiné)
Tranchée de la Faux
Fontaine
Tranchée du Diable
Tranchée Morchée
Fort de Douaumont
Retranchement de l'Ouest
Tranchée de la Fontaine
Maison Blanche
Tranchée de Douaumont
Tranchée Carrié
Ferme Thiaumont
Tranchée Hiver
Tr. d'Udine
Tranchée de l'Est
Tranchée du Styx
Front le 22 mai au matin
Retranchement
Ravin de la Fausse Côte
Tranchée des Hongrois
Tranchée de Budapest
Tranchée Charlier
La Caillette
Tranchée Hanns
Tranchée Serès
Tranchée Bonnet
Tranchée Pierron
Tranchée Béjart
Ravin de la Caillette
Tranchée des Chasseurs
Signal de la Caillette
Tranchée Bauf
Tranchée Thauteville
Tranchée Poujan
Tranchée Lavrisse
Tr. des Bulgares
Tranchée du Cotiziant
Tranchée Becker
Tranchées
Lignes de front
0
400 m

mille deux cents pièces dont mille sept cent trente lourdes, capables de briser toutes les offensives. L'artilleur Nivelle ne pouvait pas l'ignorer.

Mais il pensait qu'en concentrant les moyens dont il disposait sur une petite partie du front, il rendrait possible l'avance brutale de Mangin. « L'opération consiste, disait-il, à amener sur la position et à tirer un millier de tonnes d'obus par jour, pendant six ou sept jours, de manière à imposer notre supériorité à l'artillerie adverse, et à ruiner les moyens de défense et le moral de l'ennemi dans les soixante hectares à occuper. »

Du 13 au 20 mai, les services de renseignement allemands, les reconnaissances aériennes, les interrogatoires des prisonniers avaient averti le Grand État-Major de l'imminence d'une attaque française. Les défenses du fort avaient été renforcées. Deux divisions bavaroises étaient montées en ligne, pour soutenir la 5e, celle des Brandebourgeois qui avaient pris le fort. Le bombardement français avait bouleversé les premières lignes, mais non les arrières, par où parvenaient les renforts. Les obus avaient rendu impraticable pour la défense allemande un terrain réduit de six hectares, et non les soixante hectares dont rêvait Nivelle. Ni les observatoires d'Hardaumont, ni les ouvrages défensifs de la Fausse-Côte n'étaient touchés ; les Allemands pouvaient s'y concentrer à l'aise pour leurs futures contre-attaques, qu'ils ne manqueraient pas de lancer dès les débuts de l'« offensive » française.

Les avions avaient pris l'air, de part et d'autre. Des combats aériens incessants remplissaient le ciel. Les « as des as » n'étaient plus des chevaliers, poursuivant en combat aérien les héros allemands. Ils étaient intégrés dans le système de guerre, au service étroit de l'artillerie et de l'infanterie au sol. Les chasseurs attaquaient sans merci les appareils de reconnaissance et les saucisses. Ils pouvaient participer directement au combat en bombardant ou en mitraillant les vagues d'assaut. Parmi les Français, une escadrille s'était nouvellement constituée, elle s'appelait La Fayette parce qu'elle se composait de volontaires américains. Commandée par le lieutenant français Thiébault, elle s'est signalée la veille au-dessus d'Étain en attaquant à huit contre douze une escadrille allemande. Les mitrailleuses se sont enrayées. Chapman a eu son manteau de cuir percé de balles, Thaw un bras cassé. Mais le lendemain les Américains, le lieutenant de Laage de Meux, le sergent Johnson, le caporal Rumseyn, le sergent James Mac Connel, le lieutenant Lufbery, l'as des as, les adjudants Prince et Masson, le sous-lieutenant Kiffin Rockwell prennent l'air et font flamber les ballons allemands. Ils seront presque tous tués dans le ciel de Verdun.

Mangin, sur le parapet d'un ouvrage, suit à la jumelle, le cœur serré, la progression du bombardement, au matin du 22 mai. Le feu est remarquablement réglé, juste en avant de la vague d'assaut. Les dégâts dans les tranchées allemandes sont irréparables. L'avance française est rapide, trop rapide. Un feu de Bengale éclate au-dessus du fort, comme s'il était déjà pris.

– On peut dire qu'ils ont marché ! dit Mangin.

C'est vrai : deux bataillons du 129e d'infanterie se sont élancés avec courage, le premier commandé par Vaginay vers le village de Douaumont, le second, aux ordres de Maguin, vers la pointe sud du fort. Des avions survolent en rase-mottes les colonnes d'assaut qui ont pris le pas de charge, pour photographier les résultats de l'attaque. Le bataillon Vaginay dépasse ses objectifs, occupe tout le glacis ouest du fort, atteint la corne nord. L'attaque par l'est est moins heureuse. Certes Maguin, renforcé par les sapeurs du Génie, réussit à enlever les tranchées Styx et de l'Udine, à prendre le sud du fort en progressant sur sa carapace. Mais les compagnies de droite se font hacher par le feu allemand. Le capitaine de Riberolles a été tué. Les débris de sa compagnie se sont rabattus à la pointe sud-est, sans pouvoir progresser.

De la sorte, les Allemands gardent leurs liaisons avec l'arrière par l'est du fort et les Français n'ont pénétré que dans la partie ouest, où ils ne peuvent se maintenir, en raison du bombardement violent qui s'abat sur eux. Impossible de prendre l'entrée principale, défendue par des mitrailleuses. Ceux qui ont réussi à se glisser dans la partie ouest essaient de se barricader et de creuser une tranchée. Les soldats du 129e se font tuer bravement sans avoir aucune chance de l'emporter.

Confortablement installé dans son Q.G. à dix kilomètres des premières lignes, le général von Lochow, qui commande le groupement d'attaque de l'est, reçoit le général commandant le Xe corps de réserve, qui tient Douaumont. Il lui dépeint la situation en termes précis. Les Français ont attaqué à quatre bataillons. Ils ont réussi à pénétrer sur le fort, mais ils sont isolés : le feu de l'artillerie ne permet pas aux renforts de les secourir. Un tir d'extermination à obus fusants a été réclamé sur le fort. Il faut empêcher les renforts du 34e régiment d'infanterie d'arriver en encageant les éléments aventurés sur le glacis et à l'intérieur de la position.

Aux deux ailes de l'attaque centrale, les tirs de l'artillerie allemande n'ont pas permis aux Français d'avancer ; les tranchées ennemies, intactes sur le front du 74e régiment engagé à gauche, ripostaient avec la plus grande efficacité par le tir de leurs mitrailleuses et des *Minenweffer.* Le 3e bataillon du 36e avait pris la tranchée Morchée, mais n'avait pu s'y maintenir, en dépit du courage des fantassins. Le lieutenant Jacques Kahn avait enlevé à la tête de ses hommes la tranchée du Bonnet d'Évêque et fait cent cinquante prisonniers. Mais il était tombé gravement blessé à l'assaut d'un petit fortin qui dominait la position.

À droite du front de Douaumont, les bombardements et les contre-attaques allemandes avaient cloué sur place les Français qui progressaient vers le fort. Les grenadiers d'élite étaient accablés par un tir de 77 qui faisait exploser les grenades dans leurs musettes.

Les unités qui avaient pénétré dans le fort étaient à bout. Le bataillon Vaginay avait perdu beaucoup de monde, et plus encore celui de Maguin. Il était clair, en fin de journée, qu'on ne pourrait s'emparer de Douaumont. Pourtant le général Lebrun persistait à demander à la 36e division de monter au secours des unités encerclées, en pleine nuit, sous le bombardement continu.

« En montant en ligne, explique le capitaine Monneret, du 34e régiment, nous dépassons un groupe de 75 installé à même la pente, sans abri ni camouflage... Les artilleurs, nus jusqu'à la ceinture, travaillent comme des forcenés. On ouvre la culasse, la douille saute, on enfourne un projectile qui vous a été passé ; le coup part. Et l'on recommence. Les petits canons bondissent sur leurs affûts, hurlent, le vacarme est effroyable. »

Mais les Allemands se renforcent dans le fort. Ils veulent le tenir à tout prix. À l'aube du 23 mai, le commandant de Vulpillières fait le compte des soldats qui lui restent : une poignée des 34e et 36e régiments. Aucun renfort ne passe plus. Pourtant Mangin prescrit de poursuivre la lutte « sans arrêt ». Pour tout renfort, il désigne une compagnie qui ne parvient pas à rejoindre ; elle est anéantie par un tir de 105. Les Allemands bombardent avec des gaz asphyxiants. Un violent barrage les fait reculer. Le commandement français, qui avait annoncé prématurément, et de bonne foi, la prise du fort, ne veut pas en démordre. Les malheureux soldats du 34e, des Basques, Béarnais et Gascons réussissent à franchir le barrage ennemi, mais ils sont quarante quand ils arrivent au fort.

Autour de l'ouvrage, les soldats perdus de Mangin errent à la recherche des positions françaises. Pendant plusieurs jours, ils ne seront pas ravitaillés. Mourant de soif, ils fouillent les cadavres pour trouver des gourdes. La contre-attaque allemande contre la tourelle située à l'est du fort est meurtrière. Le commandant Lefebvre-Dibon veut résister jusqu'à la mort.

– Mon commandant, rendez-vous, implorent les soldats blessés. Ayez pitié de nos femmes et de nos enfants !

Ceux-là sont sauvés, le commandant se rend. Le bataillon a perdu 72,2 % de ses effectifs. Les survivants du 129 sont relevés, mais deux bataillons du 34e sont encore en ligne à Douaumont le 24 au matin, quand les Allemands lancent leur attaque. Ce jour-là, ils doivent quitter la position, tout en continuant à se battre aux côtés des unités disparates des 18e et 49e régiments expédiés en renfort. Ils ont résisté plus de trente heures dans la tourelle au sud-ouest du fort dont s'emparent les grenadiers allemands.

Dès lors la contre-attaque est ordonnée par le Kronprinz sur tous les secteurs, après un bombardement par pièces lourdes. Mangin lance encore deux colonnes en direction du fort, avec les dernières troupes disponibles.

Cette contre-attaque échoue comme les autres. Le général Lebrun appelle Mangin au téléphone. Il ordonne une nouvelle attaque. Avec quoi ? demande le chef de la 5e division accablé par son échec.

– Il n'est pas admissible, aboie Lebrun, de laisser replier nos troupes. Il faut garder le fort, attaquez !

– Moi, je n'attaque pas sans attaquer, tout en attaquant répond Mangin.

– Ah ! Vous ne voulez pas attaquer, eh bien, je vous relève de votre commandement.

Voilà Mangin limogé, et Lestoquoi chargé de rétablir la situation avec les unités nouvelles désignées par Nivelle. La 6e D. du général Pont s'introduit dans le bois de la Caillette, aux côtés de la 36e. La 5e division de Mangin, qui a perdu la moitié de ses effectifs, cent trente officiers et cinq mille cinq cent sept hommes doit être relevée. Dans le 34e régiment, presque tous les officiers sont morts ou blessés, mille trois cent quatre-vingt-un soldats sont restés sur le terrain. La seule contre-offensive française engagée sur le front de Verdun s'est soldée par une nouvelle hécatombe.

Deux régiments de la 27e occupent le secteur de Souville, comme si l'on craignait déjà que la contre-offensive allemande ne gagne le sud. Le front est rétabli au prix des plus grands efforts. Autour de Douaumont, les Allemands ont repris toutes leurs positions. Dans l'armée française, la noria se poursuit : trois divisions nouvelles doivent monter en ligne, la 151e de Lanquetot, la 123e de Corvisart, la 126 de Muteau : douze nouveaux régiments à jeter dans la fournaise. La supériorité allemande se confirme. Les Français n'ont su assurer une préparation d'artillerie suffisante que sur six hectares de front. Ils n'ont pas obtenu le succès de prestige qu'attendait le haut commandement, le Parlement et le gouvernement pour justifier l'hémorragie continuelle du sang français à Verdun. Des révisions déchirantes s'annoncent.

D'autant plus que, sur la rive gauche, des combats meurtriers ont exigé l'engagement de nombreuses divisions, pour continuer de contenir la poussée allemande : les attaques ne se sont nullement atténuées sur cette partie du front, au contraire. Le Grand État-Major allemand a maintenu sa stratégie d'attaque aux deux ailes. Le IXe corps d'armée a été décimé sur le Mort-Homme. Il a dû être relevé deux jours avant l'offensive de Mangin par deux divisions du XVe corps, la 123e de Corvisart et la 126e de Muteau : « Les gars qu'on relève sont fous, écrit un soldat du 112e, ils se sauvent à notre arrivée sans nous donner aucun renseignement sur les Boches. » Au Mort-Homme, même épuisement « nous n'étions plus des hommes, mais des fous, dit un rescapé du 151e... Les mitrailleurs du 162e se repliaient sur nous et criaient "sauvez-vous, les voici !" » Impossible de dégager le Mort-Homme, bien qu'on pousse à la hâte dans le foyer du volcan des unités de six régiments à qui l'on ordonne « de pousser droit devant eux en rase campagne, jusqu'à ce qu'ils rencontrent l'ennemi dont on ignore la situation ». Il faut reculer au sud du Mort-Homme, jusqu'au Chapeau Chinois et la tranchée des Zouaves.

Berthelot lance encore en renfort la 40e division de Lecomte déjà très éprouvée. Elle ne peut empêcher les chasseurs allemands de prendre Cumières. On s'y bat furieusement le 28 mai, alors que l'offensive sur Douaumont a définitivement échoué. Le 154e régiment « de sauvages » ainsi baptisé par les Allemands, est massacré dans le bois des Caurettes. Quand le commandant de Lauzon est contraint de se rendre, n'ayant plus autour de lui qu'une poignée d'hommes, un officier allemand lui montre les quarante-quatre batteries lourdes qui ont anéanti son unité.

Une deuxième ligne est formée, de bric et de broc. L'héroïsme des Corses du 173e régiment permet de tenir. Un adjudant monte à l'assaut, un drapeau tricolore à la main, en chantant *La Marseillaise*. Les compagnies Albertini, Médecin, Traquini, Armingaud sont décorées à l'ordre de l'armée.

Une nouvelle division, la 19e de Trouchaux, monte en ligne pour tenter d'arracher aux Allemands les pentes sud du Mort-Homme. Il faut envoyer encore la 38e division coloniale du général Guyot de Salins pour arrêter les Allemands sur une ligne qui fixe enfin leur avance. Chattancourt est dégagé mais le Mort-Homme est aux Allemands. Il est clair que l'offensive contre Douaumont ne pouvait réussir, faute de renforts : les rares divisions disponibles, qui, pour la plupart avaient été engagées déjà dans les combats de Verdun, étaient toutes dirigées sur la rive gauche, où le front risquait de craquer, où des reculs inévitables avaient été consentis. On attendait, sur la rive droite, une attaque générale dans la direction du fort de Vaux. Décidément l'action entreprise courageusement par Mangin n'avait été qu'un feu de paille. Elle avait échoué et fragilisait à l'extrême le front français. En tiendrait-on rigueur aux deux généraux qui avaient cru pouvoir obtenir un succès ? Joffre savait parfaitement qu'on lui imputerait aussi l'échec du général Nivelle.

Chapitre 5

LE FORT DE VAUX

Les Français n'ont pas repris Douaumont. Leur offensive s'est heurtée au déluge de feu de l'artillerie ennemie. Si la production Krupp ne peut garantir le succès de la percée, que le Kronprinz recherche avec acharnement depuis le 21 février, elle peut protéger les positions allemandes contre toute agression. Les deux divisions françaises d'attaque ont été morcelées, encagées, exterminées majoritairement par le canon. La supériorité industrielle des Allemands se confirme.

Pourquoi ne pas en profiter pour offrir à la presse allemande une deuxième raison de triompher ? Depuis longtemps le petit fort de Vaux, qui n'a pas l'importance de Douaumont, défie les batteries embusquées sur les hauteurs d'Hardaumont, qui lui envoient des volées de *Shrapnels* et des obus lourds de 210. Il suffirait d'intensifier le tir, en amenant sur place les obusiers, pour qu'il se rende enfin. On pourrait alors prendre le village de Fleury et le fort de Souville, et peut-être enlever Verdun. Nourri au mois de juin 1916, ce projet reprend, une fois encore, le thème de la percée.

Les Allemands, déployant toute leur puissance sur le front de Verdun, que le Kaiser en personne a visité, ne peuvent se contenter d'une victoire négative. Qu'ils aient sauvé Douaumont ne leur suffit pas. La prise de la place seule leur importait. Il en est de même du fort de Vaux, moins spectaculaire pour les photographes, mais déjà connu pour sa résistance dans le monde entier.

Les temps ont changé. Le mépris du haut-commandement français pour les fortifications s'est transformé en sollicitude. On a veillé à conserver le fort en bon état, on songeait à le réarmer. Il a été constamment occupé par des soldats d'active et surtout il fait partie d'une ligne continue de résistance. À l'extrémité d'un plateau qui s'encadre entre le massif de Douaumont et les bois de la Laufée, il fend de son étrave la plaine de la Woëvre. Il est escorté de deux villages fortifiés, garnis de groupes de mitrailleuses, hérissés de canons de 75, Vaux-de-Damloup et Damloup. Le premier village commande l'entrée d'un petit vallon, le ravin de Bazil qui longe un peu plus loin l'étang de Vaux, précédé d'une digue ; ce ravin reçoit du plateau de Vaux, où le fort est construit, le ravin des Fontaines qui coupe le bois de Vaux-Chapitre. Il reçoit aussi du plateau de Douaumont les ravins de la Caillette et de la Fausse-Côte qui traversent les bois de la Caillette et d'Hardaumont.

Ces ravins sont des tranchées naturelles, où les unités peuvent s'abriter, braver les bombardements ; vers l'est, une suite de positions prolonge la ligne de résistance du fort de Vaux : le bois de la Laufée avec ses abris de combat, l'ouvrage de la Laufée, le fond de Dicourt, plus au sud les forts de Tavannes et de Souville qui ont été garnis de troupes. Les territoriaux ont longtemps travaillé à parfaire ces ouvrages, à les relier par des lignes continues de tranchées, à enterrer, autant que possible, les fils du téléphone dans des tubes de plomb.

Le 27 février, la petite garnison du fort de Vaux a été renforcée par des territoriaux qui viennent de Verdun. Du fort, on aperçoit les vagues d'Allemands qui commencent à attaquer le village de Vaux à partir du 8 mars. Les maisons du village, comme les fermes isolées, ont été naturellement rasées, incendiées par les tirs d'artillerie, mais les décombres constituent des barricades très efficaces. Les Allemands ont découvert qu'un village détruit pouvait devenir une forteresse impossible à enlever. De fait, à Vaux, tous les assauts échouent.

Les Allemands ont constamment bombardé le fort, mais sa masse de maçonnerie et de béton a résisté à tous les obus. L'ouvrage est intact, il peut être défendu. Aux deux casemates dites de Bourges, un 75 manque, mais la tourelle est un excellent observatoire. Les 8, 9 et 10 mars, les Allemands ont essayé, en pure perte, de donner l'assaut. Ils voulaient descendre par les ravins de la Caillette et de la Fausse-Côte vers Souville. Le fort de Vaux leur barrait la route. Ils devaient s'en emparer.

Il n'avait alors pour garnison que deux compagnies du 77e territorial (recruté en Anjou) pour creuser des tranchées. Les unités combattantes étaient déployées autour du fort, dans les bois et les ravins, deux régiments d'infanterie occupaient le cimetière, le village, les bois de la Caillette à Damloup. Ils avaient tenu bon contre les assauts de la brigade allemande Guretski-Cornitz, constituée d'unités d'élite. Les tirs de mitrailleuses avaient contraint l'adversaire à se retirer. Les assauts allemands devaient se répéter pendant quarante-huit heures, sans succès. Dans le fort, la garnison était aux aguets, mais n'avait jamais été aux premières lignes : les vagues d'attaques s'étaient arrêtées au pied des fortifications. En juin, le Kronprinz avait juré de submerger l'obstacle sous une marée de feu roulant.

*
* *

Il fallait d'abord s'emparer des défenses qui entouraient le fort, pour l'isoler et donner ensuite tranquillement l'assaut. La bataille pour prendre Vaux se déroulait donc largement à l'extérieur, à partir du bois de la Caillette, vers l'ouest du front, avec l'ouvrage de Thiaumont et du bois de Nawé jusqu'à l'étang de Vaux et aux défenses de Vaux-de-Damloup, avec un chapelet de points fortifiés sommairement désignés sur les cartes comme R1, R2, R3, R4. À l'est du fort de Vaux, une ligne de trous d'obus reliés par des boyaux, courait de la corne nord-est, contournait le fond de la Horgne et atteignait le village de Damloup que tenaient encore les Français. La bataille gagnera progressivement à l'arrière de cette ligne le bois de Vaux-Chapitre et celui de Fumin, de Vaux-Régnier et le bois de la Laufée, le fond de la Caillette et celui de Dicourt. Le plan allemand est de déborder l'ouvrage à l'ouest par le ravin de Bazil et le ravin des Fontaines, à l'est par Damloup.

Le bombardement avait anéanti nombre de tranchées françaises qui tenaient cette ligne entre Vaux et Damloup. Les 24e et 28e régiments étaient presque entièrement détruits avant le début de l'attaque allemande. Il en était de même du 5e régiment, qui tenait une position voisine. Le commandant Bach, qui devait donner son nom à un ouvrage, avait été écrasé par un obus de 420 tombé sur sa redoute.

Les troupes montaient en ligne, au secours des premiers postes, sans connaître la position de l'ennemi, en se fiant, la nuit, aux étoiles. D'autres cheminaient en plein jour, prenant tous les risques pour empêcher les

Stosstruppen de percer la ligne. Très souvent ils tombaient sur des boyaux vides, car les Allemands, contrairement aux Français, qui s'accrochaient, coûte que coûte au terrain reconquis, abandonnaient les ouvrages qu'ils avaient occupés, se contentant d'y faire des prisonniers. Ils avaient en effet les moyens, grâce à la précision de leurs tirs d'artillerie, à la mobilité de leurs batteries, de reprendre à volonté ces positions de première ligne que leur feu infernal privait de leurs défenseurs.

Leur attaque était partie d'Hardaumont, dont ils avaient chassé les Français. Ils tenaient solidement le ravin de Bazil, qui donnait accès aux abords immédiats du fort. Ils avaient suivi le ravin de la Fausse-Côte, franchi la digue, débouché dans le bois Fumin et pris à partie les trois retranchements français qui leur faisaient face. S'ils les enlevaient, ils pouvaient cerner le fort.

Le général Pont, de la 6e division, était envoyé à la rescousse. Ses unités s'épuisaient en essayant d'avancer sur un terrain bouleversé, soumis de jour et de nuit aux tirs d'artillerie. Il subissait de telles pertes que ses bataillons devaient être retirés du combat, remplacés par la 52e division de Boyer, forte de cinq régiments d'infanterie et de deux bataillons de chasseurs à pied. Une fois de plus, les Français répondaient à la menace en précipitant les fantassins sous le feu des canons.

Le 2 juin, les assaillants arrivaient à proximité immédiate du fort, en pleine nuit. Les survivants de la tranchée de Besançon, tous du 101e d'infanterie, parvenaient à trouver asile à l'intérieur de l'ouvrage. Les Allemands longeaient alors le fossé nord et tombaient à revers sur des soldats du 142e, commandés par Chevassu. Un hercule, le capitaine Tabourot, animait la résistance, mais il perdait bientôt ses jambes et mourait au poste de secours en disant au sergent Mathieu :

– Toi qui es de Dijon, si tu reviens de la guerre, dis à ma femme de quelle façon je suis mort.

Cependant les Allemands s'étaient emparés de Damloup presque par surprise, en profitant du brouillard. Les défenseurs n'étaient pas assez nombreux dans ce secteur pour faire face à l'ennemi : on avait étiré les lignes avec imprudence. La prise de cette position marquait le début dc l'encerclement du fort. Seules subsistaient au-dehors quelques sections encore en armes, commandées par Chevassu, et qui défendaient les tranchées bouleversées de Belfort, Saverne et d'Altkirch. Les mitrailleuses de ce quarteron de braves tiraient toujours et repoussaient les attaques ennemies. Un lieutenant prenait lui-même la pelle pour organiser un boyau. Un aspirant ralliait les soldats perdus, pour récupérer des effectifs. Une compagnie du 101e totalement encerclée résistait encore dans un point fortifié. Ceux qui ravitaillaient en eau les défenseurs, au péril de leur vie, étaient reçus comme des sauveurs. Le front craquait de toutes parts, quand Lebrun fit monter en ligne les six régiments de la 63e division d'Hirschauer. Le sacrifice des défenseurs du fort serait vain, si l'on ne parvenait à rompre leur encerclement.

*
* *

Vaux n'était pas en bon état. Les bombardements qu'il avait subis l'avaient fortement secoué. Mais la dalle de béton de la caserne avait résisté aux obus de 305, de 380 et même de 420. Il est vrai que la dalle du couloir de communication avec la tourelle de 75 était crevée. On voyait le jour au travers. Les pièces de 75 avaient été enlevées. Mais le cuvelage et les abris en sous-sol étaient intacts, de là des mitrailleuses pouvaient battre les abords. Les banquettes et les parapets au-dessus du fort avaient subi de très graves dommages, mais les observatoires cuirassés avaient résisté. Les deux casemates dites de Bourges étaient intactes, ainsi que les coffres de flanquement.

Il est vrai que des portions entières de la contre-escarpe avaient roulé dans les fossés qu'elles obstruaient. L'entrée par le sud s'était écroulée. On pénétrait dans le fort par les coffres du nord-ouest ou du nord-est, qui donnaient accès à la tranchée de Belfort. Ces deux entrées n'avaient qu'un défaut : elles s'ouvraient dans la direction d'attaque de l'assaillant. Les réseaux de fil de fer qui entouraient l'ouvrage avaient été détruits par le bombardement. Les éléments de défense étaient donc loin d'être en parfait état. Mais on pouvait mettre en batterie des mitrailleuses dans la tourelle, dans les casemates et dans les coffres pour arroser le glacis et interdire l'approche.

À l'intérieur, une poignée de troupes disparates : cent vingt fantassins du 142e commandés par le lieutenant Alvirol, une compagnie de mitrailleuse du même régiment, avec ses serveurs, plus une trentaine de sapeurs, une vingtaine d'infirmiers, brancardiers et téléphonistes, autant de territoriaux pour les corvées, au total trois cents défenseurs, aux ordres du commandant Raynal.

Ce vieux soldat avait été deux fois blessé au front, il servait au 95e d'infanterie avec le grade de chef de bataillon depuis le 24 août 1914. À quarante-neuf ans, il avait demandé un poste où il pût servir sans avoir à se déplacer, car il marchait avec l'aide d'une canne. Il savait que le fort n'avait de réserves de vivres que pour quinze jours, de l'eau pour douze jours. Dès le 1er juin, le commandant n'ignorait pas qu'il devrait subir le gros de l'attaque allemande. Il s'y attendait, il s'y résignait. Le sergent Alfred Scurmann, du 142e d'infanterie rapporte ses paroles, quand il passa en revue les défenseurs : « Vous êtes ici pour défendre le fort, je compte sur vous et sachez qu'ici, on se fait tuer, mais on ne se rend pas. »

L'assaut contre le fort lui-même avait commencé le 2 juin avant l'aube. Les vagues avaient déferlé dans la tranchée de Besançon à l'ouest, dans celle de Belfort à l'est et sur tous les versants nord et est qui regardaient vers les lignes allemandes. Les défenseurs de la tranchée de Besançon s'étaient glissés dans le fort par le coffre double, dont un canon-revolver et les mitrailleuses interdisaient l'accès à l'ennemi. Les Allemands essayaient aussitôt de forcer le passage des coffres, double au nord-ouest, simple au nord-est. On se battait furieusement dans les gaines qui, à partir des coffres, conduisaient à l'intérieur. Le commandant Raynal organisait une corvée de sacs de sable, pour dresser des barricades successives dans les couloirs.

À l'extérieur, après la prise de Damloup, l'ennemi tient le versant sud. Le bataillon Chevassu se bat toujours vers l'est, disputant aux Allemands la tranchée de Montbéliard, contre-attaquant sur celle de Belfort ; les Français sont submergés par les renforts allemands qui se bousculent presque. Dans ce secteur du front, le combat d'infanterie n'est pas égal. Vu d'avion, le champ de bataille montre les rares îlots de résistance française, l'ouvrage R1, la tranchée de Belfort, entourés de grappes de petits hommes en gris-vert qui se suivent par lignes dans les ravins et les boyaux, pour s'agglutiner devant les ouvrages. À midi, le 2 juin, les observateurs des ballons signalent qu'ils ont aperçu une quarantaine d'Allemands au-dessus du fort, cachés dans des trous d'obus. Les assaillants se groupent, très nombreux, dans les anciennes tranchées françaises. Ils attendent l'heure de l'assaut général.

À quinze heures, on reçoit un pigeon voyageur du fort de Vaux : « L'ennemi s'est emparé des coffres nord-est et nord-ouest, dit le commandant Raynal. Je poursuis la lutte dans les gaines. Nombreux réfugiés et blessés. Officiers et soldats font tout leur devoir et lutteront jusqu'au bout. »

Dix-neuf heures : les observateurs de la redoute de Fleury observent Vaux à la jumelle. Ils remarquent des lignes de fantassins allemands qui grimpent sur le fort, venant du nord, s'engouffrent dans la corne nord-ouest et disparaissent à l'intérieur.

Deux heures du matin, 3 juin : le commandant Raynal peut encore envoyer un message optique : « Situation inchangée. L'ennemi travaille sur les dessus et autour de l'ouvrage. Faire battre le fort par petits calibres. L'ennemi occupe en nombre nos anciennes tranchées et les a renforcées. Il semble avoir une tranchée armée mitrailleuse face au sud-ouest, non loin du fossé de la gorge. »

En fait, cette mitrailleuse a été hissée sur les hauts du fort et permet de battre le côté sud, le seul qui résiste encore, et d'empêcher les contre-attaques. Pourtant les mitrailleuses du bataillon Chevassu du 142e d'infanterie tiennent toujours la face sud du fort sous leur feu et empêchent les Allemands d'y accéder de ce côté-là. Le 2 au soir, ces derniers occupent toutes les autres faces, mais pas encore le sud.

Ils semblent hésiter à l'entrée du fort. La barricade de sacs de sable ne peut les retenir longtemps. Dans l'escalier, ils s'avancent pieds nus la nuit pour ne pas éveiller l'attention des Français qui ont disposé partout des boîtes de conserves. Elles signalent le passage de l'ennemi dans un bruit assourdissant ; une charge explose dans l'escalier : l'entrée est libre. Les spécialistes du Génie approchent avec des tubes à charbon et coaltar pour répandre de l'acide carbonique. On projette des liquides enflammés. Les Français reculent, mais contre-attaquent avec toutes les armes qui leur tombent sous la main. Un simple soldat, Cahussac, se bat comme un lion à la brèche du coffre nord-ouest. Cette défense désespérée a-t-elle une autre issue que la mort ?

*
* *

3 juin. Six heures du matin. Le général Lebrun téléphone à Tatin qui commande la 124e division à peine montée en ligne.

– Le fort doit être repris coûte que coûte, au moyen d'une attaque menée au besoin par le général de division en personne.

Lebrun s'impatiente, mais que peut faire Tatin ? Les Allemands ont eu tout le temps de poster des nids de mitrailleuses dans les positions françaises qu'ils ont retournées. Pour empêcher la montée en ligne des renforts, les bombardements lourds affectent les régions de l'arrière immédiat, les bois de Vaux-Chapitre, de Vaux-Régnier, les ouvrages de Souville et de Tavannes, où se rassemblent les unités fraîches.

Quand un bataillon du 305e d'infanterie (général Legrand, 27e division) pousse sur le signal de la Caillette, très à l'ouest du fort, au débouché du ravin de Bazil, il est ajusté par les mitrailleuses ennemies. Une seule compagnie peut progresser pas à pas, dans le bois de Vaux-Chapitre.

Tatin attaque enfin : deux bataillons seulement du 53e d'infanterie, commandés par le colonel Bernard se lancent à l'assaut. Les troupes sont déjà décimées par plusieurs jours de bombardement allemand. Elles sont exténuées, assoiffées. Au lieu de gagner du terrain, les fantassins doivent repousser une avancée allemande sur la tranchée de Belfort. Les mitrailleuses du caporal Réveille font merveille : l'ennemi est repoussé.

Le 53e se prépare à remonter sur le fort. Il est alors pris à partie par un très violent tir de l'artillerie française. Les fusées n'y font rien, les 75 et les 155 sont déchaînés. Les mitrailleuses tombent dans des trous monstrueux ou sautent en l'air avec leurs servants. Méthodiquement, l'artillerie française bat les tranchées où les poilus se terraient, fous furieux de tomber sous des éclats d'obus de Saint-Chamond ou de Firminy. L'héroïque commandant Chevassu en prenait un dans la tête.

À l'intérieur du fort, les combats acharnés se poursuivaient dans la poussière et l'odeur de poudre, d'excréments, de cadavres. Les Allemands avaient fait monter des terrassiers en haut du fort pour boucher toutes les issues et enfumer les défenseurs. Seraient-ils asphyxiés ? Les deux ventilateurs de la place étaient en panne. Une fumée noire envoyée par les assaillants entrait dans les casemates. On dégageait les sacs de sable qui obstruaient les fenêtres, pour respirer. Des hommes rendus fous par le siège sautaient au-dehors. Le commandant Raynal dut refermer toutes les issues.

Les Allemands forcent le barrage de droite par des jets de lance-flammes. Personne ne peut résister à cet enfer. « Quelques grenadiers nous arrivent, les cheveux, les sourcils roussis, plus rien d'humain, explique le caporal-brigadier Vanier, du 101e d'infanterie... Quelques hommes commencent à perdre la tête, le lieutenant Bazy qui est au barrage se jette sur la mitrailleuse en arrière, tire dans les Boches qui avancent... Il est comme fou, il faut le prendre, pour l'attacher. Il veut se tuer. » Le sergent Mathieu, du 142e, est à demi asphyxié : « Enfiévrés, dit-il, les hommes ne demandaient qu'à boire et ne pouvaient goûter aux aliments. L'air était empoisonné par la fumée des gaz, de la poudre et de la poussière ; la couche était telle que les lampes s'éteignaient et que les lampes électriques ne parvenaient à percer sa profondeur à plus de cinquante centimètres. Les hommes étaient si faibles qu'à chaque instant, plusieurs tombaient en syncope. »

Vers midi, ce 4 juin, un pigeon blessé était arrivé à l'arrière. On avait recueilli son message : « Tenons toujours, mais subissons une attaque par les gaz et des fumées très dangereuses. Il y a urgence à nous dégager, faites-nous donner de suite communication optique par Souville, qui ne répond pas à nos appels. C'est mon dernier pigeon. »

Raynal guette à la jumelle le fort de Souville. Rien ne vient. Le commandant décide alors une évacuation partielle. Il garde sur place les mitrailleuses, le Génie, les blessés qui ne peuvent pas marcher et une poignée de défenseurs. Les autres tenteront leur chance.

Une avant-garde se met en route, derrière l'aspirant Buffet et le caporal-fourrier Bordais : neuf hommes, qui se glissent dans la nuit éclairée ponctuellement de fusées. Ils ont le plus grand mal à échapper au tir de barrage et se présentent au colonel Destenave, qui tient le fort de Tavannes. Celui-ci fait son rapport à Tatin, qui transmet. On demande à Buffet et au sergent Fretté s'ils sont prêts à repartir pour apporter à Raynal les instructions du général. Ces deux hommes exténués, qui ont cent fois échappé à la mort, acceptent sans murmure l'infernale mission pour sauver leurs camarades.

Ils repartent de nuit, marchent à travers les trous d'obus à la boussole. Ils se séparent pour que l'un d'eux au moins touche au but, si l'autre est tué par le canon ennemi. On les repère du haut du fort. Ils sont hissés sur la muraille à demi détruite, conduits à Raynal qui, dit Buffet, « pousse un cri de joie et me serre dans ses bras ». Il a appris par cœur le message, pour qu'il ne tombe pas aux mains de l'ennemi : une contre-attaque, annonce-t-il, est lancée.

Elle a de si faibles effectifs qu'elle ne parvient pas jusqu'au fort. Les attaques allemandes reprennent, au matin du 5 juin, après un bombardement aux gaz asphyxiants. Un barrage de la gaine nord-est doit être abandonné, mais les assiégés résistent encore derrière des sacs de sable, tirant à la mitrailleuse. À l'extérieur, une nouvelle opération est prévue par le colonel Andlauer, de la 63e division Hirschauer. Elle échoue sous le tir allemand, et aussi sous les obus trop courts des Français. Une autre tentative, le 6 juin à deux heures du matin, est menée par deux compagnies dont la moitié des hommes sont tués par les grenades. Deux autres compagnies arrivent jusqu'au fossé, mais périssent sous la mitraille. Une poignée de soldats échappent à la mort, encerclés par l'ennemi.

*
* *

Peut-on encore sauver le fort ? Nivelle monte une dernière attaque, le 8 juin à quatre heures trente, avec le deuxième de zouaves et le régiment colonial du Maroc. Le commandement de la deuxième armée a eu connaissance par son service de renseignements du dispositif allemand dans le secteur. Il sait [1] que le corps alpin, débarqué à Longuyon est intervenu dans la bataille. Ses hommes sont « très déprimés moralement et physiquement ». Ils arrivent de Serbie où ils n'ont pas tiré un coup de feu. Mais on note dans leurs rangs des cas de typhus, du fait des privations et de la fatigue des marches forcées. L'ennemi a engagé dans la bataille de juin deux divisions bavaroises qui sont fatiguées, la 7e division de réserve dans le secteur de la Caillette et deux divisions d'infanterie dans l'offensive autour de Vaux. En première ligne, ces unités montent à l'assaut par deux régiments accolés qui ont chacun deux bataillons en avant, un troisième en renfort. L'attaque du 1er juin « a été l'une des plus fortes, écrit le chef du 2e bureau, que l'ennemi ait tentée depuis le début de la bataille de Verdun ». Elle s'est déroulée sur un front de cinq kilomètres avec l'emploi de deux régiments de réserve seulement. Les disponibilités immédiates de l'adversaire seraient donc limitées, croit Nivelle, puisqu'il est obligé de remplacer les bataillons décimés par des unités voisines. Les pertes ont été lourdes dans le secteur les 1er, 2 et 3 juin.

Il semble donc qu'une contre-attaque puisse réussir. La brigade de marche constituée sera commandée par le colonel Savy. Elle sera transportée dans le secteur en camions, les hommes recevant quatre jours de vivres, deux musettes pour les cartouches et les grenades, deux bidons pleins, quatre sacs de terre vide et des outils de pionniers. Ils seront précédés par des guides et suivis de sections du génie portant des grenades asphyxiantes

1. *Idem*, p. 1303.

pour enfumer les coffres, des tringles de cheddite pour faire sauter les blockhaus, des bombes pour les abris. Ils partiront des tranchées Belfort, Montbéliard et Besançon en empruntant exclusivement le boyau Altkirch.

L'aviation est invitée à survoler constamment les positions pour signaler par radio les mouvements de l'ennemi. Une dizaine de batteries de 75 assureront la préparation, avec un groupe de 90, des mortiers de 75T et des 65 de montagne. Le barrage doit être « absolument continu, même pendant l'opération [1] ». L'infanterie signalera ses positions par fusées. Des batteries de 155 courts devront battre le dessus du fort ainsi que ses pentes. Le général Hirschauer prévient Nivelle qu'il dispose de peu de troupes fraîches en cas d'échec des coloniaux : cinq bataillons, au maximum. Les autres ont été décimés. Ils étaient parfois en ligne depuis quatre jours dans ces secteurs meurtriers.

Pétain, qui commande le groupe des armées du centre, reçoit les demandes de Nivelle en renforcement de l'artillerie. Il écrit à Joffre, à la veille de l'attaque prévue, qu'il a déjà renforcé la 2e armée de deux groupes de 155. C'est tout ce qu'il peut faire. Il prévoit, à partir du 13 juin, la livraison de trois nouveaux groupes de 155 [2]. Il exige qu'on lui expédie en renfort ces canons modernes à tir rapide. Ils seront, dit-il, « à peine suffisants pour compenser les pertes de l'artillerie lourde courte en matériel et en personnel ». Pour le moment, il ne peut prélever d'autres groupes pour les faire concourir à l'offensive Nivelle.

---

1. *Idem,* Annexe n° 987 de la 63e D.I. Ordre signé Hirschauer, p. 1324.

2. *Idem*, p. 1335. Annexe 996 du Groupe des armées du centre, signée Pétain.

Cela n'empêche pas ce dernier d'envoyer le 7 juin cet ordre au général Lebrun, commandant le groupement du secteur : « La brigade mixte... soutenue par une puissante artillerie, animée par la volonté inébranlable d'aller jusqu'au bout de sa tâche, abordera l'ennemi avec le magnifique élan accoutumé et ajoutera de nouveaux lauriers à ceux qui couvrent déjà ses drapeaux... Bonne chance, camarades, et vive la France ! »

Le poste de Souville passe toutes les deux heures les messages de Joffre au commandant Raynal. L'un d'eux l'informe qu'il est nommé commandeur de la Légion d'honneur. « Aucune réponse du fort de Vaux, sinon des bribes de phrases. À partir de trois heures cinquante, dit l'officier de service, dans la nuit du 7 au 8, le poste ne fait plus de signaux. »

L'attaque de la dernière chance est un échec que Lebrun fait connaître à Nivelle par un compte-rendu expédié à quatorze heures : les Allemands ont engagé un assaut dans le secteur, en pleine nuit, à deux heures trente. Ont-ils été renseignés par des interrogatoires de prisonniers ou des observations aériennes ? Repoussés une première fois, ils ont rattaqué une demi-heure plus tard, après un violent bombardement. La colonne française a été décimée en partie avant de gagner ses positions d'attaque qu'elle a occupées sous la pluie battante, en marchant dans la boue. Les fusées allemandes ont averti l'artillerie dès le départ des compagnies. Le bataillon du centre, accablé par des tirs de mitrailleuses, a dû regagner ses emplacements. L'ensemble du secteur a été battu par des obus à gaz lacrymogène. La brigade coloniale a perdu deux cent trente-huit hommes.

*
* *

Ce compte rendu laconique du général Lebrun reflète-t-il la réalité du dernier combat pour sauver le fort de Vaux ? Un témoignage du commandant P. (probablement Perron) cité par Péricard, accuse Nivelle d'avoir inutilement commandé une attaque alors que le fort de Vaux était déjà tombé, au nom de « l'honneur militaire ». Le mouvement n'avait aucune chance de réussir, dans l'état de fatigue des hommes et leur méconnaissance du secteur. Le commandant Jérôme, qui avait attaqué à l'ouest du fort, s'était fait tuer dans les premiers. Au bataillon du centre, les compagnies étaient réduites à vingt-cinq hommes, les officiers étaient morts.

Une explosion faisait alors trembler les murs du fort. Une épaisse fumée sortait d'une casemate. Les Allemands l'avaient dynamitée. Les tirs de l'artillerie française étaient inefficaces, l'aviation insuffisante. Les accidents de tir étaient continuels et les obus qui tombaient sur les lignes françaises provoquaient la colère des poilus. Mis en accusation, les artilleurs se sont défendus. Le chef d'escadron Martin-Decan a pris la défense de ses Gascons, qui ne pouvaient toucher, avec leurs tirs de 75 les batteries ennemies hors de portée, mais qui en subissaient constamment le feu. Les observatoires étaient aveugles, les communications la plupart du temps rompues. Les coureurs étaient la seule liaison, très aléatoire, avec l'infanterie, car la fumée empêchait de repérer les fusées. Les canons détruits ne pouvaient être remplacés avant la nuit suivante. Les pertes, chez les artilleurs, étaient lourdes.

Les plaintes des officiers d'infanterie remontaient jusqu'à Nivelle. Il savait qu'Hirschauer n'avait plus en ligne que la moitié environ de ses effectifs. Il diffusait une note, le lendemain de la tragédie du 8 juin, à l'intention des chefs de groupement. Il regrettait que les Français ne se soient pas inspiré des méthodes d'attaque de l'ennemi dont l'infanterie « signalait sa présence à son artillerie par des fusées lancées en des points déterminés à l'avance, sur lesquels les observateurs d'artillerie prévenus concentraient leur attention ». Ces considérations théoriques indignaient les chefs de bataillon. Les hommes qui portaient à l'heure de l'assaut les fusées au bout de longs bâtons pouvaient-ils rechercher et retrouver sur le terrain boueux de l'attaque, sous la pluie battante, dans la poussière des explosions, les points où il fallait avertir nos artilleurs de ne plus tirer, et, dans ces conditions, les batteries pouvaient-elles repérer les fusées ?

Quand les coloniaux avaient pris le départ, à quatre heures trente du matin, ils ne pouvaient pas savoir que la garnison du fort s'était déjà rendue, acculée par la soif. À six heures, le 7 juin, le lieutenant allemand Muller-Verner, du 39e régiment de Westphalie, était introduit auprès du commandant Raynal. L'accord de capitulation avec les honneurs de la guerre était conclu. Les Allemands entraient dans la place en silence, saluant les défenseurs accablés.

Le Kronprinz tenait sa victoire. La presse allemande pourrait titrer à la une : « Vaux est tombé. » Dans un assez bon français, il déclarait « admirable » la résistance de l'ennemi et présentait à Raynal un coupe-choux de sapeur, n'ayant pu trouver son épée.

Le commandant n'en avait pas. Il avait dirigé la défense armé de sa canne et de son revolver.

« L'arme est modeste et glorieuse », lui avait dit le Kronprinz. Il l'accepta, en remerciant de l'hommage rendu à ses « humbles camarades ». Le Kronprinz l'avait rappelé peu après, ayant découvert une épée d'officier.

Ainsi se terminait, le 7 juin 1916, la résistance héroïque du fort de Vaux. Nivelle n'avait eu connaissance de la reddition de Raynal que par un communiqué allemand. Fallait-il le croire ? Il ne pouvait prendre sur lui d'en avertir le général en chef. Ainsi l'ordre d'attaque, pour le 8 avant l'aube, avait-il été maintenu. Une brigade serait sacrifiée pour sauver les défenseurs d'un fort qui avaient été déjà évacués par l'ennemi. Ni Pétain, chef du groupe des armées du centre, ni Joffre n'avaient été en mesure de décommander. Ils ignoraient tout simplement que le commandant Raynal s'était rendu.

*

* *

Le 8 juin, une note de Nivelle à Lebrun prescrivait l'évacuation totale de tout le personnel non-combattant des forts de Souville, de Tavannes et de la Laufée, « dans le plus bref délai ». La victoire allemande de Vaux risquait de déborder cette dernière ligne de défense française avant Verdun. Les Allemands continuaient leurs attaques sur l'ensemble du front et l'usure de leurs adversaires devenait préoccupante pour l'état-major de Nivelle. Les troupes d'infanterie garderaient-elles leur moral ?

Une note du général Nollet datée du 7 juin [1] donnait des inquiétudes, en dépit du ton rassurant du chef du 12e corps dont le centre de recrutement en 1914 était Limoges : « Je tiens peu de compte, disait-il, des menus incidents dont je vous ai entretenu et des quelques récriminations sans gravité parvenues à ma connais-

1. *Idem*, annexe n° 1005 du XIIe corps d'armée, p. 1349.

sance : ce n'est pas d'aujourd'hui que les bons soldats grognent et marchent tout de même. Je crois que la troupe est incapable d'une défaillance préméditée. Mais elle est dans un état de fatigue réel, et par suite dans de mauvaises conditions pour supporter des bombardements violents et prolongés. » Et de relever les cas de dépression nerveuse, de lassitude et d'« atonie ». Comment s'en étonner ? Le XIIe corps, depuis juillet 1915, n'a pas connu de vrai repos. Très affaibli dans l'Artois, il l'a été plus encore pendant l'hiver, par des séries d'opérations meurtrières. Il est en secteur à Verdun depuis soixante-trois jours, il a déjà perdu trois mille cinq cents hommes au feu. Le général se plaint de l'inégalité de traitement des divisions en première ligne : « Le départ des unités voisines après un séjour beaucoup plus court amène chez (le soldat) une lassitude que l'on n'a pas essayé assez tôt de combattre par l'octroi de permissions. » Sans doute le corps d'armée peut-il « durer » avec des relèves partielles. S'il n'est pas très vite envoyé à l'arrière, il faut s'attendre, explique Nollet, à des « défaillances physiques » qui seraient autant de « mécomptes ». La 56e division a subi une violente attaque, le 25 mai, au bois de Nawé, elle ne s'en est pas remise. Elle a dû être renforcée par des éléments des 213e et 24e divisions.

Pétain avait alerté Joffre sur l'usure terrifiante des grandes unités. Il demandait alors l'envoi immédiat de deux divisions fraîches sur le front de Verdun, qui était à bout de souffle. Dans ces conditions d'épuisement, Nivelle n'avait pu trouver qu'une brigade pour tenter de dégager Vaux. « Cet envoi, disait Pétain, devra être suivi à brève échéance d'autres envois, étant donné qu'actuellement l'usure des grandes unités sur le front de Verdun doit être évaluée non plus à une division tous les deux jours comme précédemment, mais bien à deux divisions tous les trois jours. »

L'holocauste, depuis le début de juin, accélérait son rythme. Dès le 27 mai, Nivelle, prévoyant la nécessité d'un nouveau recul, donnait des ordres pour organiser une deuxième ligne de défense, ce qui n'avait pu être envisagé jusque-là. À la demande pressante de Nollet qui craignait pour le moral de ses troupes (la 151e division, qui avait remplacé la 56e était à son tour épuisée), il répondait que le retrait de deux divisions du XIIe corps d'armée « ne pouvait être envisagé pour le moment, et qu'il n'était pas possible de préciser l'époque à laquelle une division fraîche pourrait être attribuée au groupement ». Il n'était pas hostile aux permissions à condition qu'elles concernent les troupes au repos. Mais elles ne pouvaient être distribuées que « dans une mesure raisonnable aux troupes de l'avant, à titre de récompense ». Dans le secteur défendu par Nollet, la ferme Thiaumont et le bois Nawé : le but de la prochaine attaque allemande, après Vaux.

*
* *

À partir des bois d'Haudromont, dont ils sont maîtres, les bataillons d'assaut bavarois peuvent en effet tenter de déferler vers le sud en suivant la ligne Douaumont-Verdun. Il leur faut éviter à la fois les feux de l'ouvrage de la Froideterre sur leur aile droite et ceux du village fortifié de Fleury sur leur flanc gauche. Mais pour arriver à cette hauteur du front, presque à proximité immédiate de Verdun, il leur faut franchir trois obstacles : la ferme Thiaumont, l'ouvrage de Thiaumont plus au sud et le bois des Vignes, sous le feu des canons de Froideterre. Un programme d'attaque qui ne manque pas d'embûches.

Comme Nivelle et Joffre, Falkenhayn est critiqué en Allemagne par tous ceux, journalistes, parlementaires et même ministres, qui pensent que l'on n'obtient rien à Verdun et que cette offensive était un leurre. Le chancelier de Bethmann-Hollweg est accusé de ménager les neutres et d'interrompre indûment la guerre sous-marine qui causait de grands dommages dans la flotte anglaise de commerce, sous prétexte de réconcilier les États-Unis. La politique du chancelier a provoqué la démission de l'amiral von Tirpitz, père de la grande flotte allemande, homme de confiance de l'empereur. Une brochure rédigée par un haut fonctionnaire prussien, Kapp, circule sous le manteau et accuse le chancelier de trahison. Souhaite-t-il vraiment la victoire de l'Allemagne ?

Il a réagi vivement contre les révolutionnaires socialistes, comme Karl Liebknecht, qui ont défilé le 1er mai dans les rues de Berlin en criant « à bas la guerre ». Ils étaient présents à Kienthal en Suisse, au mois d'avril, ainsi que trois socialistes minoritaires français, pour demander la fin des combats. Liebknecht a été jeté en prison, mais la politique du chancelier est de plus en plus critiquée à droite. On commence à murmurer qu'il n'ose pas changer le chef d'état-major général, qui laisse les troupes allemandes piétiner à Verdun et reculer à l'est devant l'offensive de Broussilov.

La doctrine de Falkenhayn s'était infléchie. Certes il annonçait encore son intention de percer à Verdun. Le Kronprinz en avait fait son affaire personnelle. Mais il donnait de plus en plus à l'opération Verdun le but d'« user » l'armée française et de la rendre incapable de toute nouvelle offensive. Son chef d'état-major, le général Schmidt von Knobelsdorff, poussait de tout son poids à l'intensification de l'effort. Les vingt divisions en ligne devant Verdun, soutenues par une artillerie encore renforcée, devaient user les vingt-quatre divisions que Joffre consentait à renouveler en permanence sur le front de Meuse. Encore était-il indispensable que les pertes françaises fussent continuellement supérieures aux allemandes. Dans ce but avait été engagée la nouvelle offensive de juin, qui avait déjà eu pour heureux résultat la prise du fort de Vaux.

Les troupes françaises, épuisées par le bombardement continuel pourront-elles résister à cette nouvelle pression ? Pour contenir le choc de l'ennemi : la 52e division, recrutée d'abord à Mézières, dans les Ardennes et constamment recomplétée depuis, notamment par des recrues de la région parisienne. Le colonel Bernard commande la 103e brigade, qui fait partie de cette division. Son 291e régiment tient le « bois triangulaire », pendant que les pionniers du 347e sont retranchés dans des abris. Ils ne peuvent empêcher les assaillants de s'emparer, le 8 juin, de l'ouvrage de Thiaumont. Au lieu de pousser directement vers le sud, les vagues allemandes se replient dans la direction de Vaux et enlèvent l'ouvrage R1 qui tenait encore, grâce aux fantassins exténués de la 63e division d'infanterie recrutée en 1914 à Clermont-Ferrand, en particulier ceux du 298e et du 238e. Ils furent submergés par les vagues de grenadiers bavarois qui ne faisaient pas de quartier.

Nollet envoyait aussitôt en ligne un régiment (le 137e de Fontenay-le-Comte) d'une des divisions qu'avait dégagées Pétain, la 21e recrutée en Vendée et qui avait autrefois combattu à la glorieuse 5e armée de Lanrezac. Lebrun, chef du groupement, demandait une « action rapide ». Les Français réoccupaient l'ouvrage de Thiaumont abandonné par l'ennemi, mais non la ferme, où il s'était déjà retranché. Quelques groupes d'Allemands gagnaient alors le sud, sur la route proche de Fleury. Ils furent arrêtés par cent vingt sapeurs du Génie déployés en tirailleurs, dont le chef avait pris le parti d'abandonner les pelles et les pioches et de prendre les fusils. Il permettait ainsi aux renforts de surgir et de repousser les colonnes.

Des initiatives de ce genre ont été nombreuses ce jour-là sur le front du général Nollet, qui avait perdu le contact avec ses hommes submergés par le bombardement et décimés par les grenadiers et les porteurs de lance-flammes. Les défaillances que redoutait Nollet se sont-elles manifestées ? Déjà, dans la garnison du fort de Vaux, on savait que les jeunes de la classe 16 étaient les plus ardents à résister, mais que d'autres éléments flanchaient. On connaît, le 8 juin, des cas d'officiers indignes, terrorisés par le feu. Un caporal crache sur un aspirant tapi dans un trou et crie à la compagnie : « Les gars, à mes ordres ! [1] » Un lieutenant dit à son capitaine, qui n'ose prendre la tête du groupe d'assaut : « Je vous laisse la citation que la compagnie est en train de vous gagner, mais laissez-moi les responsabilités que je suis seul en état de prendre. » À la 52e division, le 49e bataillon de chasseurs alpins flanche, ses compagnies se replient sans ordre dans l'après-midi du 10 juin. Le général Lebrun, toujours prompt à réagir, demande les raisons de ce repli et prescrit « les mesures les plus violentes pour l'arrêter ». Nivelle, mis au courant, écrit aussitôt à son subordonné : « Il ne peut y avoir dans l'armée de Verdun que des troupes décidées au dernier sacrifice. » Il tient le même langage que le général

1. Jacques Péricard, *Verdun*, p. 264.

Chrétien, que Joffre, que Pétain lui-même. Deux officiers, les lieutenants Herduin et Milan sont alors arrêtés, jugés sommairement, condamnés à mort et exécutés. Ils s'étaient repliés avec trente-cinq soldats, pour ne pas tomber aux mains des Allemands, comme tant d'autres en ces journées tragiques.

Pourtant les Ardennais avaient résisté avec courage, au prix d'énormes pertes, au 347e régiment, dans le secteur de Thiaumont. Ils avaient été accablés par les gaz asphyxiants ; la première ligne de toute la brigade avait été anéantie par le bombardement avant même le début de l'attaque. Le régiment de Mézières était réduit à trois cent cinquante hommes, tous ses officiers avaient été tués. Il devait être dissous. Les lieutenants fusillés avaient l'estime de leurs collègues, indignés par la sentence. « Ils furent braves devant l'ennemi, expliqua le lieutenant de Saint-Roman. Et, au moment de mourir, plus braves encore devant leur section qui devait les fusiller. La lettre de l'un d'eux à sa femme fait verser des larmes. » Leur crime ? Avoir ordonné un repli nécessaire, alors que les ordres étaient de se faire tuer sur place.

Le commandement suivait-il les efforts de son infanterie débordée ? Sa nervosité s'accroissait du fait qu'il restait dans l'ignorance presque totale, en tout cas prolongée, de la situation réelle du front. Ainsi s'explique la vivacité des réactions, dont la décision de « faire des exemples » parmi les officiers qui avaient de leur propre chef, et sans consulter leurs supérieurs, assumé les reculs. Les documents des archives de la guerre montrent amplement la montée en puissance de la nervosité dans les états-majors lors de l'attaque du 8 au 12 juin. Un message téléphoné le 8 à dix-huit heures vingt-cinq de l'état-major de Dugny (Lebrun) à l'état-major de la 2e armée à Souilly (Nivelle) permet de mettre en doute [1] la capacité des généraux de groupement, de division et même de brigade à suivre la situation de leur secteur : « Un avion a cru voir des fusées allemandes partant de la tranchée française… aucun renseignement n'est encore parvenu et la division de Souville (la 52e) a rendu compte à dix-sept heures vingt-cinq qu'aucune action d'infanterie ne lui avait été signalée. » À cette heure, le front français est submergé. Un message téléphoné expédié par Lebrun qui a ordonné à la 52e division une contre-attaque ne semble pas mieux informé : « Il reproche au général de la division, Boyer, d'avoir engagé son affaire sans renseignements et sans objectifs. » Il lui suggère d'envoyer des reconnaissances « pour savoir où est le front » et d'engager des réserves de brigade « jusqu'au contact de l'ennemi s'il a été perdu et de le maintenir à tout prix sans céder de terrain ». Le dernier conseil est en contradiction avec les ordres répétés d'attaque, diffusés toute la journée : « Ayez soin de ne pas engager follement vos réserves. » À vingt et une heures quarante-cinq, il recommande de « profiter de la nuit pour s'enterrer ». À vingt-trois heures, Lebrun indique que le groupement Nollet (XIIe corps d'armée, à sa gauche) lui a fait connaître « qu'une attaque allemande vient de se déclencher à midi (soit onze heures plus tôt) entre la ferme Thiaumont et le ravin de Bazil ». À dix-sept heures vingt-cinq, le général commandant la 52e division ne le sait pas encore.

Lebrun s'en indigne. Il demande qu'on envoie immédiatement des reconnaissances, « sans attendre l'intervention de l'échelon supérieur. Si l'on craint une

1. S.H.A. *op. cit.*, annexe 1024, p. 1371, tome IV, 2e volume, annexes, 1er volume.

lacune sur le front, il faut s'informer aussitôt et rechercher à tout prix le contact de l'ennemi ». Nollet informe l'État-Major qu'il ne lui est pas possible de donner des précisions sur la situation. Il ignore tout de la position de la division de gauche du groupement Lebrun. Les soldats de la 52e se battent avec acharnement sans que leurs supérieurs soient moindrement informés de leur résistance, pas même le général qui commande leur propre division, Boyer. Il apprend l'enfoncement de sa gauche à dix-huit heures et donne alors l'ordre à la brigade Bernard de contre-attaquer « sans retard, avec la dernière vigueur et énergie ». Malheureusement ce dernier est lui-même sans nouvelles de ses deux bataillons de gauche, « dont il est séparé par un puissant barrage ». Il apprend, à vingt et une heures trente seulement, que ses trois batail- lons de première ligne « sont à peu près anéantis ». Il demande des renforts pour occuper le « terrain intermédiaire », au cas où sa contre-attaque, dont il est sans nouvelles, ne réussirait pas.

– Je n'ai plus aucune troupe sous la main, dit-il au général Boyer.

Même incertitude à la 151e division, également attaquée sur toute sa ligne. Le barrage d'artillerie fait par les Allemands sur la côte de Froideterre empêche le rassemblement des renforts pour une contre-attaque. Le colonel de Roig, chargé d'une brigade, se plaint du téléphone qui ne fonctionne pas. Tous ses coureurs ont été tués. Il est aussi aveugle que Boyer ou Bernard. Il évoque le moral de ses troupes. « Les hommes sont fatigués, explique-t-il, par les bombardements incessants, les pertes subies, le mauvais temps et la longueur du séjour. J'estime qu'il convient de ne pas les laisser longtemps encore dans le secteur. » Faut-il les retirer, en pleine attaque ennemie ? Roig prend l'initiative de contre-attaquer, avec deux maigres compagnies exténuées, pour empêcher la progression des Bavarois dans la tranchée de la Dame et reprendre si possible la ferme de Thiaumont. Hélas ! Il apprend bientôt que ces compagnies « ont perdu la totalité de leurs chefs, elles sont usées et peu aptes à une mission offensive ». Il faut attendre un renfort.

À deux heures trente seulement, Roig réalise que les Allemands ont évacué l'ouvrage de Thiaumont et que les Français ont spontanément, au niveau des compagnies, établi une ligne de résistance dans la tranchée Wagner, jusqu'à l'abri 320 qui ne renferme que des blessés et des morts amis et ennemis.

Le 2e bureau, par les interrogatoires de prisonniers, est-il mieux informé que les commandants d'unités perdus dans les sous-secteurs, sans nouvelles de leurs compagnies éparses ? Il fait savoir, le 9 juin, que l'ennemi a engagé dans la bataille, en première ligne, des bataillons d'au moins neuf régiments (une division et demie) entre le bois Nawé et le ravin de Bazil, essentiellement le corps alpin et les Bavarois. Il n'a aucune idée des réserves allemandes. Le général Nivelle pas davantage. Sa note pour les groupements du 9 juin fait état de la tactique allemande qui consiste à réduire les pertes d'infanterie par les « manœuvres de l'artillerie ». L'ordre général de la journée adressé aux combattants célèbre les victoires de l'armée russe et conclut : « Les efforts désespérés de l'ennemi abhorré se briseront contre notre résistance inébranlable. Il le faut, dussions-nous nous faire tuer sur place, pour que la France vive. »

Le général Lebrun est de plus en plus inquiet. Ses demandes de renfort sont incessantes. Il s'emporte contre les officiers qui ne parviennent pas à établir la liaison avec l'ennemi. Un message téléphoné du 9 juin à dix heures donne l'ordre au général Boyer de « désigner des officiers d'état-major qui, munis d'un ordre de mission donné par vous, iront porter eux-mêmes ces troupes jusqu'au contact immédiat de l'ennemi. » Il exige des rapports écrits. Il renouvelle ses ordres de « ne céder aucun pouce de terrain ». En même temps, il fait savoir aux généraux commandant les secteurs des forts de Souville et Tavannes, en seconde position, de prévoir le changement des territoriaux par les troupes de première ligne, « après repli de ces dernières [1] ».

La 52e division, exténuée, n'a pas été remplacée. Elle est seulement secondée par la 6e, recrutée dans la région parisienne et dont le général est substitué à Boyer, jugé par Nivelle insuffisant, à la tête du secteur de Souville, qu'il est chargé de fortifier et de constituer en deux lignes successives. Le général Lanquetot, qui commande la 151e, implore le 9 juin que l'on relève ses troupes « sous peine de dépasser leur limite de résistance ». Laisse-t-il entendre que le moral est atteint ? La nouvelle du recul de la 52e division est connue de Boyer le 9 juin à deux heures quarante-cinq du matin. Deux heures plus tard, il fait savoir que ses compagnies sont réduites des deux tiers, que les officiers sont tués. Roig signale dans la nuit qu'un bataillon de droite de la 151e division est isolé. « Le sous-lieutenant qui occupait hier avec trois sections la ferme de Thiaumont a disparu sans prévenir personne et sans combat... Nos hommes sont à bout et je crois que des hommes de la 19e (compagnie) ont déserté ou sont disparus. L'artillerie tire trop court et la 19e a déjà perdu sept hommes à neuf heures du matin. » Une note signée Nivelle [2] le

1. *Ibid.*, annexe n° 1102, du 9 juin 1916.

2. *Ibid.*, annexe n° 1129, note de Nivelle à Lebrun, p. 1474.

10 juin prend l'entière responsabilité de la répression pour les cas de défaillance des officiers et des hommes du 347e régiment : « Ces fractions, écrit-il, devaient être relevées la nuit dernière, et, ne l'ayant pas été, elles abandonnaient la première ligne un lendemain de combat... Le bataillon de chasseurs qui devait opérer cette relève aurait été arrêté par les feux de l'artillerie ennemie et n'aurait pas accompli sa mission. Si ces faits, si monstrueux qu'ils soient, étaient confirmés, ils recevraient toutes les sanctions qu'ils comportent. » Et Nivelle menaçait directement Lebrun : « Si ces états de choses ne cessaient pas immédiatement, le commandement en serait rendu responsable. » Ainsi avait été prise, au plus haut niveau, la décision de juger et de punir avec la dernière sévérité les officiers coupables du repli d'une fraction du 347e régiment.

*
* *

Il reste que les généraux de divisions et de brigades étaient devenus circonspects sur les chances des contre-attaques prévues par l'état-major de la IIe armée. Lebrun lui-même voulait se limiter à des opérations ponctuelles. Le général Pont, commandant la 6e division, critiquait le projet d'attaque prévue le 12 juin pour récupérer le terrain perdu depuis le 8. Il n'avait pour soutien que soixante-douze pièces d'artillerie, ce qui pouvait paraître convenable, mais qui n'équilibrait pas la puissance du feu allemand. Surtout les bataillons ne disposaient d'aucune véritable tranchée de départ, d'aucun boyau d'arrivée ou d'évacuation. Ils pouvaient être massacrés par le canon ennemi avant l'attaque. « Je considère comme un devoir, écrivait Pont, de signaler ces risques. » Nivelle est conscient de cette insuffisance des défenses, puisqu'il demande à Joffre des unités de travailleurs, qui les lui accorde. Mais il refuse toujours d'envoyer d'autres renforts, même en artillerie, en dépit des objurgations de Pétain.

Dans une note secrète du 11 juin, celui-ci avertit Joffre que l'artillerie allemande a sans cesse progressé dans le secteur et qu'elle est dans la proportion de deux contre un pour l'artillerie lourde... « Des fléchissements, dit-il [1], se sont produits, d'autres se produiront, et il est à craindre que ceux-ci ne dépassent la portée des précédents. » Il n'y a plus de terrain à céder, plus de recul possible sous peine d'évacuer la rive droite de la Meuse et de permettre ainsi à l'ennemi de tenir le secteur de Verdun avec un minimum de troupes, ce qui rendrait à Falkenhayn sa liberté d'action, par exemple sur le front du Nord. Pétain demande à Joffre de convaincre les Anglais de précipiter leur offensive sur la Somme, qui permettrait de dégager le front de Meuse au plus vite. « Une opération prématurée (sur la Somme) n'est pas, dit-il, à mettre en balance avec le risque de voir tomber Verdun aux mains de l'ennemi. » Ce « succès inestimable » relèverait largement le moral des troupes du Kaiser. « L'opinion, dit-il à Joffre, a actuellement une telle importance qu'il convient de ne pas la méconnaître. » Pour Pétain, le sort de la guerre ne se joue pas sur la Somme mais sur la Meuse.

– Verdun est menacé, et il ne faut pas que Verdun tombe.

Peine perdue : Joffre est déjà engagé, avec Foch et Fayolle, dans la préparation immédiate de l'offensive franco-britannique. Il envoie à Verdun le minimum de

1. S.H.A. Tome IV, 2e volume, annexes, p. 12.

relèves, mais il ne rechigne pas à muter sans cesse les divisions, sans en accroître le nombre global. Peine perdue aussi pour Pont, qui se voit retirer par Nivelle le commandement de l'opération de contre-attaque prévue pour le 12. « Ces officiers généraux, écrit-il la veille, ne se rendent pas compte de la gravité de la situation. » S'ils effectuent un nouveau recul, ils condamnent la présence française sur la rive droite, ils ouvrent les portes de Verdun. La seule solution est de récupérer les positions du 8 juin, pour « donner plus de profondeur à notre organisation ». La 52e division ne présente, dit-il, « aucune garantie ». Le général Toulorge, de la 130e division, sera chargé de l'offensive, qui est maintenue. Les unités relevées de la 52e ne seront pas au repos à l'arrière. Elles seront utilisées pour effectuer les travaux de la première position, et d'une position intermédiaire. Les régiments du général Boyer, décimés au feu, sont donc transformés en brigades de terrassiers. Il est vrai que l'urgence impose ce genre de décisions : si la contre-attaque n'est pas au plus tôt lancée et les positions de repli préparées, la nouvelle offensive de l'ennemi, que le 2e bureau annonce, risque d'enlever la rive droite. Le danger n'a jamais été plus grand.

Joffre, lui-même, conscient de la nécessité de tenir à tout prix Verdun, écrit à Pétain le 12 pour lui annoncer le renouvellement des grandes unités et le renforcement de l'artillerie lourde « au fur et à mesure de la livraison » des nouveaux matériels. Il ne prend aucun engagement sur l'avancement de l'offensive de la Somme, mais rédige un ordre du jour aux soldats de la IIe armée, où il explique que les victoires de Broussilov sur le front russe ont été rendues possibles par la résistance des gens de Verdun. Il fait donc appel à l'« esprit de sacrifice », à l'« ardeur », à l'« amour de la patrie », de ceux qui doivent « tenir jusqu'au bout ». À la veille d'une nouvelle poussée allemande, dont on peut craindre le pire, Joffre tient à relever le moral des unités.

Il a approuvé l'organisation mise en place par le polytechnicien Nivelle pour la réalisation systématique de lignes de résistance dignes de ce nom. Des commandements territoriaux du Génie sont installés sur les deux rives, avec des moyens appropriés pour creuser des 2e et 3e positions et réaliser de véritables organisations défensives, particulièrement dans les forts construits sur un puissant bloc de rocs calcaires, qui devaient recevoir des abris-cavernes, des galeries de communications, des nids protégés de mitrailleuses. Nivelle demande en plus l'effectif d'un bataillon pour « opiniâtrer » la défense éventuelle de la citadelle de Verdun. Depuis le début de la bataille, les différents généraux qui ont commandé la IIe armée n'ont jamais eu vraiment la possibilité d'entreprendre cette œuvre d'aménagement méthodique, rationnel du terrain selon les prescriptions de l'art des fortifications en campagne. L'ennemi laissera-t-il le temps à Nivelle de réussir ?

*
* *

Son attaque est précédée par un nouveau coup de boutoir de l'ennemi qui débute le 12 juin. Du bombardement qui précède l'attaque date l'épisode de la « tranchée des baïonnettes ». On y aurait retrouvé, après la bataille, un groupe d'hommes morts et restés debout, la main sur leurs fusils, baïonnette au canon. Le lieutenant mitrailleur Gaudry et le lieutenant-abbé Polimann, anciens du 137e régiment de Vendéens et de Bretons sont à l'origine de ce récit. Selon la légende de la « tranchée des baïonnettes », les hommes debout continuaient, même morts, à monter la garde dans la tranchée dévastée. Les anciens de Verdun pensaient qu'ils connaissaient beaucoup de tranchées semblables, d'un bout à l'autre du champ de bataille.

Fidèles à leurs méthodes, les Allemands avaient attaqué à la charnière de deux grandes unités, la 52e pas encore relevée, et la 151e très éprouvée du général Lanquetot. Il est vrai qu'en quarante-huit heures, le 137e régiment d'infanterie (celui de la tranchée des baïonnettes) avait perdu mille cinq cents des siens, avec trente-sept officiers. La contre-attaque spontanée de deux compagnies dotées de mitrailleuses permettait d'arrêter l'assaut des *Feldgrau*, mais on était sans nouvelles de ceux du 137e. Pour obéir aux ordres de l'État-Major, mais aussi pour tenter de dégager des camarades, un chef de bataillon du 93e s'avançait vers Thiaumont et perdait la moitié de son effectif (des Vendéens de La Roche-sur-Yon). Mais l'ennemi était fixé, grâce aux réactions spontanées des troupes en ligne. L'arrivée de quelques renforts (une division promise par Pétain, la 129e dont une brigade pouvait monter en ligne dès le 13 juin) permettait à Nollet de rétablir les liaisons entre les groupes perdus sur le terrain bouleversé, et de restaurer un semblant de « ligne ». Une « instruction personnelle et secrète » de Nivelle lui avait demandé d'envisager un recul de ses positions avancées d'Haudromont et de la côte du Poivre, si elles étaient débordées, sans contrevenir à l'ordre de « se faire tuer sur place ».

Une fois de plus, l'assaut était repoussé, mais la contre-attaque de Nivelle, montée le 13 juin à treize heures trente, avec deux bataillons dans le ravin de la Dame, pour dégager l'ouvrage de Thiaumont, était un échec. Nollet en dresse immédiatement le constat [1] : les

1. *Ibid.*, annexe n° 1250, p. 118.

deux bataillons ont subi pendant vingt-quatre heures le bombardement ennemi, ils ont été « coupés de l'arrière par un barrage infranchissable », les seuls survivants connus de ces unités sont un sous-officier et un homme. Les bataillons ont été « écrasés sur place et leurs débris faits prisonniers ». Il est clair que les Allemands veulent à toute force s'emparer de l'ouvrage de Thiaumont à partir de la côte de Froideterre.

La réaction de Nivelle est de monter immédiatement une nouvelle contre-attaque, confiée au groupement Nollet. L'opération était exécutée le 17 sur le bois Nawé par une brigade de la 129e division de Garbit : elle échouait semblablement. Nivelle s'en prenait aux artilleurs, qui ne savaient pas régler leurs tirs de barrage et consommaient des quantités considérables d'obus en pure perte. N'importe qui pouvait leur demander un soutien, en expédiant une fusée. Ils tiraient des salves ininterrompues sur un large front, s'ils avaient des munitions en réserve. Plus la journée s'avançait, moins les caissons étaient fournis. Il devenait alors difficile d'exiger un soutien de l'artillerie qui avait consommé la plupart de ses obus disponibles.

Ces reproches venaient de l'ancien artilleur Nivelle, qui ne voulait pas gaspiller les munitions. Il prétendait limiter aux chefs de section l'usage des fusées réclamant les tirs. Très critique à l'égard de l'action de l'infanterie, qui perdait trop facilement le contrôle de ses positions sur le terrain, il prenait la décision de remplacer le 12e C.A. épuisé de Nollet et de faire monter en ligne Mangin, commandant du XIe corps, promu chef de groupement à l'état-major installé au hameau de Regret. Il avait provisoirement sous ses ordres la 151e division, en instance de relève et la 21e, très éprouvée, des Bretons de Nantes. La 30e, recrutée à Avignon montait en ligne et la 129e de Garbit qui avait subi des dommages restait encore en position. L'ensemble du XIIe corps devait être mis progressivement en repos prolongé.

La IIe armée revoyait l'utilisation de ses vingt-neuf divisions disponibles, dont cinq devaient être rendues à l'état-major de Chantilly, puisque Joffre limitait à vingt-quatre les unités affectées à Verdun. Pourtant Pétain et Nivelle exigeaient deux divisions supplémentaires, en prévision d'une nouvelle attaque qu'ils estimaient probable. Du 20 au 22 mai, l'ennemi avait attaqué constamment dans le secteur de Vaux-Régnier. Le 54e d'infanterie, des réservistes de la région du Mans, avait été entièrement anéanti par le bombardement et l'attaque. Une poussée plus importante était à prévoir sur l'ensemble du front, pour la journée du 23.

Les troupes françaises étaient en pleines opérations de relève. Le groupement Mangin, au secteur le plus exposé, devait faire monter en ligne la division de Castaing qui remplaçait la 23e à la côte du Poivre. La 21e, celle des recrues nantaises du général Dauvin, était relevée par la 129e de Garbit, d'Haudromont à l'ouvrage de Thiaumont, dans le secteur le plus dangereux. Les 130e et 12e divisions entraient aussi en ligne dans le groupement désormais confié au général Paulmier, de Souville à Tavannes.

Le 22, à partir de vingt heures, ces colonnes de relève furent surprises dans leur mouvement par un bombardement massif, sur toute la ligne, avec des obus toxiques. Les plus touchés furent les soldats du général Toulorge, à la 130e division. Les hommes du 39e régiment marchaient en colonne de nuit sur Fleury quand ils furent surpris par les obus à gaz. Ils durent poursuivre leur avance exténuante, de trou d'obus en trou d'obus, respirant très mal à travers les masques. « Un grand nombre de nos hommes, explique le colonel Despierres, du 139e [1], furent surpris par le tir des obus asphyxiants et moururent après une terrible agonie. »

Le chiffre des victimes ? Le tiers ou la moitié des effectifs en ligne. Il faut rappeler qu'en juin 1916 les majors n'ont aucun traitement contre les gaz, aucun moyen sur le champ de bataille de combattre l'asphyxie. Les ambulances Z, équipées pour des soins sommaires, sont trop peu nombreuses pour faire face aux besoins, en cas d'offensive de grand style.

*

* *

Pendant que Joffre, dans son état-major de Chantilly détourne fébrilement des unités et des moyens lourds d'artillerie des différentes armées pour les acheminer vers le Nord, les Allemands lancent leur plus grande offensive sur le front de Verdun, le 23 juin. Ils veulent que la prise du fort de Vaux soit suivie de celle des forts de Souville, de Froideterre, de Tavannes et de la citadelle de Verdun. C'est ici qu'ils recherchent la victoire. En obligeant Joffre à renforcer ce front, ils espèrent ruiner les projets franco-britanniques laborieusement mis au point sur la Somme.

L'état-major de Nivelle ne peut être surpris. Le bombardement de préparation a commencé dès huit heures du matin le 21 juin. Il est particulièrement intense de Vaux à Fleury. Le général commandant la 12e division à Tavannes s'attend à une attaque de nuit. Un avion a signalé une colonne d'infanterie allemande longue de

1. Péricard, *op. cit.*, p. 272.

quatre kilomètres avançant vers le bois des Chambrettes, au nord de Douaumont. L'ouvrage de Thiaumont est fortement marmité, ainsi que le village de Fleury. Manifestement l'attaque aura lieu dans cet axe.

Pétain télégraphie aussitôt à Joffre pour lui signaler la violence de ces tirs de destruction et prendre la liberté de garder les quatre groupes de 155 qu'il était contraint de céder. Il demande aussi qu'on prévoie l'acheminement rapide de la 131e division vers Verdun. Nivelle exige le recomplètement immédiat avec des jeunes de la classe 16 (soixante-seize mille ont déjà été envoyés au front) des divisions décimées, qu'il a dû retirer des lignes, la 21e de Nantes et la 27e de Grenoble, la 5e de Rouen et la 6e de Paris. Le nouvel holocauste est programmé.

Avant l'aube, soixante-dix mille soldats allemands s'élancent vers les lignes françaises, précédés d'un feu roulant réglé à la seconde près, sur le front Thiaumont-Fleury-Vaux. Les Bavarois sont à droite, les redoutables Alpins au centre, la 50e division à gauche, en face de Tavannes. C'est l'assaut le plus important, le plus spectaculaire donné depuis le 21 février. Le Kronprinz, à l'évidence, veut coucher le soir même à Verdun.

Le matraquage des premières lignes était tel qu'une fois de plus les états-majors français étaient aveuglés. Pas de survol possible des lignes par les avions avant le lever du soleil. On ignorait tout des directions d'attaque, de la résistance des unités de l'avant. Les premières vagues avaient submergé la côte de Froideterre, anéantissant le 121e bataillon de chasseurs à pied. L'ouvrage était bientôt encerclé. Plus à l'est, dans le bois de Vaux, les colonnes d'assaut précédées de lance-flammes affrontent les troupes de la 130e division du général Toulorge disposées d'ouest en est dans les ébauches de tranchées, les trous d'obus, les boyaux incertains. Ceux du 39e sont sur l'axe les abris de la cote 320-village de Fleury. Les bataillons sont disloqués, tournés, anéantis. Seules quelques compagnies résistent encore. La redoute du 320e est submergée, le 239e réduit à néant.

Pourtant une poignée de braves s'accroche devant Fleury, autour du capitaine Hans. Les mitrailleuses du sergent Queval tirent dix-huit mille cartouches. Hans lui-même sert la Saint-Étienne jusqu'à épuisement de ses bandes. Quand il tombe, frappé à mort, il a retenu l'ennemi devant Fleury assez longtemps pour permettre à des contre-attaques locales d'inquiéter le commandement allemand par des actions ponctuelles, efficaces.

Elles se multiplient spontanément sur l'ensemble du front menacé. Un commandant du 107e agresse les colonnes ennemies sur Froideterre. Un colonel lance le bataillon de chasseurs alpins commandé par Desoffy entre Froideterre et Thiaumont. Appuyé par deux simples compagnies d'infanterie, le commandant réussit à reconstituer une ligne lâche sur un front d'un kilomètre et demi. L'ouvrage est dégagé.

L'état-major de Mangin intervient, demande des réserves. Elles lui sont accordées aussitôt, mais les renforts du groupement et de l'armée arriveront après la bataille du 23 juin. Ce jour-là, les vagues allemandes ont été contenues par les seuls efforts des troupes en ligne, ou des renforts immédiats de bataillons. Il faut remarquer que les deux grandes unités assaillies, la 129e de Garbit et la 130e de Toulorge n'avaient plus de liaisons entre elles et que les brigades elles-mêmes ne pouvaient plus communiquer. Un fois de plus le combat d'infanterie révélait la supériorité des grenades et des mitrailleuses. Celles du 67e (12e division de Reims) suffisaient à arrêter les colonnes ennemies progressant vers Souville. La bataille a été gagnée par des hommes exténués qui trouvaient encore le courage de vendre leur peau, bien qu'ils fussent morts de soif. Un coureur longe une tranchée tenue par un bataillon, au bois Fumin. « En dehors des guetteurs, dit-il, tous sont assis ou couchés ; on dirait plutôt des mourants, tant leurs traits sont tirés et leurs figures jaunies. La soif les dévore, ils n'ont même pas la force de parler. Je leur dis que ce soir nous serons sans doute relevés. La nouvelle les laisse quasi indifférents, leur seul désir est d'avoir un quart d'eau. »

Un bataillon du 54e régiment n'existe plus, il est rayé de la carte. Un autre régiment de la 12e division, commandé par le chef de bataillon Nivelle résiste jusqu'à la mort, en étant presque encerclé. Les Allemands ont réussi à encager les unités. Mais ils n'ont pu les anéantir. Le tir des canons une fois terminé, elles reconstituent leurs liaisons à vue, sans ordres, en se fiant aux mouvements de l'ennemi.

Le général Garbit, de la 129e, réprime tout flottement dans les rangs. Il menace une colonne du Génie qui hésite à affronter un tir de barrage :

– Si le convoi n'arrive pas, dit-il, inutile de vous représenter vivants.

Les gens des services, les infirmiers, les territoriaux, les téléphonistes trouvent la mort comme les autres sous les bombardements de harcèlement. Quatre unités au moins, le 54e du Mans, les 106e, 132e et 245e sont anéantis dans la bataille. Ceux du 407e du colonel Alain ont sauvé Souville par leur résistance héroïque. Le régiment avait deux mille huit cents hommes en montant en ligne dans la nuit du 21 juin. Quelques heures plus tard, il n'en avait plus que mille deux cents. Ce jour-là, à Verdun, la mort et la gloire étaient à qui voulait les cueillir.

*
* *

Comment les états-majors d'armée, de groupements, de divisions ont-ils vécu le drame ? Le 23 juin à dix heures cinquante, alors que le front de Souville est gravement menacé, Joffre, qui n'est pas au courant, consent du bout des lèvres à laisser engager la 131e division « à regret », dit-il. Il accepte que le retrait de la 52e division (qui avait été transformée par Nivelle en unité de terrassements) soit différé, et que la 60e division rentre en ligne. Son agent de liaison personnel auprès de la IIe armée, le commandant Faucher, l'informe de la situation à quatorze heures seulement. Il sait que Nivelle a donné à Molinier et à Mangin l'ordre de contre-attaquer dans la direction des abris 320. Ils recevront les secours de la 127e, de la 131e et de la 64e divisions. L'artillerie doit se concentrer pour la riposte. « On dispose des moyens suffisants, conclut l'envoyé spécial du généralissime. Il n'y a pas de raisons de penser que l'on ne parviendra pas à enrayer de nouvelles attaques. »

Pétain n'est pas aussi optimiste. Il demande à Joffre, en plus des divisions citées et de la 55e qu'il faut faire rentrer en ligne, le renfort de deux nouvelles divisions. « Il faut prévoir, dit-il, l'usure rapide des grandes unités. La relève s'imposera à brève échéance. » Pétain appelle en outre le général de Castelnau au téléphone pour lui signaler « l'abaissement de la valeur morale des divisions qu'on va engager, qui sont des unités de deuxième ordre ». Il craint qu'un repli sur la rive gauche ne soit inévitable. La seule solution est d'avancer la date de l'offensive de la Somme.

Pétain se rend en personne à l'état-major de Nivelle à Souilly. On lui dit que les Allemands ont enlevé l'ouvrage de Thiaumont et qu'ils ont pénétré dans Fleury. Il faut envisager l'évacuation de l'artillerie lourde : un tiers des pièces est sur la rive droite et les Allemands peuvent battre les ponts sur la Meuse. Une angoisse certaine s'est donc emparée des états-majors, à partir de quinze heures trente. C'est alors que Nivelle, pour dégager Fleury, lance les ordres de la double contre-attaque sur la cote 320, en les accompagnant d'un ordre du jour vibrant : « Vous ne les laisserez pas passer, camarades ! »

Mangin est chargé de lancer les contre-attaques sur son secteur, les 24 et 25 juin. Il en organise successivement quatre le 24 juin, la première de part et d'autre du chemin Froideterre-Thiaumont. Deux bataillons du 63e régiment et deux autres du 340 en sont chargés, appuyés par quelques compagnies de chasseurs. L'opération échoue, de même que la tentative de Garbit. Une deuxième attaque lancée avec le 19e chasseurs dans le ravin des Fontaines ne parvient pas à déboucher et éprouve de lourdes pertes. Une troisième attaque, sur Vaux-Régnier, n'aboutit pas davantage. Le général trouve encore quelques unités capables de s'engager dans les ruines fumantes du village de Fleury et d'y enlever un peu de terrain. Le lendemain, les 129e et 340e régiments d'infanterie sont engagés dans le secteur Thiaumont-Fleury.

L'usure des divisions était telle que Nivelle lançait à Pétain un signal d'alarme par une lettre secrète du 25 au soir [1] détaillant les pertes des unités de première ligne. Dans le seul groupement Mangin, « l'usure accélérée des divisions impose de très courts séjours sur cette portion du front, dit-il. La 129e vient d'y relever la 21e

1. *Ibid.*, annexe n° 1595, p. 534.

et son propre remplacement par la 60e est déjà nécessaire. En outre la brigade disponible de la 64e a dû, pendant le combat du 23 juin, être engagée dans ce sous-secteur, où elle se trouve encore ». Il n'y a plus de réserves, si l'ennemi poursuit sa poussée sur Tavannes et Souville. Nivelle demande d'extrême urgence l'envoi d'une nouvelle division. Il assume complètement la responsabilité des opérations Mangin. « L'honneur militaire des chefs à tous les degrés de la hiérarchie, dit-il, est engagé. Aucune défaillance ne sera tolérée. »

Il y aura d'autres contre-attaques, toutes infructueuses, avec des gains de terrains minimes. Et cependant l'état-major de la IIe armée reste convaincu que l'offensive est le seul moyen d'entraver l'élan de l'ennemi. Il doit composer avec la volonté maintes fois exprimée par Joffre de ne pas livrer d'artillerie lourde à Verdun et de ne pas renforcer les effectifs en divisions au-delà du nécessaire. Le seul moyen de tenir est donc d'opposer sans cesse aux Allemands les maigres renforts d'infanterie, et d'obtenir le rendement le meilleur possible de l'artillerie, en sachant que les pertes seront lourdes, en espérant que le moral de l'infanterie lui permettra de tenir.

Le général Roques, qui vient de rendre visite à Nivelle, sort satisfait, le 26 juin, de la situation qui pour lui n'est plus alarmante. « Je dois vous signaler, écrit-il à Joffre, qu'avec tout le gouvernement, je considère que la sauvegarde directe de Verdun doit être absolument garantie. » Il a naturellement informé Nivelle que le premier des comités secrets de la Chambre siégeait en permanence depuis le 16 juin. Il s'était séparé le 22 après avoir essentiellement débattu de la bataille de Verdun. Le président du Conseil, Briand, avait prononcé un discours à la gloire des défenseurs de Verdun, admis les fautes commises au début de l'offensive allemande, cité les noms des généraux sanctionnés ou mutés.

Mais les blessés, les soins sanitaires ? Les députés sont accablés de demandes d'informations, d'interventions. Ils posent à leur tour des questions : l'armée est-elle en mesure d'accomplir son devoir ? Les nouvelles du front, même censurées, inquiètent l'opinion, ainsi que les récits des « gueules cassées » sortant des hôpitaux : ils racontent ce qu'ils ont subi, avec l'accent de la vérité : « J'avais un genou broyé, écrivait le caporal-mitrailleur Gautier, du 120e d'infanterie. Un brancardier me transporta sur son dos jusqu'au poste de secours du bataillon, mais là on me fit savoir qu'on ne pouvait rien pour moi, même pas me transporter plus loin. » La raison ? La violence du bombardement, qui empêche tout transport. Comment avouer aux parlementaires que l'évacuation des blessés les condamne très souvent à mort ? « Sur le genou qui restait valide, poursuit le fantassin, et sur les deux mains, je me suis traîné, mais là, tous étaient débordés. Un major me conseille d'aller par mes propres moyens jusqu'au fort de Souville. » Il y parvient et retrouve un servant de mitrailleuse, le bras fracassé, qui pleurniche en patois picard : « Quoi qu'elle va dire, ma femme ! »

Les brancardiers se dévouent sans compter pour les grands blessés qu'ils chargent sur des fourragères ou portent sur leurs épaules au besoin. Les parlementaires en visite au front connaissent leur dévouement. On leur présente les héros, ceux qui ont bravé la mort pour sauver leurs camarades. Un brancardier-musicien du 77e ne cache cependant pas la réalité : il est au poste de secours à l'échelon de la 18e division, qui devrait bénéficier, surtout en période d'offensive ennemie, d'importants moyens. Les blessés arrivent en voiture automobile à ce poste, installé au château d'Esmes. Ceux qui peuvent être opérés sont conduits aux majors, « qui coupent et taillent à même les chairs » dans les caves consolidées par le Génie. Le pansement terminé, l'opéré est aussitôt transporté vers l'arrière. S'il est intransportable, le brancardier Élie Chamard, du 77e d'infanterie affirme « qu'il est remonté (des caves) ou laissé à même le sol ou sur son brancard ». Les condamnés, après le « tri tragique », sont allongés dans la cour d'honneur. Des infirmiers chassent autour d'eux les rats avec des bâtons. Les morts sont entassés dans une grange.

Comment admettre que les blessés sont morts à l'ouvrage de Thiaumont, faute de soins ? Pendant la bataille, ou le bombardement, on les transporte dans des abris. Ils s'en sortent comme ils peuvent, quand ils ont seulement un membre cassé. Les brancardiers aussi se font tuer ou blesser. Ils ne suffisent pas à la besogne : « Le service, écrit le fantassin Bougard, du 208e, est fait par de courageux camarades de bonne volonté, mais beaucoup de blessés, faute de secours, meurent d'hémorragie, de misère et de froid. »

Il faut expliquer aux parlementaires que dans les nuits de bombardement, il est impossible de sauver les blessés. Le brancardier Duval, du 355e R.I., raconte que dans la nuit du 24 au 25 mai, il n'a pas cessé de rechercher les camarades en difficulté. Il n'a pu en transporter que trois. Certains restent deux jours entre les lignes de tranchées. Pas de trêve pour les évacuer. Le canon tonne sans arrêt. Le soldat Slabelle du 74e, volontaire à dix-sept ans, attend six jours d'être recueilli, au bois de la Caillette. Les transporteurs surpris par une nappe de gaz n'ont pas toujours le temps de sortir leur masque : ils meurent étouffés avant d'être arrivés au poste de secours. Les grands blessés du poste installé dans le tunnel de Tavannes attendent vingt-quatre heures leur évacuation. Au poste de Bras, on doit évacuer, sous les gaz, dans la nuit du 21 au 22 juin plus de cent blessés. Les majors jettent dehors les membres qu'ils viennent de trancher. « Ils s'entassent en piles, comme un tas d'ordures », écrit Maurice Brassard, du 56e bataillon de chasseurs à pied.

Les parlementaires n'assistent pas à des scènes de ce genre, parce qu'ils se promènent rarement au front pendant les offensives, sauf s'ils sont eux-mêmes combattants. Quand plusieurs députés dénoncent en comité secret, le 21 juin, « les insuffisances du service de Santé », le sous-secrétaire d'État Justin Godard explique, sans être contredit, qu'il a été transporté plusieurs fois à Verdun :

– Tout ce qui était humainement possible de faire avait été accompli par notre admirable service de Santé.

Il est vrai que les majors, les aides, les infirmiers et les brancardiers déployaient des efforts héroïques qui n'empêchaient pas les postes de secours, même de division, d'être autant d'enfers. Dans l'absence totale d'hygiène, les plaies s'infectaient, se gangrenaient et nul médicament ne permettait alors de lutter contre la gangrène, ni de soigner les gazés. Le sous-secrétaire d'État Godard aurait dû admettre que le service de Santé, en dépit de son dévouement immense, pouvait multiplier les amputés, mais qu'il était incapable d'éviter que les postes de secours ne fussent des mouroirs. Comment dire la vérité aux représentants du pays ? Pouvait-on expliquer à une mère que son fils de dix-huit ans était mort dans la boue, après quatre jours d'agonie, faute de soins ? Le silence retombait, au comité secret de la Chambre, sur les blessés de Verdun. On préférait parler de la production des armes.

Un sous-secrétaire d'État, Albert Thomas, socialiste majoritaire, partisan de l'« union sacrée » et préposé à l'artillerie, avait cité les chiffres de production en canons lourds et obus de tout calibre, qui devaient permettre de gagner la guerre. Il confessait que le Creusot ne parvenait à sortir que seize canons à grande puissance par mois et qu'il espérait parvenir à une cadence de vingt. Saint-Chamond en sortait déjà dix-huit. Il faudrait deux mois pour que l'armée tout entière dispose de deux cent soixante-dix-sept canons lourds, ce qui la laisserait largement en arrière du potentiel allemand. Tels quels, ces chiffres indiquaient un effort de production méritoire, sans plus. Comment, dès lors, reprocher à Joffre de vouloir conserver pour son offensive le plus possible de ces pièces ? « L'Allemagne, concluait Briand en élevant le débat aux conditions générales du conflit dans les termes mêmes où s'expliquait ordinairement le généralissime, en nous attaquant à Verdun, voulait rendre la France impuissante à l'offensive, l'atteindre dans ses espérances, la démoraliser, la contraindre à signer la paix. J'ai le droit de dire qu'à Verdun l'Allemagne a été vaincue [1]. »

Ces paroles optimistes étaient prononcées le 22 juin. Le lendemain, les Allemands lançaient leur attaque décisive qui devait emporter Verdun. Nivelle, Pétain, Joffre connaissaient la position du gouvernement. Ils avaient fait tout leur possible pour renforcer les effectifs, approvisionner la chaudière en unités nouvelles pour qu'une fois encore elles sauvent la situation. Mais le salut, le 23 juin comme le 21 février, avait été l'œuvre des poilus, de leurs sergents, de leurs capi-

1. Cité par Georges Bonnefous. *Histoire politique de la Troisième République*. P.U.F., 1957, p. 139.

taines, de tous ceux qui, dans les lignes bouleversées, avaient trouvé en eux-mêmes l'incroyable courage de tenir et de survivre.

Chapitre 6

LE REFLUX DE L'ÉTÉ

Le 24 juin, au lendemain du dernier assaut général des Allemands, le général von Falkenhayn commençait à réduire ses effectifs devant Verdun. Les Français n'en savaient rien. À la violence des bombardements qui se poursuivaient en juillet, à la fréquence des attaques non seulement sur l'axe de Souville et de Tavannes, mais aussi, rive gauche, sur le Mort-Homme, ils continuaient d'affecter à ce front des divisions en renfort rapide, et pourtant le reflux de l'été avait commencé.

La bataille d'anéantissement était déjà gagnée : la « stratégie d'épuisement » n'avait pas réussi à « saigner l'armée française ». Les calculs allemands supposaient des pertes dans une proportion de cinq à deux, justifiées par l'écrasante supériorité de leur artillerie. Ils avaient, au début de juillet, perdu devant Verdun deux cent quarante mille hommes, et les Français deux cent soixante-quinze mille seulement. Du strict point de vue comptable, s'obstiner était une erreur.

Pourtant les attaques allemandes reprennent à Verdun alors que, depuis le 1er juillet, les Joffre et Haig ont lancé leur offensive de la Somme, numériquement plus britannique que française, puisque les Anglais ali-

Les offensives allemandes du 21 juin au 1er août 1916

gnent au nord de la rivière vingt-six divisions contre quatorze seulement aux ordres de Foch. Mais Joffre a fait sienne la tactique allemande « l'artillerie conquiert le terrain, l'infanterie occupe ». Il emploie neuf cents pièces lourdes et onze cents canons de tranchée qui manquent cruellement à Verdun sur un front de quinze kilomètres, sans compter les batteries divisionnaires de 75. Le commandement allemand est obligé d'employer ses réserves pour contenir la poussée du 1er juillet. Pendant quinze jours, l'effort allié se poursuit. Les pertes allemandes jusqu'au mois d'août seront de deux cent soixante-sept mille hommes et de sept mille officiers. Bien qu'elles n'y soient pas ensemble présentes à plus de dix-huit, soixante-neuf divisions se feront décimer sur la Somme, certaines effectuant plusieurs passages. La véritable réplique de Joffre à l'agression du Kronprinz à Verdun, c'est la bataille de la Somme.

Jusqu'au 27 août, les alliés se battent furieusement sur la rivière. Ensuite, jusqu'à la fin de septembre, leur effort est plus mesuré. La bataille d'usure risque de tourner à leur détriment. C'est la répétition, à leur usage, des mécomptes allemands devant Verdun. Joffre ne subit pas immédiatement les conséquences de cet échec, c'est Foch qui saute à sa place, pendant que le Kaiser relève Falkenhayn le 27 août de son commandement pour le remplacer par le maréchal Hindenburg, assisté du quartier-maître général Ludendorff. Mais il est clair pour l'opinion parlementaire française que l'étoile de Joffre ne brille plus. On songe aussi à le remplacer. On a oublié la Marne, on ne lui attribue pas le succès de la résistance française à Verdun, on ne veut plus voir que l'échec de la Somme. Nivelle sort indemne de cette crise, parce que le front de Verdun, de semaine en semaine, devient secondaire, bien que l'effort allemand, paradoxalement, ne semble pas s'y démentir. Nivelle pourrait à bon droit passer pour celui qui a su terminer en victoire la bataille d'anéantissement de Verdun. Il lui faudrait pour cela quelques succès spectaculaires et symboliques qui permettraient à l'opinion d'habiller un succès en triomphe, comme les propagandes de guerre savaient si bien le faire dans tous les pays belligérants. Quel symbole plus fort que la reprise de Douaumont ?

En juillet, il n'y faut pas songer. L'armée à qui Joffre mesure de plus en plus chichement les moyens peut avoir l'impression que l'offensive de la Somme n'a en rien soulagé les effectifs qu'elle combat en face d'elle. En tout cas, les bombardements ne cessent pas, les Allemands ayant les moyens de fournir largement les deux fronts, grâce à leur capacité supérieure de production. Mais la courbe positive de la production française et britannique tend à réduire ce déséquilibre. La meilleure utilisation du potentiel, sa mobilité plus grande, permettent aux artilleurs de Nivelle de déployer une puissance de feu accrue, avec un nombre de pièces qui tend à se restreindre, malgré les fournitures, en raison de leur usure rapide et de leur destruction par l'ennemi. Joffre indique dans une note [1] que le potentiel d'artillerie de la IIe armée est de onze cents pièces à la date du 11 juillet. Les effectifs des servants ont crû en proportion et ils sont exposés durement au feu des pièces ennemies.

*

* *

1. S.H.A. vol. 4, annexes, p. 1256.

Car les artilleurs souffrent aussi, même s'ils sont haïs des fantassins, toujours prompts à les accuser de tirer sur eux, ce qui peut apparaître, avec le recul, comme inévitable en raison de la nature des combats, de la confusion des lignes, aussi bien chez les Allemands que chez les Français. La mobilité des pièces est pour elles le seul moyen d'échapper à la destruction. Les batteries de 75, repérées et traquées par les 220, sautent très souvent sous le feu ennemi. Elles sont difficiles à déplacer, quand leurs chevaux sont massacrés. Les caissons qui, de nuit, approvisionnent les pièces utilisent chacun six chevaux, particulièrement vulnérables aux éclats d'obus.

À Fleury, l'artillerie connaît de dures épreuves. « De tous les côtés, observe un fantassin du 95e, on voyait des pièces désarticulées, des corps empilés à califourchon les uns sur les autres, des obus non éclatés à foison, des chevaux éventrés. » Un seul régiment, le 43e, perd quatre-vingt-dix canons et cinquante et un chevaux. Dans le secteur de Tavannes, le colonel de Miribel a tous ses tubes éclatés. Le 34e régiment du colonel Bernard a remplacé deux fois ses pièces. Le 2e groupe du 47e est installé à la tête du ravin des Vignes, immédiatement à l'ouest du village de Fleury. La position est très proche des premières lignes, intenable en cas de recul. Mais le feu des canons à cette distance est terriblement efficace. Les batteries disposées près du fortin des Quatre-Cheminées, à l'est de l'ouvrage de Froideterre, sont détruites par un tir serré de douze cents obus de 210. Très souvent les pièces éclatent, en raison de l'usure, et tuent leurs servants. L'artillerie de campagne, souvent très proche des lignes, est la plus exposée. Un capitaine de la 127e raconte qu'au mois de juin les batteries françaises, en certains endroits du front, alignaient jusqu'à deux cents pièces.

Tous les canons ne sont pas aussi faciles à mouvoir, aussi rapides dans leurs tirs que les 75. Mais les vieux 95 sans recul, explique le commandant Morchat dans le secteur de Tavannes, réussissent à tirer chacun quatre-vingt-dix coups à l'heure avec une extrême précision, même si les servants doivent repointer à chaque coup. À Verdun, on fait flèche de tout bois. Le 22 juin, une batterie de quatre 75 tire cinq mille obus dans la nuit pour répondre au bombardement allemand. Les pièces, au petit matin, sont hors service quand l'ennemi engage son infanterie. Seront-elles remplacées ?

Elles le sont toujours, et les artilleurs ne peuvent se plaindre de manquer de munitions. Nivelle, qui critique vivement les dépenses exagérées en obus, a l'œil sur tout. Les lourds canons, parfois auto-tractés mais le plus souvent tirés par des chevaux marchent toutes les nuits en direction des emplacements qui changent constamment. À son échelon supérieur, Pétain veille aux approvisionnements réguliers, au remplacement des batteries usées. « Nulle part je n'ai trouvé, dit le commandant Morchat, la machine de guerre aussi au point qu'en cette période juin-juillet à Verdun. De quelque nature que fussent mes demandes, elles étaient, toutes et toujours, exactement satisfaites dans les conditions que j'avais indiquées. » Un médecin auxiliaire, Camille Bosche, de la 129e infanterie, confirme ce témoignage : il est à hauteur du fort Saint-Michel, dans sa colonne d'infanterie, au cours d'une opération de relève de nuit. Son bataillon ne peut progresser, en raison d'un violent tir de barrage. « Nous nous arrêtons dans un trou et nous assistons à un spectacle, dit-il, des caissons d'artillerie allant sous le marmitage ravitailler leurs pièces ; les conducteurs fouaillant leurs chevaux, les servants poussant les roues qui s'enfoncent dans le sol gras avec les obus tombant tout autour. Un cheval s'affaisse, blessé. Pendant que les hommes le détellent, les autres chevaux se cabrent et finalement tout repart. »

Pourtant l'infanterie continue à se plaindre du trop faible soutien de l'artillerie, alors que désormais les pertes allemandes sont dues en proportion croissante aux éclats d'obus. Les 75, qui sont la majorité du parc français en action sur le champ de bataille prennent des risques pour répondre aux tirs à portée plus longue de leurs adversaires, alors que la faiblesse de l'artillerie lourde française est un fait constant jusqu'en juillet. Même si les 155 entrent progressivement en service et causent des dégâts importants dans les lignes ennemies, c'est le renforcement des tirs français de 75 qui accroît les pertes adverses, sans limiter celles de l'armée de Nivelle. Les Allemands ont une telle capacité de remplacement de leurs pièces détruites qu'ils accroissent la puissance de leurs tirs, et ainsi maintiennent à un niveau constant le matraquage des unités d'infanterie qui montent en ligne. Le renforcement de l'artillerie française n'implique donc nullement le ralentissement de la noria, d'autant moins que la volonté constante de Nivelle de lancer des actions offensives pour sécuriser enfin le front de Verdun se traduit nécessairement par des pertes supplémentaires.

*
* *

Les mois d'été ne sont pas plus cléments pour les poilus. Le remplacement des divisions, qui se poursuit à un rythme accéléré, montre que le niveau des pertes reste élevé. Les Allemands multiplient les actions offensives comme s'ils voulaient ainsi, en attaquant sur le front de Verdun où ils conservent la supériorité tactique, obliger Joffre à ralentir son effort sur la Somme.

Une lutte sauvage se déroule d'abord autour de l'ouvrage de Thiaumont, aux mains des Allemands depuis le 23 juin, en face des positions françaises de Froideterre, à partir de la nuit du 28 au 29 juin. Une action programmée par Nivelle et Mangin pousse une division fraîche, la 60e de Patey, division de réserve recrutée à Rennes. Le lieutenant-colonel Marchand, qui commande la première attaque sur Thiaumont, demande un délai de vingt-quatre heures qui lui est refusé par Patey : « Certains petits états-majors, explique un chef de bataillon [1], se sont montrés ardents pour des attaques sans but, sans préparation, pour la gloire. Ils auraient dû avoir le courage de dire à leur grand chef : "Non, l'attaque, dans les conditions du moment actuel, n'est pas possible." Il est vrai que beaucoup avaient été déjà limogés ou changés de secteur par Nivelle pour moins que cela : le chef de la IIe armée, c'est un fait, ne supportait pas que l'on discute une action offensive. L'attaque de Marchand au jour-dit fut un échec. Elle dut être renouvelée le lendemain. Nouvel échec. De nouveau, les unités étaient remplacées. Ceux du 261e d'infanterie qui descendaient de Thiaumont avaient perdu beaucoup de leurs camarades : ces "spectres s'abattirent sur le pavé de Verdun comme des bêtes qu'on vient d'assommer". La 128e de Riberpray montait en ligne avec les Bretons de la 60e pour une nouvelle attaque sur Thiaumont qui était un véritable charnier : deux cents fantassins redescendaient indemnes, sur trois mille. »

1. Péricard, *ibid.*, p. 311.

Nouvelle demande de renforts de Mangin ; il obtenait aussitôt la 8e division, recrutée au Mans et commandée par Rozée d'Infreville, qui n'avait pas encore donné à Verdun. Une division d'active, levée dès août 1914, et dûment recomplétée, dont on attendait du mordant. Cette relève était suivie avec impatience : la 60e division, qui venait de monter en ligne, venait en effet d'être anéantie devant Thiaumont. Le lieutenant-colonel Manceron était tué, le colonel d'Ollone blessé. Aucune des coûteuses contre-attaques françaises n'avait abouti.

L'offensive allemande sur Souville était précédée dans la nuit et la journée du 9 par un puissant bombardement aux gaz toxiques et par un marmitage de la station de Fleury qui s'effondrait sous les tirs d'obusiers géants. Le bombardement se prolongeait pendant plusieurs jours, sans relâche, transformant le champ de bataille en croûte lunaire. Les relèves de nuit s'effectuaient au rythme d'un kilomètre à l'heure dans les trous d'obus. Elles étaient exténuantes, coûteuses en hommes. Les soldats arrivaient en position accablés par l'effort. La concentration allemande d'artillerie était égale à celle des grands jours. À l'évidence, une offensive se préparait.

Les deux divisions d'Anselme (127e) et Duport (131e) la reçurent de plein fouet dans le secteur Souville-Tavannes commandé par Mangin. Usée, la 127e devait être immédiatement remplacée par la 71e de Mordrelle, recrutée initialement à Épinal. Encore une bonne troupe de réserve dont le commandement attendait une résistance opiniâtre. La 16e division d'active de Rouquérol, de Bourges, faisait sa rentrée sur le front de Verdun après avoir été recomplétée. Mangin obtenait de Pétain de bonnes troupes.

*
* *

Il était temps qu'elles entrent en lignes : l'attaque allemande commençait le 11 juillet, alors que la bataille des Flandres était furieusement engagée, et que les Alliés manquaient de divisions fraîches pour la poursuivre. Pendant la nuit du 11 au 12, la 8e division serait encore empêtrée dans les relèves de la 60e. Les soldats ignoraient tout de la physionomie du secteur. Ils s'installaient à l'aveuglette et ne pouvaient résister au coup de boutoir des *Feldgrau* précédés de lance-flammes, sur un front défoncé par l'artillerie où les tranchées n'existaient plus. Les gens d'Épinal, mêlés par les hasards du recrutement à des jeunes de l'Allier, du Puy-de-Dôme, de la Loire et de la Haute-Loire ne pouvaient empêcher l'ennemi de s'emparer de la batterie de Damloup et de faire prisonnier dans son P.C. le colonel Leyrand, au bois du Chénois. Les Allemands s'étaient ouverts la route de Tavannes.

Les bataillons de la 71e division étaient isolés, encagés, décimés, souvent anéantis, parfois encerclés. Pourtant personne ne reculait, les survivants se terraient dans les fonds de boyaux, dans les trous, et tentaient de reconstituer les liaisons. Une fois de plus l'infanterie matraquée par le bombardement, abandonnée par l'état-major qui ne disposait d'aucune liaison, menacée par l'artillerie amie qui ignorait les fluctuations du champ de bataille, reconstituait péniblement les lignes, se battant à la grenade et à la mitrailleuse.

Un bataillon du 7e régiment de Duport était entièrement capturé par l'ennemi qui l'avait isolé et surpris dans ses trous d'obus. Le général prenait la décision de faire battre immédiatement par l'artillerie le trou ainsi créé dans les lignes. Les 75 sauvaient le 14ᵉ régiment en prenant en chasse une vague ennemie déjà décimée par les mitrailleuses postées dans les abris de la croupe de Vaux-Chapitre. Une compagnie commandée par le lieutenant Dupuy se retranchait dans les ruines du fort de Souville et organisait une défense à la grenade. La garnison avait été intoxiquée par les obus à gaz. Le lieutenant-colonel Astruc, qui commandait l'ouvrage, devait mourir asphyxié.

Plus que jamais la résistance à la dernière grande offensive allemande sur Verdun dépendait des réactions des hommes de terrain, qui ne pouvaient recevoir d'ordres, étant coupés totalement des arrières ; l'aviation, en dépit de la qualité des pilotes et des appareils, offrait un soutien insuffisant. Une note de Pétain du 2 juillet [1] en établissait le constat : l'infériorité de l'armement des appareils était manifeste, même si les ateliers des avionneurs produisaient en quantités croissantes les chasseurs dont l'armée avait besoin. Les Allemands, disait Pétain, « ouvrent le feu de plus loin et tirent plus longtemps ». Ils ont aussi la supériorité du nombre. Il n'existe pas en France de corps de doctrine aérienne, « chaque aviateur combat à sa fantaisie », la réunion des escadrilles en groupes de combat à disposition des armées s'impose.

Il faut aussi constituer des groupes de bombardement pour répondre aux attaques allemandes fréquentes sur Verdun même. Les avions d'observation doivent, pour être efficaces, être montés par des observateurs pris dans la cavalerie. Si ces conditions ne sont pas remplies, la nouvelle offensive allemande bénéficiera, au départ, d'une évidente supériorité du fait de la maîtrise

1. S.H.A., tome IV, vol. 2, annexe n° 1875, p. 835.

de l'air, et de l'appui que peuvent ainsi recevoir les batteries en action. Pétain insiste, par une autre note, sur le renforcement nécessaire des ballons d'observation et sur la constitution d'une arme nouvelle, l'artillerie antiaérienne.

Ces mesures n'ont pas eu le temps d'être appliquées pour combattre l'offensive allemande. Elles étaient alors à l'étude. Sans avions en nombre suffisant, les états-majors d'armée étaient aveugles. Ils ne pouvaient jamais connaître exactement la position des troupes, ni la direction des renforts ennemis. En période calme, les photographies d'avions apportaient des lumières. Mais la préparation d'artillerie rendait impossibles, du fait de la poussière, les reconnaissances aériennes. Pétain ne croyait qu'en la supériorité du matériel pour l'emporter sur l'ennemi qui imposait sa formule de guerre industrielle. Il n'avait pas la moindre confiance dans les contre-attaques hâtivement montées par Nivelle. Dans l'infériorité tactique manifeste où se trouvait encore l'infanterie française, n'était-il pas préférable qu'elle s'enterre ?

*

* *

Le 11 juillet, le général Mangin exerce en personne le commandement de tout le secteur et exige une contre-attaque générale sur Fleury pour reprendre la position. Duport en est chargé, avec les fantassins du 100e régiment. L'échec de cette tentative provoque une réaction de colère de Nivelle : « Les fautes les plus graves ont été commises, écrit-il [1], fausse direction prise

---

1. *Ibid.*, annexe 2314, p. 1329.

au départ, perte de contact, dès la marche d'approche, entre les deux bataillons d'attaque. On ne saurait admettre des demi-attaques incomplètement préparées, mal exécutées. Tout chef qui commet de pareilles fautes... ne doit pas conserver son commandement. » Duport accusait à son tour les chefs d'unité qui avaient permis l'avancée allemande, dans un rapport expédié à Nivelle. « L'attaque allemande, expliquait-il le 15 juillet, a permis seulement à l'ennemi de gagner au maximum... quatre cents mètres de terrain au sud de Fleury, sur une largeur de huit cents mètres. Les troupes qui défendaient cette partie du secteur ont disparu. » On peut se demander ce qu'elles sont devenues. Il semble que le général Duport ne veuille pas admettre qu'elles se soient rendues. « Il n'est pas possible, dit-il, de déterminer les causes qui ont fait disparaître toutes les unités qui étaient aux abords de Fleury... Le terrain aurait sans doute pu être repris, si les troupes du 100e avaient exécuté avec plus de vigueur et de décision la contre-attaque, et si leurs mouvements avaient été mieux dirigés. » Le responsable est donc le colonel et les chefs de bataillon du 100e, de la division Riberpray, et plus précisément le général de la 256e brigade. Duport estime que sa propre responsabilité n'est pas engagée.

Comment ne pas voir cependant que l'état du terrain, troué d'obus, l'air irrespirable en raison des vapeurs de chlore sont autant de gênes pour une progression d'unité ? S'obstiner à lancer des attaques dans ces conditions, n'est-ce pas méconnaître les possibilités réelles de l'infanterie, qui peut au contraire profiter de la nature du terrain pour reconstituer des lignes de tir contre les assaillants ? Où est alors la véritable responsabilité ?

Nivelle, le 12 juillet, donne son accord à Mangin pour qu'il reprenne le village de Fleury et qu'il engage son attaque le 13 sur le front de Souville. Mais personne ne sait au juste ce qui se passe dans le fort de Souville.

L'état-major de brigade est prisonnier de l'ennemi. Nivelle doit se rendre en personne au hameau de Regret, où se tient le P.C. de Mangin pour apprendre qu'une brèche est ouverte entre les divisions Duport et Riberpray. Sa réaction est immédiate : il faut reprendre immédiatement le poste de commandement du colonel Leyrand. L'opération montée par un bataillon du 217e réussit si bien que les premières lignes s'aventurent loin chez l'ennemi et que deux compagnies d'assaut sont capturées. Nivelle, toujours aveugle, envoie des officiers de cavalerie pour s'informer.

Les hommes enterrés dans le fort de Souville sont paradoxalement mieux informés que le commandant d'armée. Le capitaine Decap, qui a rejoint Dupuy, organise la résistance dès trois heures du matin. Il fait rentrer ses hommes dans les souterrains et les caves pour qu'ils ne souffrent pas du bombardement lourd allemand. Les sentinelles laissées en surface sont tuées. Un sous-lieutenant sort du fort à la première accalmie, il apprend l'approche des Allemands qui attaquent à partir du village de Fleury. Le renseignement provient du capitaine Popis, qui se tient à proximité du fort avec deux sections de mitrailleuses du 7e d'infanterie. Un major qui vient de l'observatoire de Popis donne au fort des nouvelles de l'assaut. Les Allemands le talonnent, ils sont là !

Le lieutenant Dupuy ne perd pas son sang-froid. Il fait sortir ses hommes, le sac plein de grenades. Les territoriaux mitraillent. Au-dehors, les pièces du 7e régiment fauchent de flanc les colonnes d'assaillants. Les Allemands sautent dans les trous pour se cacher, l'assaut faiblit, puis s'arrête. Dupuy fait prisonniers les quelques *Feldgrau* encore présents sur les superstructures. Puis il organise spontanément sa liaison avec les soldats du 7ᵉ d'infanterie, pour reconstituer spontanément une ligne de résistance.

L'État-Major est si peu au courant de l'action héroïque de Dupuy, du sergent-fourrier Raffin, du caporal Bournaix, des soldats Bertho et Moisset qu'il fait battre le fort par l'artillerie française. Les défenseurs doivent, par tous les moyens, prévenir la brigade pour qu'elle fasse cesser le tir. C'est alors l'ennemi qui prend l'ouvrage sous le feu de ses canons lourds.

Mais la relève arrive, à onze heures du matin, le 12 juillet. Les chasseurs du 25ᵉ bataillon remplacent les fantassins épuisés du 7ᵉ régiment qui ont, seuls, avec la poignée d'hommes présents dans le fort, arrêté l'attaque allemande. Les bataillons du Kronprinz ont échoué. S'ils tiennent le carrefour de la Chapelle-Sainte-Fine, ils n'ont pu s'emparer du fort de Souville, comme si leur attaque s'était épuisée, arrêtée par les tirs de mitrailleuses et les rafales de 75.

« Les objectifs fixés n'ayant pas été atteints, écrivait le soir-même le prince héritier de Prusse, l'ordre est désormais de se tenir sur une stricte défensive. »

*
* *

Le reflux est ainsi amorcé. Nivelle et Mangin veulent courir sus à l'ennemi exténué, sans voir que la propre fatigue de leurs troupes interdit toute poursuite. Mais ils obtiennent des troupes fraîches, la 37ᵉ division de Niessel, unité levée à Constantine et qui revient à Verdun recomplétée, la 33ᵉ de Déon, division de

Montauban. Désireux de rechercher la décision sur la rive droite, les généraux dégarnissent la rive gauche, acceptent le départ sur le front de la Somme du groupement Bazelaire, limitent à cinq divisions les effectifs du groupement de Maudhuy, du XVe corps d'armée, et à trois divisions le XXXIe corps du général Delétoile. Alors que le front de Verdun pourrait se stabiliser, et le commandement français réaliser enfin ce réseau de défenses dont il rêve depuis le 21 février 1916, voilà qu'il refuse de s'enterrer et qu'il lance sans répit des mini-offensives pour reconquérir l'ensemble des positions perdues.

Ni Joffre ni Pétain n'interviennent pour contrarier cette volonté affirmée de poursuite de l'ennemi que l'on croit exsangue. C'est que l'affaire de la Somme tourne mal : l'offensive franco-britannique ne parvient pas à rompre le front adverse. Que les Allemands reviennent sur Verdun avec un renfort de divisions fraîches, et les Français ne peuvent plus tenir la rive droite sur un front distendu, accroché à des obstacles inexistants. Le seul moyen de tenir est bien d'attaquer, sur le front Froideterre-Souville-Tavannes.

Avec ses zouaves et ses tirailleurs, Niessel rentre en ligne. Sa mission ? reprendre Fleury. Il dispose, outre sa 37e division, de ce qui reste de la 128e de Riberpray et même d'un bataillon de la 8e (Rozée d'Infreville). On prévoit une préparation d'artillerie de quatre cent dix-sept pièces pour le 15 juillet à sept heures cinquante-cinq. Ce n'est pas une petite action. Les renforts qui doivent relever les unités décimées sont déjà en route : ainsi la 31e, recrutée à Montpellier. Après avoir participé à la fin de 1915 à l'offensive désastreuse de Joffre en Champagne, elle avait passé l'hiver au repos et à l'instruction des nouvelles recrues appelées à boucher les trous ; depuis la fin de février, elle était dans un secteur calme de l'Aisne. Elle entrait à son tour dans la noria.

Par télégramme chiffré, Joffre apprenait à vingt-trois heures quarante-cinq l'échec de l'offensive du 15 juillet [1]. « L'attaque doit être reprise demain matin », concluait Nivelle. Les bataillons Miquel et Torlotting avaient perdu la moitié de leurs zouaves et de leurs tirailleurs. Mangin faisait déjà avancer la division de Montauban. Il expliquait à Nivelle que l'ennemi opposait aux colonnes d'attaque des nids de mitrailleuses qui avaient échappé au bombardement français, ainsi qu'un tir de barrage très efficace de 210. L'effectif de la division Riberpray était déjà réduit à trois bataillons et Niessel avait engagé toutes ses réserves à midi le 15 juillet. Mangin venait d'obtenir, par l'intermédiaire de Nivelle et de Pétain, que la 15e division recrutée à Dijon fût affectée au front de Souville. Elle avait passé l'hiver et le printemps dans un secteur calme des Hauts-de-Meuse, après avoir participé en 1915 à l'offensive de Champagne, elle avait repris son instruction au camp de Saffais et ne pourrait entrer en ligne avant le 19 juillet.

Mangin attaque le 18 en donnant aux unités des 8e et 37e D.I. des instructions précises. Il insiste sur le soutien d'artillerie, qui a manqué la veille aux troupes d'assaut. Il ordonne que la liaison soit à la charge des artilleurs, qu'ils délèguent auprès de chaque chef de bataillon un officier responsable avec un détachement pour le réglage des tirs. Il veut une préparation limitée aux objectifs à atteindre « très courte, mais massive ».

Sans doute répond-il ainsi aux préoccupations du général Pétain, qui avait exprimé des réserves [2] sur les

1. S.H.A., tome IV, vol. 2, annexes vol. 3, p. 5.
2. *Ibid.*, p. 89.

insuffisances de l'artillerie. Non pas pour déplorer le trop petit nombre de pièces mises en jeu, mais plutôt le mauvais fonctionnement de l'observation, qui ne permettait pas de rectifier les tirs. Les lignes allemandes étaient, par tactique, très proches des françaises. Il eût été utile de faire reculer ces dernières, le temps de la préparation, ce qui aurait permis aux artilleurs de régler des tirs plus courts. La liaison avec l'aviation avait été négligée au profit des renseignements recueillis par les observatoires, forcément moins précis. Enfin la responsabilité de la préparation était donnée à des généraux de division qui avaient passé « quatre, six ou huit mois de vie calme sur la Tourbe, la Meurthe et les Vosges », qui n'étaient « nullement préparés à la bataille si spéciale de Verdun », et qui ne savaient, ni « actionner de si grosses masses d'artillerie, ni se servir de l'aviation ». L'abdication des généraux de division incapables de maîtriser la préparation était donc la cause de l'échec. Seul un général de groupement de divisions, qui avait l'habitude du terrain et savait manier de grandes masses d'artillerie pouvait donner des ordres à une réserve massive, comparable à celle qu'utilisaient les Allemands, ainsi qu'à l'aviation de chasse et d'observation. Seul il serait en mesure d'exercer cette « volonté unique et ferme » qui était la condition du succès.

*

* *

Nivelle, après l'échec relatif du 18 juillet, préparait une nouvelle action sur la ligne Chapelle-Sainte-Fine-fort de Souville qu'il souhaitait aussi rapide que possible, parce que le 2e bureau lui signalait des préparatifs d'attaque du IIIe corps bavarois dans ce secteur.

L'opération obtient des gains partiels. Un coup de main du 169e R.I. et du 2e de tirailleurs permet de s'emparer de la Chapelle et de se retrancher dans la petite cave au-dessous des ruines. Les Algériens progressent même sur la route de Verdun à Vaux. Les zouaves ont nettoyé le ravin de la Poudrière. Mais sur d'autres points du secteur, les pertes sont lourdes : la 33e division de Montauban est fortement atteinte. On prévoit l'entrée en ligne de la 15e, qui remplacera les débris de la 128e, si éprouvée, de Riberpray. Il est aussi question de l'arrivée en ligne du général Grossetti, le héros de Dixmude, à la tête du XVIe corps d'armée.

Ces relèves rapides posent des problèmes d'adaptation aux troupes qui viennent de secteurs calmes et organisés. Mangin en avertit les chefs d'unités : la connaissance du terrain est primordiale, ainsi que son aménagement rapide et efficace, par exemple le percement de boyaux d'un trou d'obus à l'autre, ou l'utilisation des abris existants. Il faut aussi savoir que, pour organiser les contre-attaques, on doit prendre soin de placer ses réserves aussi près que possible des premières lignes, pour échapper aux tirs de barrage. À lire cet ordre du jour du chef du groupement D, on a le sentiment qu'il veut limiter les pertes inutiles dues à l'inexpérience des renforts qu'on lui expédie, et s'éviter aussi, à l'avenir, la déconvenue des échecs répétés qu'il encaisse depuis la mi-juillet. Ainsi pourra peut-être se renouveler le succès de Souville, l'arrêt de l'offensive ennemie du 12, qui avait fait nourrir tant d'espoirs dans l'armée et à l'arrière. Amertume de Mangin, qui piétine devant Fleury...

Il perdait le secteur de Tavannes, rattaché au commandement du général Baret. Il ne conservait en son pouvoir que trois divisions. Fallait-il le remplacer par

Grossetti ? Un ordre de Pétain en disposait autrement : Mangin devait rester en place « jusqu'à la fin des opérations prévues pour la reprise du saillant de Fleury », même s'il était le seul survivant de son corps d'armée décimé, ou dont les unités avaient changé d'affectation. Le ralentissement très net des opérations allemandes à partir du 20 juillet autorisait Joffre à prélever de plus en plus de moyens sur le front de Verdun. Nivelle protestait cependant avec force quand on lui retirait ses territoriaux, qui seuls pouvaient permettre de normaliser le front, d'en faire, grâce aux travaux défensifs, un ensemble cohérent de fortifications de campagne. Qu'on lui envoie « des Sénégalais, des Annamites, des prisonniers allemands ou autres », mais qu'on ne lui retire pas ses moyens de survie.

Il garde son effectif de 24 divisions, mais les répartit autrement sur le front. Il en maintient quatre en réserves permanentes, en prévision d'un retour offensif de l'ennemi. Il n'est plus question de reconquérir Douaumont, ni même Fleury ; l'armée n'en a pas les moyens. Elle use ses forces vives dans les Flandres. Les ordres d'opération de Mangin deviennent d'une prudence extrême, limitant les actions à quelques compagnies.

Un rapport du 2e bureau du 30 juillet fait état de l'usure de l'armée allemande : puisque l'opération de la Somme n'a pas réussi, le haut-commandement reprend le thème de l'« usure » dont avait parlé Falkenhayn après ses échecs sur Verdun. On estime que l'adversaire n'a en réserve que quelques divisions qu'il devra engager sur la Somme, où l'effort allié se poursuit. Il en est réduit à faire tenir certains secteurs par la *Landsturm*, il a utilisé les deux tiers de la classe 16, il instruit déjà les jeunes gens de la classe 17. Il semble qu'il retire du front de Verdun un certain nombre de batteries lourdes.

Il suffit de tenir pour assister à l'épuisement de l'armée allemande.

Le même genre de rapport est divulgué en Allemagne, par les soins du Grand État-Major. On mise aussi, à Berlin, sur l'épuisement de l'armée française, particulièrement à Verdun. Joffre ne prélève-t-il pas sur ce front des batteries d'artillerie lourde pour les expédier dans le nord ? Baret établit la défense de son nouveau secteur des Éparges à Tavannes, en économisant sur ses ressources et en étirant ses lignes. Un ordre général n° 65 signé Joffre le 31 juillet donne à entendre que la bataille de Verdun est terminée : « Soldats de la République, dit-il... par votre résistance victorieuse, dans une bataille de cinq mois, vous avez brisé l'effort allemand devant Verdun »... Désormais « le moment approche, au début de cette troisième année de guerre, où s'effondrera la puissance militaire allemande... la victoire est certaine ».

Cette proclamation est sans doute destinée à relever le moral de l'armée qui subit, pendant cet été, de graves déconvenues, mais aussi à se prémunir contre les attaques de l'opinion politique et du gouvernement Briand, toujours prompt à accuser le haut-commandement de négligence ou d'aveuglement. Joffre dresse par anticipation une sorte de bilan de sa politique de guerre, qu'il estime largement positive. Il a réussi à bloquer l'adversaire, avec des moyens moindres, en particulier à Verdun. S'il célèbre avec éclat la victoire défensive des poilus, c'est qu'il n'a pas les moyens d'envisager dans cette partie du front la moindre offensive, par exemple pour reprendre Douaumont. La meilleure hypothèse pour lui est la neutralisation du front de Verdun, que le polytechnicien Nivelle pourrait parfaitement normaliser sur les lignes actuelles.

Il reste que les Allemands disposent, là plus qu'ailleurs, d'une possibilité de réplique à l'offensive des Flandres. Ils bénéficient d'une meilleure situation d'attaque, affichent encore une réelle supériorité en moyens lourds et en aviation. Ils peuvent profiter de cette période de relèves de la IIe armée, des modifications du dispositif pour tenter une attaque qui obligerait Joffre à affaiblir son front de Somme. Le 31 juillet, c'est une possibilité, le 1er août c'est une certitude.

*
* *

Le feu de l'enfer tombe une fois de plus sur les soldats de Verdun : un bombardement de préparation qui a commencé dès le 29 juillet. L'attaque se produit à l'est du secteur de Souville, en direction de Tavannes, à la jonction de deux groupements d'armée, Mangin et Baret. Les 15e et 154e divisions en supportent le choc. Elles n'ont pas l'habitude du combat à Verdun.

Pourtant les Allemands sont contenus dans le bois de Vaux-Chapitre par le 27e régiment de Dijon. Du bois de la Laufée à Dicourt, ils sont également repoussés. Mais ils avancent au centre, sur le paysage terrifiant et dénudé de la Haie-Renard, auquel leur donne accès le ravin des Fontaines. Les coloniaux du 41e R.I.C. doivent accompagner dans leur repli, sous peine d'être tournés par l'ennemi, les deux régiments d'infanterie enfoncés au Chênois. « La journée du 1er août fut terrible, explique un soldat du 413e d'infanterie. Une véritable boucherie. La 11e compagnie, refusant de se rendre, fut brûlée vive avec les lance-flammes. Ma compagnie, la 7e, où il ne restait qu'une douzaine d'hommes (les autres tués ou blessés) était commandée par un caporal. »

La contre-attaque s'organise immédiatement, en dépit de la supériorité numérique des assaillants du corps bavarois. Les fantassins des 27e et 10e régiments, le 41e colonial réussissent à reprendre une partie du terrain perdu.

Le général Baret mène la contre-attaque, essentiellement avec les coloniaux et les Sénégalais, en liaison avec le groupement voisin de Mangin, qui, sur ordre de Nivelle, doit lui prêter main-forte. Il veut défendre à tout prix le tunnel de Tavannes, qui sert d'abri, d'infirmerie, de réservoir de vivres et de stockage de munitions. Il faut enrayer la progression d'un kilomètre réalisée par l'ennemi. Mangin, de son côté, pousse les autres régiments de la 15e division bourguignonne en direction du ravin des Fontaines, d'où est partie l'offensive. Il demande immédiatement à Nivelle le renfort d'une nouvelle division, dont un régiment pourrait être engagé dès le 3 août. L'intensité de la poussée lui laisse prévoir, comme d'habitude, une usure rapide des unités. Deux bataillons du 413e régiment se sont déjà volatilisés. Tous ceux qui croyaient pouvoir normaliser le front de Verdun doivent revenir sur leur illusion.

Il faut de nouveau des troupes fraîches et prévoir l'évacuation de très nombreux blessés : la noria repart, plus nécessaire que jamais. En dépit des recommandations des états-majors, les contre-attaques sont aussi difficiles, aussi aléatoires qu'en février. On ne peut décidément rien prévoir à Verdun. Deux compagnies du 414e dérangées en pleine nuit au repos, sont expédiées à la recherche de leurs camarades disparus. Le commandant Bissière, qui les dirige, n'a aucune indication sur les positions de l'ennemi. Il doit le repérer en avançant droit devant lui, jusqu'au premier feu, à quatre heures trente du matin. Quand le jour se lève, les bataillons de

Mangin contre-attaquent sur le flanc droit de l'avance allemande, dans la région sud-ouest de Souville. Quirien, qui commande le groupe spécialement constitué à partir de son 56e R.I. avance en plein glacis vers la Haie-Renard, malgré les tirs de barrage. Il emporte la station de Fleury et bouscule les Bavarois dans le ravin de la Poudrière, pendant que les fantassins du 10e régiment dépassent la station, gravissant les pentes. L'État-Major n'est guère au courant de ces actions, parce que la seule liaison, celle des coureurs, est aléatoire. L'un d'eux, Fernand Marche, du 130e régiment de la Mayenne, meurt en brandissant un pli de sa main ensanglantée, qui est remis au colonel Lebaud, commandant l'unité, par un autre coureur.

Les Sénégalais sont lancés dans la nuit du 2 au 3 avec le 41e R.I.C. qui perd un tiers de ses soldats. Les Noirs accusent soixante pour cent de pertes au sud de l'ouvrage de la Laufée. Les attaques se poursuivent, meurtrières, dans la journée du 3 août. L'artillerie allemande ne cesse pas de tonner, avec des obus de gros calibres. L'assistance de l'aviation aux batteries françaises est toujours insuffisante : l'État-Major fait état de cinq réglages seulement en vingt-quatre heures. Par contre les appareils ennemis « font du barrage ». Les recommandations de Pétain n'ont pas été suivies.

Pourtant les deux groupements E et F (Mangin et Baret) ont mis en commun leurs ressources d'artillerie lourde, chargée de battre toute la nuit la zone d'attaque. L'artillerie divisionnaire regroupée lui prête main-forte en attaquant au plus près des lignes françaises. Pour renseigner le commandement de l'artillerie sur l'évolution des combats au sol, des procédés divers sont imaginés, depuis les « paniers de pigeons » jusqu'aux fusées. Il est prévu de déployer au sol des panneaux blancs sur les lignes et les P.C. pour alerter les aviateurs, dont on espère visiblement le concours, à la 154e division chargée de la contre-attaque. De fait, ils effectuent dans la journée vingt-cinq sorties qui permettent à l'État-Major de délimiter la ligne du front, mais ils procèdent seulement à cinq réglages d'artillerie. Les canons tirent encore sans aucune indication précise sur l'impact des obus. Une note de Nivelle du 4 août déplore « que le commandement de l'artillerie du groupement E.F. n'ait pas été adapté aux circonstances ».

*

* *

À l'extrême ouest du secteur, le 96e R.I. progresse et enlève les ruines de l'ouvrage de Thiaumont, où il réussit à se retrancher. Le village de Fleury est aussi repris, au prix de pertes lourdes. Le colonel Leschères, qui commande le 10e R.I. est tué au combat. L'offensive française s'arrête en raison du violent tir de barrage. Une nouvelle préparation d'artillerie est nécessaire si l'on veut poursuivre l'effort. Un message du colonel Tisserand, du 27e d'infanterie, met en émoi Collas, qui commande la division de Dijon : « Le ravitaillement, dit-il, est arrivé la nuit dernière d'une manière insuffisante, permettant de ne pas mourir de faim et de soif. Une source peu abondante est exploitée au maximum. Les hommes sont exténués, mais le moral reste bon. » Et le colonel implore « un puissant barrage d'artillerie réglé par avions. Je vous envoie, dit-il, mon dernier pigeon ».

L'attaque allemande du 4 août est puissante, précédée d'un bombardement destructeur. Elle permet de reconquérir les points d'appui que les Français avaient enlevés la veille, en faisant de nombreux prisonniers. Les renforts envoyés par Nivelle sont immédiatement engagés et partiellement anéantis. Le saillant de Thiaumont, les ruines de Fleury sont l'objet de combats meurtriers. L'héroïque 96e régiment a perdu mille deux cent quatre-vingt-cinq hommes et trente-six officiers. Le 10e a encaissé cinq bombardements aux gaz asphyxiants et repoussé deux assauts. Le 56e, dans le secteur de la Haie-Renard doit être relevé par le 65e : il est pratiquement exterminé. Le 20e a perdu mille hommes depuis sa montée en ligne, le 22 juillet. Il a supporté plus de dix jours d'enfer. Le 4e zouaves a laissé presque tous les siens dans cette journée du 5 sur le champ de bataille où se reconnaissent les capotes kaki de l'armée d'Afrique. Les soldats du midi, des XVe, XVIe et XVIIe corps sont décimés dans l'enfer du ravin des Vignes.

Nivelle doit prévoir la mise au repos pour dix jours de la 30e division d'Avignon, qui doit être recomplétée. Mangin demande lui-même à Nivelle de relever la 33e division de Montauban qui a subi des pertes très sévères et perdu presque tous ses officiers. Mais la 31e de Montpellier, aux ordres du général de Cadoudal, se fait encore décimer dans le secteur de Thiaumont, sans espoir immédiat de relève.

Impatienté par les reculs effectués à partir de positions conquises à grands frais, Nivelle diffuse le 6 août une note de service où il reproche aux chefs d'unité de s'assurer constamment de l'arrière de leurs lignes, au lieu d'aller de l'avant. Il explique ainsi les échecs subis par les Français la veille. « Cet état d'esprit, dit-il, est le contraire de l'esprit offensif. » Mécontent du moral de certaines unités, il demande à Pétain, le 6 août, le renfort d'une division, en raison de la rapidité de l'usure.

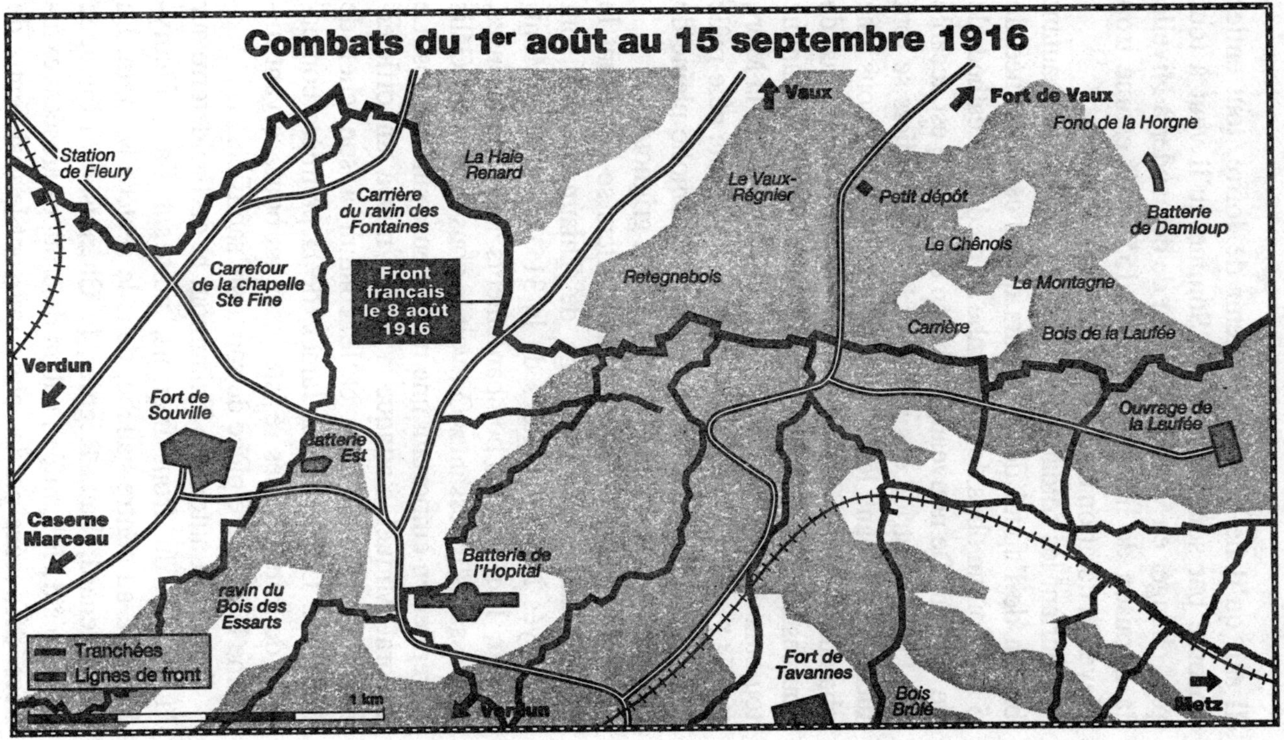
Combats du 1er août au 15 septembre 1916
Vaux
Fort de Vaux
Fond de la Horgne
Station de Fleury
La Haie Renard
Le Vaux-Régnier
Petit dépôt
Carrière du ravin des Fontaines
Batterie de Damloup
Le Chênois
Carrefour de la chapelle Ste Fine
Front français le 8 août 1916
Retegnebois
La Montagne
Carrière
Bois de la Laufée
Verdun
Fort de Souville
Batterie Est
Ouvrage de la Laufée
Caserne Marceau
Batterie de l'Hopital
ravin du Bois des Essarts
Tranchées
Lignes de front
Fort de Tavannes
1 km
Verdun
Bois Brûlé
Metz

Il sait qu'il ne peut rien obtenir de Joffre, tout entier absorbé par son échec de la Somme qu'il veut à tout prix changer en victoire. Il vient de demander à Nivelle la livraison de huit batteries de 155, et il estime trop élevée la dotation en 75 de cette partie du front.

Pourtant les soldats de Verdun n'ont jamais eu autant besoin de l'appui des artilleurs qu'en cette journée du 5 août, où un obus de 380 tombe au pied de la cathédrale de Verdun. De nouveau, le champ de bataille est accablé par l'odeur putride des morts, et les brancardiers se font tuer en évacuant les très nombreux blessés, sous une chaleur torride. En dépit des quelques captations de sources réalisées sur ordre de Mangin, l'armée manque toujours d'eau et meurt de soif. Dans le ravin de la Mort, l'abbé Peytavin, brigadier au 9e R.A.C. « saute pêle-mêle (avec ses camarades) dans une cagna démolie pleine de morts en putréfaction et de rats qui les grignotent ».

Des combats acharnés et meurtriers se déroulent le 8 août autour de l'ouvrage de Thiaumont. Là sont employés les compagnies de la 31e division de Montpellier, livrées aux bombardements les plus intenses, aux assauts incessants. On voit le sous-lieutenant Gélis se replier en emportant une mitrailleuse sur son dos. Le caporal Miquel s'attaque à mains nus à un officier-mitrailleur, le terrasse et le conduit à son chef de bataillon. Le lieutenant James, de la première compagnie de mitrailleuses résiste jusqu'au bout, servant lui-même la dernière pièce de son unité sacrifiée.

On se bat autour de Thiaumont et de Froideterre sur la gauche du front français, puis sur l'axe Fleury-Souville au centre gauche, dans le secteur Mangin. La Haie-Renard, Vaux-Régnier, le Chénois, la Montagne et le bois de la Laufée : autant de croupes arasées, exfoliées, défoncées par les obus, qui sont le vrai centre de l'attaque allemande vers Retegnebois, bois de Contant, puis la batterie de l'Hôpital et le fort de Tavannes. Là, dans le secteur du général Baret qui se prolonge à l'est vers l'ouvrage de la Laufée, le fond de Dicourt, le tunnel et la fontaine de Tavannes, ont lieu les plus furieux combats, ceux qui décident du sort de la bataille. La poussée allemande vers le sud doit être arrêtée. Elle doit être aussi contre-battue de flanc depuis Froideterre jusqu'à Fleury et Souville. Du tandem Mangin-Baret dépend alors le sort de Verdun.

En tenant la crête de la Poudrière, à l'ouest, les Allemands se sont assurés d'un avantage stratégique : ils peuvent à tous moments faire descendre leurs renforts, acheminés par les ravins jusqu'au bois des Vignes ou au bois de Fleury qu'ils bordent déjà sur ses lisières nord. Ils n'ont plus alors qu'à s'emparer des côtes de Belleville et du fort Saint-Michel pour être devant Verdun. Même menace à l'est, où ils se sont avancés jusqu'à l'orée du bois de Contant et du bois de la Laufée : leur prochaine étape est le fort de Tavannes, qui domine la route nationale de Verdun à Metz.

Nivelle ne cesse de répéter que la partie décisive se joue. Qui l'écoute ? Le Grand État-Major ne songe qu'à prélever des canons et des effectifs pour la Somme. Il dispute à Nivelle ses batteries de 75. Le général de la IIe armée explique qu'il en a trois cent trente-neuf sur la rive gauche, et deux cent soixante-dix-huit sur l'autre rive. « Faites-les passer d'une rive à l'autre », conseille Joffre, qui refuse tout moyen supplémentaire, même si Nivelle lui représente que l'usure des pièces, dans la bataille de la rive droite, qui est engagée, est de quinze par jour.

Pétain est le seul à attirer l'attention de Joffre sur le caractère particulier de la nouvelle bataille de Verdun. Il sait que le généralissime s'est habitué à l'idée que le poilu tiendrait, qu'il supporte difficilement qu'on lui parle de Verdun, autrement que pour réclamer des renforts destinés à remplacer raisonnablement les unités détruites, à une cadence déjà calculée par les statisticiens de Chantilly. Pétain lui énumère les divisions à bout de force, la 33e de Montauban, la 38e d'Alger, la 27e de Grenoble : celles-ci ne peuvent plus tenir. Quand elles défileront à l'arrière, au retour des lignes, drapeau en tête et clairon sonnant, elles auront la consistance d'un bataillon. « L'usure se maintient, dit Pétain, toujours très rapide. L'ennemi nous dispute le terrain pied à pied et n'hésite pas à mener des actions offensives puissantes et sur un front important (témoin, celle du 1er août dernier). » Le général commandant les armées du centre-est semble regretter que la bataille se soit engagée sur la rive droite, comme si nos offensives de juillet avaient provoqué les Allemands. « Nous ne sommes plus libres, dit-il, de nous arrêter tant que les Allemands continueront à réagir par des contre-attaques violentes. »

C'est Nivelle et Mangin, non Pétain, qui ont choisi cette politique dite de l'« esprit offensif ». Ils ont engagé le front de Verdun dans un cycle qui enlève à l'État-Major français le choix des moyens. Il faut suivre, sous peine d'être battus. « Cesser brusquement l'attitude agressive, conclut Pétain, serait nous exposer à perdre les résultats acquis jusqu'ici. »

*

* *

Les attaques meurtrières, de part et d'autre, se poursuivent donc pendant le mois d'août, même si elles ont perdu en intensité. La 31e division de Montpellier, déjà si éprouvée, est encore conviée le 9 août par Cadoudal à prendre d'assaut l'ouvrage de Thiaumont, perdu, reconquis, et reperdu. Heureusement l'opération est décommandée le lendemain, pour cause de relève. La 31e division est alors matraquée par un bombardement de pièces lourdes qui oblige les hommes à s'entasser dans les rares abris, ou dans le fond des trous d'obus. Le lendemain, Cadoudal réveille les chefs de bataillons en leur annonçant la bonne nouvelle : l'attaque est reprise le 11 août.

– Ne pas oublier de former les équipes de nettoyeurs de tranchées et de travailleurs.

Quant à la 38e division d'Alger, que Pétain a signalée à Joffre pour son état squelettique, elle est invitée, le 11 août, « à la progression à la grenade dans Fleury ».

La 27e division de Grenoble, qui n'a pas été relevée malgré ses pertes, est prévue pour une attaque du Chênois, aux ordres du colonel Putois. Pétain envoie une note comminatoire à Joffre le 11 août pour qu'il assure la « relève immédiate » des trois divisions concernées (33e, 38e, 27e). « L'urgence est absolue » dit-il. Craint-il des refus de monter en ligne ? Il demande « une autre division dans les plus brefs délais ». En fait, il ne fait que reprendre et appuyer une demande de renforts que lui a adressée Nivelle le matin-même. « La mission de la IIe armée, lui rappelait-il [1] reste la même, sauf ordres contraires (que Joffre n'a nullement envoyés) : barrer à l'ennemi la route de Verdun et retenir sur son front le maximum de forces allemandes (Directives du 10 juillet n° 6855). »

Cette mission ne peut être accomplie, insiste Nivelle, « qu'en pratiquant une défense très active ». Même si

1. *Ibid.*, annexe n° 2868, p. 597.

les Allemands n'attaquaient pas, il aurait donc besoin d'un afflux régulier de troupes fraîches. Les résultats sont, de son point de vue, encourageants : il a réussi des reconquêtes partielles de terrain, « à la suite d'opérations heureuses accomplies depuis le 15 juillet ». Il oublie de rappeler que les Allemands ont fortement progressé dans leurs attaques depuis le 1er août. Il rappelle que les divisions françaises réellement en ligne sont dix-sept, contre vingt-six allemandes et qu'il ne demande que les troupes « strictement indispensables ». Pétain s'engage devant Joffre à prélever immédiatement des unités sur son propre groupe. Dans cette affaire, il ne précède pas Nivelle, même s'il désapprouve son « esprit offensif », il le suit.

L'offensive sur Thiaumont a échoué. Les hommes se sont fait tuer par les mitrailleuses allemandes et par les tirs de barrage. Le régiment colonial s'est fait décimer sur la crête de Fleury, où il a avancé pied à pied. La progression des zouaves et des tirailleurs est évaluée « entre trente et cent mètres ». Une nouvelle attaque est aussitôt programmée le 12 août. « Les opérations seront continuées sans répit », écrit Cadoudal, et le colonel Putois, de nouveau chargé de l'affaire, ajoute [1] : « remplir les bidons au maximum – distribuer de la gnole. »

Le 14 août, Mangin lui-même demande la mise au repos de la 31e division qui doit gagner, à l'arrière immédiat, sa « zone de reconstitution ». Il précise qu'elle « n'est pas utilisable avant une certaine période de repos et qu'elle est incapable de fournir un renfort en cas d'attaque ». Il est d'accord pour que la division d'Alger (la 38e) soit aussi relevée, parce qu'il sait qu'elle est destinée à être engagée dans la prochaine attaque et qu'elle éprouvera des pertes sérieuses, mais il

1. *Ibid.*, annexe n° 2890, p. 631.

exige qu'elle ait au moins dix à douze jours de repos « dans de bons cantonnements loin du front » et qu'elle soit recomplétée avant de pouvoir remplacer la division de Montauban, pourtant épuisée, qui est maintenue en ligne.

Pour une nouvelle attaque, « qui aura peut-être lieu à partir de mercredi 16 août courant », Baret demande au moins un régiment frais pour renforcer le contingent de Putois. C'est impossible, Mangin repousse l'attaque au 18 août avec les maigres moyens dont il dispose. Ce jour-là, le régiment colonial est encore en première ligne (38e division d'Alger), il s'empare « sous un feu violent de mitrailleuses » du village de Fleury « à l'exception d'un petit pâté de ruines situé à l'est de la lisière est du village ». Il a été soutenu par le régiment mixte de zouaves et de tirailleurs.

L'emploi des troupes coloniales dans ces combats du mois d'août est intensif. Le soldat Pasquier relève le 10 août les Sénégalais sur les pentes de la Laufée : « Au petit jour, dit-il [1], un épouvantable spectacle s'offre à nos yeux. Le sol est jonché de cadavres, des Allemands, des Noirs, des coloniaux. Certains sont atteints d'affreuses blessures et sont étendus dans leur sang. D'autres ne présentent aucune plaie apparente et semblent endormis. Cependant la douleur et l'effroi se lisent sur leurs masques. »

Depuis le 10 août, le régiment d'infanterie coloniale du Maroc est engagé dans les ruines de Fleury, dont il s'est emparé le 17 à la suite d'une attaque soutenue par l'artillerie et l'aviation ; les poilus affirment avoir vu ce jour-là au-dessus de leurs têtes dix biplans français protégés par des avions de chasse. L'infanterie coloniale

1. Péricard, *op. cit.*, p. 346.

chante la Marseillaise en attaquant derrière le commandant Dualin, un des premiers tués. Le colonel commandant le régiment refuse d'être relevé. Il veut à toutes forces achever sa conquête. Quand il abandonne enfin le secteur, dans la nuit du 18 au 19, ses pertes sont effroyables.

L'entrée en ligne de deux nouvelles divisions (la 32e de Perpignan et la 73e de Toul) a été nécessaire dans la journée du 18 août. Les bataillons ont été acheminés d'urgence sur les points menacés, par exemple dans le bois de Vaux-Chapitre où la tranchée du lieutenant Goliard « est montée avec des cadavres raidis entremêlés de sacs de terre ». Un épisode montre l'horreur des corps à corps : le sous-lieutenant Meffrey, du 143e régiment de Castelnaudary est tué par balle. « Cependant, il ne tombe pas tout de suite. La canne qu'il portait constamment s'était fichée en terre et comme il s'appuyait de tout son poids dessus, il était demeuré en équilibre. Les Allemands exaspérés par cet homme qui, de loin, semblait les narguer, ouvraient des feux de salve sur lui. Il ne tomba pas encore cependant et il fallut la poussée d'un de ses hommes pendant une accalmie pour le faire basculer. » Godin, un grenadier de groupe franc qui évoque ce douloureux souvenir était un engagé de dix-huit ans. Il venait d'apprendre que son père, canonnier au 43e régiment, venait de mourir. Les pertes dans tous les bataillons engagés étaient considérables. Le feu allemand n'avait rien perdu de son intensité et les avancées de la ligne française étaient très chèrement payées.

*
* *

Les efforts de Nivelle tendent non seulement à récupérer le terrain perdu, mais à organiser le front en faisant procéder à des travaux défensifs. Il relève sur les photographies aériennes que les Allemands se retranchent solidement. Le temps est peut-être venu de fixer le front de Verdun, en attendant d'autres opportunités. Les instructions données à partir du 20 août vont dans ce sens. Il est remarquable que l'armée commence à se préoccuper des armes nouvelles, et en particulier des chars d'assaut qu'une note de l'état-major des armées de l'est appelle les « cuirassés ». On envisage l'emploi de ces engins, déjà expérimentés par les Britanniques, à raison de trente par kilomètre de front. Il n'en est pour l'instant pas question au groupe des armées du centre.

Les bombardements et les attaques se poursuivent, avec des effectifs plus restreints, sur tous les points sensibles de la ligne de Verdun, au moment où le ministre de la Guerre, Roques, fait savoir que le recrutement a les moyens d'entretenir les effectifs des armées en l'état actuel jusqu'au 1er juillet 1917, mais qu'il faudra alors envoyer la classe 1918 dans les unités d'instruction. L'usure des divisions reste constante. Une note de Baret du 21 août constate que la 73e division de Toul, à peine entrée en ligne, devra être envoyée dans une « zone de reconstitution » au plus tard douze jours après son engagement. Il demande une nouvelle division fraîche. Nivelle répercute sur Pétain. Son armée, dit-il, n'a plus que vingt-deux divisions en ligne, sans aucune réserve. La noria se poursuit à Verdun.

Une nouvelle attaque de la 32e division de Perpignan, qui vient de se faire décimer est prévue le 23 août au nord de Fleury. Elle réussit pleinement et permet de faire cent cinquante prisonniers. Mais il faut aménager la position, sur la crête de Fleury battue par le canon ennemi. Une autre attaque, menée par la 27e division, est lancée sur le front de Chênois-Vaux-Régnier. Cette politique offensive exige des renforts continuels. Pour la première fois, par une note du 24 août, Pétain modère Nivelle : « Je vous prie de bien vouloir vous conformer strictement, écrit-il [1], aux directives données par le général en chef... en prenant toutes mesures utiles pour arriver à réduire l'usure des troupes... en échelonnant dans le temps et d'après leur ordre d'urgence, ainsi que l'ont pratiqué les troupes allemande opposées à la IIe armée, les attaques que vous méditez, afin de pouvoir reconstituer entre deux opérations successives les troupes et les stocks de munitions, et vous suffire dans la mesure du possible avec les ressources actuelles de la IIe armée. »

Les attaques locales se poursuivent néanmoins. Pétain en informe Joffre, en minimisant les conséquences des « offensives ». « L'usure continue à être rapide, dit-il, beaucoup plus par le fait d'un bombardement continu que par suite des opérations offensives engagées. » Joffre exige que toutes les armées réalisent « une stricte économie des forces », en raison des besoins de la bataille de la Somme. Nivelle persiste. Il envoie le 26 août une instruction aux chefs de groupement. « Il importe, dit-il, de poursuivre sans arrêt les opérations offensives. » Pourquoi cette obstination ?

Les renseignements du 2e bureau ont-ils annoncé une reprise des attaques allemandes sur ce front ? On n'en trouve pas trace dans les archives. Par contre les positions enlevées à grands frais par les unités d'assaut indiquent, des deux côtés, la volonté de trouver une issue à la bataille de Verdun. Falkenhayn est remplacé le 27 août par Hindenburg. Le commandement alle-

1. *Ibid.*, annexe n° 3062, p. 873.

mand redoute une crise du moral, il recherche un succès à Verdun où les déserteurs sont nombreux dans les lignes, où les Français font un nombre croissant de prisonniers. Il faut montrer aux troupes encore nombreuses sur ce front que le Kronprinz n'a pas renoncé à prendre Verdun.

Il en est de même de Nivelle, dont les actions sont manifestement destinées à préparer une offensive décisive, quand les circonstances le permettront. Son instruction pour les groupements du 1er septembre affecte de considérer l'œuvre de consolidation des positions comme primordiales, et présente ses actions offensives comme autant de « petites actions continues, échelonnées dans le temps ». En apparence, il répond aux remarques de Pétain et aux nouvelles directives de Joffre. Il va même jusqu'à admettre, par l'ordre général n° 370 du 2 septembre, qu'« à titre d'essai seulement, la route Bar-le-Duc-Verdun soit ouverte aux convois hippomobiles, dans les deux sens ».

Il est pourtant remarquable que Mangin lance le bataillon Pauly (dont le chef se fait tuer dans l'assaut) sur la crête de Fleury. Au prix de deux cent soixante-cinq poilus qui restent sur le terrain, Mangin s'empare d'une position stratégique, dominant le ravin des Vignes, qui permettra plus tard de lancer l'attaque sur Douaumont. C'est dire qu'il n'a nullement renoncé à ses intentions.

Hindenburg réanime le front de Verdun. La Ve armée du Kronprinz impérial compte encore six divisions de la butte de Vauquois jusqu'à la rive gauche de la Meuse, six divisions sur la rive droite dans le VIIe corps de réserve, quatre divisions au Xe corps de réserve et trois divisions au moins attribuées au XVe corps, sans compter, en réserve d'armée, une division supplémentaire composée d'une brigade bavaroise et de la 66e brigade. Un travail patient et constant d'interrogatoires de prisonniers a permis au Grand État-Major d'aboutir à cette estimation de vingt divisions allemandes présentes sur le front de Verdun. Les Français, pour la première fois, y auraient un léger avantage en nombre, même si l'adversaire conserve sa supériorité en artillerie.

Résigné à ne pas obtenir de batteries lourdes supplémentaires pendant la durée de l'offensive de la Somme, Nivelle compte sur les mortiers de tranchée et les lance-grenades, ainsi que sur la généralisation du fusil-mitrailleur pour accroître l'efficacité du combat d'infanterie. Il ne dispose en effet, à la date du 1er septembre, que de soixante-neuf pièces d'artillerie lourde sur les deux rives de la Meuse, dont trente 155 courts à tir rapide. C'est peu si Hindenburg décide de réanimer le front de Meuse.

Ses craintes deviennent réalité au début de septembre : l'ennemi, que l'on croyait calme, revient à l'offensive. Une première attaque d'envergure est engagée le 3 septembre du côté de Vaux-Chapitre. Elle permet aux troupes d'assaut de s'avancer dans le ravin des Fontaines et de mettre à mal le 212e régiment. C'est la dernière offensive allemande sur le front de Verdun, qui se prolonge jusqu'au 15 septembre.

Les pertes sont encore élevées en raison des violents bombardements d'artillerie, mais les Francais réussissent à tenir leurs positions et même à contre-attaquer sur plusieurs points. À la Haie-Renard, à Retegnebois, les obus font des ravages. Nivelle confie à Mangin le groupement Baret pour obtenir plus d'unités de commandement et une concentration des moyens d'artillerie. Le général Prax, à la tête d'une division initialement levée à Bordeaux obtient le concours d'un bataillon de Sénégalais pour une contre-attaque au sud du ravin des Fontaines. Ils sont anéantis par des tirs de mitrailleuses : « De pauvres Noirs, explique plus tard un sergent d'infanterie, blessés depuis plusieurs jours, agonisent lentement. Exposés en plein jour au soleil et aux mouches, ils nous accrochent par la capote pour nous demander à boire. » Personne n'a d'eau à Verdun, après les trois mois d'été et les Sénégalais, comme tant d'autres, meurent de soif.

Les lignes de la 73e et de la 68e division sont reconquises, après d'âpres combats. Des progrès intéressants sont tentés pour obtenir la liaison commandement-troupes au sol-avions par la T.S.F. On parvient ainsi à toucher des points éloignés de quatre kilomètres. Les recherches sont activement poussées à l'armée Nivelle, qui utilise de plus en plus les avions pour l'observation des lignes pendant le combat. Le lieutenant Wiedemann, suit ainsi les attaques à moins de cent mètres d'altitude à l'armée Mangin, tirant sur l'ennemi à la mitrailleuse. Nivelle attache une telle importance à l'aviation qu'il organise sur son front avec méthode la répartition des escadrilles et des ballons par corps d'armée. Avec les trop faibles moyens dont il dispose (quatre escadrilles) il obtient l'intervention plus fréquente des aviateurs dans les réglages d'artillerie.

Il est extrêmement affecté par l'explosion accidentelle du tunnel de Tavannes, qui le prive, dans une partie vitale du front, d'un abri pour les hommes et les secours, d'un poste de commandement pour la 146e brigade et d'un précieux dépôt de matériel et de munitions. Dans le rapport du 23 septembre de la IIe armée, on attribuait l'incendie à l'explosion des fusées et des grenades portées par une corvée à l'entrée du tunnel. Le feu aurait pris sur le dos des ânes et se serait transmis à un dépôt de matériel inflammable : quatre cent soixante-quatorze soldats y auraient trouvé la mort, dont le colonel Florentin, commandant la 146e brigade.

Une entrée du tunnel ouvrait sur le front allemand. Il était impossible d'évacuer les hommes asphyxiés de ce côté, sous peine de périr dans le bombardement. Une nappe de gaz opaque couvrait l'intérieur de l'ouvrage, tuant les gens malgré les masques, dans des conditions particulièrement atroces. On devait retrouver des centaines de corps calcinés. L'incendie se poursuivait pendant plusieurs jours, alors que sur la ligne de feu, les hommes continuaient à mourir dans les attaques destinées à reconstituer les positions perdues.

Le moral en était-il affecté ? Les officiers constataient que les Allemands se rendaient plus volontiers lors des attaques, qu'ils semblaient satisfaits d'échapper au massacre. Les fraternisations n'étaient sans doute pas rares dans les secteurs revenus au calme, puisque Pétain, le 12 septembre, exigeait que ces « relations » entre Français et Allemands fussent « réprimées avec la dernière énergie ». Il menaçait les soldats de conseil de guerre et les officiers des « sanctions les plus sévères ». Depuis sept mois, jour et nuit, les hommes mouraient à Verdun. Pour leur faire accepter de nouveaux sacrifices, pensait plus que jamais Nivelle, il fallait leur donner la victoire.

Chapitre 7

LA VICTOIRE DE VERDUN

La pluie tombait en octobre sur Verdun, ramenant la boue dans les tranchées, annonçant un deuxième hiver de souffrances. L'offensive de la Somme avait échoué, emportant l'illusion que la guerre pouvait se terminer vite, grâce au renfort des nombreuses divisions britanniques. On ne voyait plus, au front, d'issue au conflit. Les armées étaient condamnées à rester enterrées jusqu'à l'épuisement d'un des adversaires, peut-être jusqu'à l'éclatement d'une révolution. L'état d'esprit était morose. Le 13 septembre, le président de la République, Raymond Poincaré, s'était rendu à Verdun pour remettre, dans les galeries souterraines de la citadelle (toujours menacée par le tir des canons lourds) la croix de la Légion d'honneur attribuée à la ville martyre, ainsi que des décorations étrangères. Joffre, Pétain, Nivelle, Mangin désormais chef unique sur la rive droite de la Meuse, assistaient à la cérémonie. Chacun savait qu'à Verdun comme ailleurs, le front s'enlisait. À quand le réveil ?

L'opinion parlementaire dans sa majorité l'exigeait. L'esprit public condamnait cette guerre sans fin, que l'on ne savait pas mener à terme. On avait instauré le contrôle des prix sur certains produits, le charbon, les céréales. L'indice de la viande avait grimpé de moitié, celui des pommes de terre atteignait cent soixante-sept pour cent en 1914. Les salaires avaient monté moins vite. Ceux des femmes, déjà employées dans l'industrie, étaient très inférieurs à ceux des hommes démobilisés, affectés aux usines, haïs par les soldats des tranchées. Les veuves de guerre, très nombreuses à la campagne, avaient du mal à assurer les travaux agricoles. Les récoltes s'en ressentaient, et l'on commençait à craindre le rationnement.

Ces difficultés, ainsi que les pertes accablantes subies au front encourageaient l'opposition d'extrême gauche. La participation des socialistes au gouvernement (c'est-à-dire « l'union sacrée ») serait remise en cause à la fin de 1916 par le congrès national du parti. Par mille trois cent soixante-douze voix contre mille six cent trente-sept, une forte minorité de congressistes se prononcerait contre cette participation, qui avait fait d'Albert Thomas un ministre de l'Armement. Une part importante du parti, celle des « minoritaires » recommanderait la discussion internationale avec tous les autres socialistes européens, même allemands et autrichiens.

En octobre, ces positions n'étaient pas clairement affirmées, mais des députés demandaient à la Chambre un contrôle organisé de la politique de guerre, une « délégation directe » d'une trentaine de députés élus par la Chambre pour se rendre aux armées : « à guerre longue, contrôle nécessaire », disait alors André Tardieu, très proche de Clemenceau. « La guerre, qui était jadis la manifestation de la force des monarchies pour défendre l'intégrité de leurs royaumes est devenue, par l'arrivée au pouvoir des démocraties, la lutte pour la défense des nationalités. Les parlements ont le droit de contrôler les moyens par lesquels se fait la guerre, pour que ne périssent pas les nations, dont ils sont les représentants. » Cette opposition n'embarrassait pas encore gravement le cabinet Briand, pas plus que les interruptions des quelques députés minoritaires de la Chambre, tel Brizon qui déclarait à la tribune, le 15 septembre 1916 : « Négocions. On n'a pas le droit de jeter les milliards du peuple dans l'abîme, et les hommes sous le feu roulant de la mort. On peut et on doit négocier. » Briand avait vertement répliqué, applaudi par la quasitotalité des députés debout, qui demandaient l'affichage de son discours : « Négocier la paix ! Quel défi ! et quel outrage à la mémoire de tous nos morts !... Cette paix serait humiliante et déshonorante, il n'y a pas un Français qui puisse la désirer. »

Ce que les Français dans leur majorité exigeaient, après tant de sacrifices déjà consentis, c'était bien la paix de victoire aux côtés des alliés et l'opinion publique allemande réagissait de la même manière, en demandant au commandement plus d'efficacité. Pour cette raison Falkenhayn avait cédé la place à Hindenburg qui représentait le jusqu'au-boutisme de la guerre. La présence de Nivelle et de Mangin à la cérémonie de Metz indiquait suffisamment que, pour Poincaré parlementaire lorrain, la seule issue possible à la guerre était la victoire, par ce que Nivelle appelait « l'esprit d'offensive », dont les combattants de Verdun venaient de donner la preuve, en se sacrifiant pour reprendre les lignes perdues. Manifestement tout poussait à faire évoluer la guerre dans ce sens, à Verdun comme ailleurs. Le 15 septembre au soir, le général Nivelle avait reçu à son état-major de Souilly le commandant Faucher, envoyé spécial du G.Q.G. Il lui avait dit « que Joffre attachait un intérêt particulier à ce que la IIe armée conservât une attitude offensive, même accentuée ». Il était prêt à lui fournir, au besoin, des ressources complémentaires.

Aussitôt Nivelle sortait de ses cartons le plan d'attaque sur la ligne ravin du Bazil, nord du ravin de la Dame. C'était la première étape vers la reconquête de Douaumont. Il écrivait à Pétain pour savoir « sur quelles forces il pourrait compter ». L'esprit d'offensive n'était pas mort. La visite de Poincaré l'avait revigoré.

*
* *

Le commandant Faucher a laissé une note explicite sur son entretien avec le général Nivelle[1] : « J'ai exposé, affirme-t-il, qu'il était indispensable de reporter notre front au minimum aux pentes nord des ravins de la Dame et du Bazil, si possible jusqu'aux forts de Douaumont et de Vaux. » Il fait alors état d'un désaccord entre Pétain et Nivelle que Joffre devrait trancher. Le chef de la IIe armée demande vingt-deux divisions (il n'en a que dix-neuf) pour mener immédiatement l'attaque « avant la fin du mois ». Faucher s'est rendu chez Pétain, pour avoir son avis. « Il trouve, dit-il, que le général Nivelle précipite trop les choses, eu égard à ses ressources. » L'opération qu'il médite engagerait au minimum, estime Pétain, six divisions sur un front de cinq kilomètres avec un renfort puissant d'artillerie lourde. « Entre nos positions et le front à atteindre, dit-il, il n'existe pas de position intermédiaire sur laquelle on puisse marquer un temps d'arrêt. » Il faut donc avancer d'un coup, grâce à la supériorité du feu de l'artillerie. Faucher, qui est du côté de Nivelle, demande à Joffre d'arbitrer.

1. S.H.A., tome IV, 3e vol., annexes, 1er vol., pièce n° 435, p. 613.

Mangin n'attend pas : dès le 17 septembre, il chiffre l'opération de reconquête qui donnera tout son sens à son activité du mois d'août. Se réjouissant d'avoir pu constituer « en avant de Verdun, une barrière de plus », il se propose d'établir une autre « avant-ligne », pour mettre les Allemands dans l'impossibilité d'attaquer la barrière. Il faut aller vite, car il a réussi à insuffler aux soldats découragés un « esprit offensif ». « Les Français, expliquait-il dans une note non datée et inachevée [1] se résignaient à céder du terrain à l'ennemi, persuadés que la partie était inégale, et qu'il était inutile de continuer la lutte pied à pied. » Après les succès du 11 juillet, « les troupes commençaient à sentir qu'une période d'action offensive s'ouvrait » et Mangin ajoute cette notation si importante sur un champ de bataille : « Nous avions repris l'initiative des opérations. »

Il avait alors découvert « qu'on pouvait obtenir des succès par une série d'opérations de détail ». Les Français commençaient à faire des prisonniers en assez grand nombre et la prise de Fleury avait été ressentie par l'ennemi comme une défaite, puisque le Kronprinz avait décommandé un orchestre qui devait, ce jour-là, donner une soirée à son état-major.

La méthode des « offensives de détail » pouvait-elle être poursuivie ? Non, répondait Mangin. La nature du terrain avait jusqu'alors rendu les succès français possibles, elle s'opposerait dans le futur à toute progression sur des croupes découvertes, à la merci des tirs de l'artillerie allemande. Seule une action « de grande envergure » pouvait permettre de l'emporter, car « celui des deux adversaires qui aura les dernières réserves disponibles sera maître du champ de bataille ».

1. *Ibid.*, annexe 453, p. 632.

Pour cette lutte d'extermination, Mangin estime les moyens nécessaires à quatre divisions (dont deux devraient rentrer normalement dans le secteur), plus une de renforts. Il demande un groupe de montagne pour attaquer dans les ravins, des pièces de marine lourdes pour percer les forts et quatre groupes Schneider de 155 courts. Ces moyens sont-ils exagérés ? Trop modestes, juge Pétain qui estime à cent quarante-trois batteries le potentiel allemand dans le secteur de l'attaque projetée. Les Français n'ont actuellement à leur opposer que quarante-neuf batteries. Mangin a raison de demander des renforts d'artillerie, mais il n'en exige pas assez. Sans doute pense-t-il, quand il rédige cette note autour du 15 septembre, que Joffre s'opposerait à une telle demande. Les derniers feux de la bataille de la Somme ne sont pas éteints. On attaque encore sur Bouchavesnes et sur Sailly-Saillissel. Foch a besoin de tous ses moyens pour tenter de rompre le front ennemi.

En octobre, il n'en est plus question. Foch vient d'être relevé de son commandement. À quand Joffre ? Le généralissime a échoué, il n'est pas en mesure de prévoir de nouvelles opérations. Quand il s'est rendu à Verdun le 15 septembre pour répondre à l'invitation de Raymond Poincaré, il mesurait la portée de l'échec de l'offensive franco-britannique. Son crédit usé, il ne pouvait plus s'opposer à une opération Nivelle-Mangin sur Verdun. Ne parlait-on pas déjà, dans les couloirs de la Chambre, de Nivelle comme son successeur éventuel, Nivelle, l'enfant chéri de Briand ?

Le 18 septembre, l'État-Major commence à étudier l'acheminement d'une batterie de 370 sur Verdun. Le 19, Nivelle écrit à Pétain pour lui demander l'autorisation de préparer, pour le 1er octobre, une attaque de trois divisions sur le bois de Nawé et le ravin des Fontaines :

il les a déjà désignées, la 55e d'Orléans, qui connaît bien le champ de bataille de Verdun, la 133e et la 74e de Chambéry, toutes les deux nouvelles, mais solides. Plus tard interviendront en renfort la 38e d'Alger, à laquelle tient Mangin, dûment recomplétée pendant sa période de repos, et la 9e d'Orléans qui passe pour une bonne troupe. D'autres divisions en repos devraient rentrer en ligne.

Nivelle veut obtenir « l'accord de principe » de Pétain, toujours réticent. Ce dernier écrit à Joffre le 20 septembre, cherchant manifestement à gagner du temps. Il objecte, dans le décompte des unités proposées par Nivelle, que certaines sont composées de réservistes trop âgés pour bondir à l'attaque sur les crêtes dénudées, telle la 67e de Montauban ou la 68e de Bordeaux. Il déconseille l'emploi de la 22e de Vannes, qui a beaucoup souffert sur ce terrain même. Il demande à Joffre des divisions nouvelles et lui représente que l'installation de canons montés sur chemin de fer exige un délai : il faut en effet construire les voies sur un terrain difficile, et des installations spéciales. Néanmoins, le 21 septembre, Pétain a donné l'ordre à Nivelle de commencer la préparation. Les réserves qu'il a exprimées renforcent son image de temporisateur. Du moins a-t-il pris la précaution de présenter des objections, en cas d'échec.

La technique de guerre est au centre des préoccupations d'état-major, réfléchissant déjà sur les causes de leurs déconvenues. Nivelle diffuse une longue note sur les tirs d'artillerie, où il reproche les insuffisances, non pas des 75 qui battent le terrain de leurs fusants avant les attaques, mais des contre-batteries qui tirent à l'aveuglette sur les canons ennemis, sans les avoir suffisamment repérés. Désormais, dans tous les ordres d'attaque, la liaison des colonnes avec l'aviation est imposée. Joffre lui-même, le 21 septembre, rédige une circulaire pour obliger les commandants de corps d'armées à prévoir des circuits de téléphone spéciaux réservés aux chefs d'escadrille. On cherche à rendre le tir de l'artillerie aussi précis que celui de l'ennemi. On se rend compte enfin que les succès allemands sont dus, non au plus grand nombre des pièces engagées, mais à leur emploi très rationnel, au service étroit de l'infanterie. Deux objectifs, indique Nivelle : éviter les bavures qui démoralisent la troupe en réglant soigneusement le feu roulant et les interventions demandées sur les contre-attaques ennemies – empêcher les batteries adverses d'intervenir sur un assaut français.

Multiplier les recommandations, c'est analyser les causes d'échec, c'est aussi obtenir de l'armée une plus grande compétitivité. Nivelle n'aura cessé pendant son commandement à Verdun de multiplier les interventions dans ce sens. Il publie même un nouveau règlement de l'infanterie, adapté aux combats de Verdun. Pas de lance-flammes dans l'Armée française, mais un certain nombre d'armements nouveaux pour l'infanterie. Constatant que les « spécialités » ont pris le pas sur les charges à la baïonnette, il interdit toute attaque « par vagues successives déployées ». Pas de mitrailleuses en première ligne, mais des fusils-mitrailleurs, et des grenadiers. Les « voltigeurs » viendront ensuite, en groupes légers. Certains assureront le ravitaillement en grenades, d'autres occuperont les crêtes, pour prévenir un retour offensif de l'ennemi, et faciliteront l'installation de nids de mitrailleuses. Pour réduire celles de l'adversaire, on utilisera les canons légers de 37. Il est essentiel que les chefs de section possèdent des croquis et des itinéraires précis pour l'attaque et qu'ils se préoccupent constamment des liaisons avec les unités voisines et avec l'artillerie.

Rien de très neuf dans ces instructions pour les combattants de Verdun, sinon la découverte de la section comme unité tactique universelle, grâce aux armements nouveaux dont elle est dotée, qui garantissent sa mobilité. Les instructions ont le mérite de rompre avec les habitudes, et d'informer les chefs d'unités nouvellement en ligne qu'on ne peut se battre à Verdun comme ailleurs. De ce point de vue, l'expérience de Nivelle s'est révélée positive pour la suite de la bataille. Par son goût de l'efficacité, il est arrivé à l'idée qu'il convenait d'épargner les hommes.

L'approbation de Joffre survient le 22 septembre, dans les termes les plus flatteurs. Il parle des succès de la IIe armée qui résultent dit-il à Nivelle, de « l'ascendant que vous avez su prendre sur l'ennemi » et de « belles qualités militaires ». Il envoie, en prévision de l'attaque projetée, un seul groupe de 155 mais deux divisions de choc : la 37e de Constantine et la 63e de Clermont-Ferrand.

Nivelle prépare activement son offensive, en s'appuyant au maximum sur les techniques nouvelles. Il obtient le groupe de combat aérien du capitaine Le Révérend (trois à quatre escadrilles) et exige que l'aviation fournisse des clichés des organisations adverses qui seront communiqués à tous les bataillons d'attaque. Il suit à la lettre les prescriptions de Joffre sur l'organisation des liaisons radiophoniques et téléphoniques avec l'aviation ; il fait imprimer des plans détaillés jusqu'au 5 000e à l'intention des commandants et capitaines. Il refuse la guerre aveugle, hasardeuse, il croit pouvoir tout régler. Il a même prévu des « détachements de conduite des prisonniers ». Il croit connaître, grâce au 2e bureau, l'organigramme de l'ennemi, qui n'est pas rassurant : il avait dix-huit divisions en ligne le 21 février. Il en conserve dix-neuf. Il est vrai qu'il en avait vingt-cinq en juin, vingt-six en mars. Mais le reflux reste mesuré. L'ennemi, qui a gardé toute la puissance de son artillerie, est encore capable de réactions agressives.

L'ordre d'opérations sort le 24 septembre, signé de Mangin. Il est sans surprise, mais aussi sans date. Pour la première fois cependant, dans un document officiel, est évoquée la prise possible du fort de Douaumont. « Il sera, dit Mangin, reconnu, et s'il est possible de s'en emparer, la ligne sera reportée en avant du glacis. » Nivelle a finalement mis neuf divisions à sa disposition, ce qui montre que Joffre et Pétain se sont ralliés, et que l'attaque sera une opération très soigneusement montée. Alors qu'Hindenburg a donné l'ordre à l'état-major du Kronprinz, le 2 septembre, de « suspendre l'offensive de Verdun », Joffre, désireux de compenser par un succès l'échec de la Somme fournit désormais les moyens nécessaires à Nivelle. Il est prévu que quatre divisions attaqueront de front : la 33e de Montauban, qui a prouvé sa valeur en ligne, la 38e d'Alger, la préférée de Mangin, accompagnant deux divisions nouvelles sur le front de Verdun, la 74e de Chambéry et la 133e du général Passaga.

La nouveauté de l'ordre général de Mangin est la minutie dans le choix et l'emplacement des canons, pour chaque division d'attaque, en fonction du terrain et des défenses allemandes : les 155 sont affectés aux secteurs comportant des fortifications, des abris bétonnés, ils seront renforcés par des mortiers de 220. L'artillerie de montagne attaquera les crêtes, les 75 battront les terrains les plus dangereux, où les nids de mitrailleuses s'embusquent dans les trous d'obus.

L'emplacement des pièces de contre-batterie, avec leurs objectifs dûment repérés, est également précisé. Les énormes batteries de 280 seront installées à Saint-Airy et à la pointe nord des fortifications de Verdun. Un 370 tonnera près de l'hôpital militaire. Il est en effet prévu d'empêcher l'ennemi d'amener des renforts, en matraquant ses lignes de communication sur une longue distance et en neutralisant les batteries lourdes adverses, qui tirent à vingt kilomètres et plus de leurs cibles. Le chef d'escadron Martin, du groupement d'artillerie lourde des armées du centre, est chargé du repérage des emplacements possibles. Il s'en acquitte avec zèle, et propose d'installer en dix jours, avec l'aide de trois cents travailleurs, des emplacements pour deux obusiers de 400 près de la gare de Baleycourt et de la ligne Dombasle-Verdun. Il s'agit d'écraser les forts et les batteries ennemies. Naturellement le repérage des défenses adverses sera assuré, à l'intention de l'artillerie lourde par l'aviation, pour laquelle Mangin partage la sollicitude de Nivelle et de Pétain.

*
* *

Les travaux de préparation commencent, et d'abord l'aménagement des moyens de transport pour acheminer les cinquante mille tonnes de matériel et de munitions prévues au programme. Mangin doit faire aménager les gares de Baleycourt et de Landrecourt pour faire face au trafic. Il ordonne que le Génie enterre les câbles du téléphone des premières lignes, que des pistes empierrées conduisent aux emplacements d'attaque, pour que les bataillons ne pataugent pas dans la boue. Nivelle intervient le 27 septembre pour demander qu'on accorde la priorité absolue à la construction d'abris bétonnés pour les mitrailleuses, les fusils-mitrailleurs, les guetteurs et les observatoires.

Mangin fait ouvrir par le Génie des parallèles d'attaque et creuser des boyaux de communication entre les P.C. de brigades et de régiments. Le front devient un immense chantier, où travaillent pendant cinq semaines, sous la pluie, non seulement les sapeurs du Génie, mais les fantassins rendus disponibles par l'inactivité du front et par le silence entre les lignes. Cinq trains par jour déchargent du matériel dans les gares, ainsi que des munitions. Les Allemands prennent les travailleurs de première ligne sous leur tir, mais Mangin en profite pour faire régler par ses nouveaux groupes de 155 les contre-batteries. Il demande à Nivelle qu'on ne lui ménage pas les obus ; l'artillerie acquiert sa supériorité sur l'ennemi en tirant régulièrement tous les jours et en faisant observer par les avions, plus nombreux dans le ciel de Verdun, les résultats de ses tirs. Il faut aussi détruire les abris où les Allemands tiennent leurs réserves.

Le IIe bureau explique à Nivelle que les Allemands construisent plusieurs lignes d'abris et de tranchées, même sur la crête de Fleury. Trois positions sont aménagées, avec des barbelés, jusqu'à la ligne Douaumont-Vaux. Ils ont encore vingt et une divisions en ligne, mais pas de réserves apparentes. Leurs canons lourds tirent moins, et sont démasqués et détruits lorsqu'ils se manifestent. Les Farman et les B.B. Nieuport prennent en chasse, par groupes de huit, les avions ennemis qui se posent soit sur le terrain de la ferme Constantine, au sud d'Arrancy, soit près de Nouillonpont. Leur terrain de Sivry-sur-Meuse a été détruit par les obus français. Les biplans de réglage appelés « cages à poules » par les poilus peuvent évoluer tranquillement entre les lignes. La répartition des escadrilles montre tout le soin apporté par Mangin au devoir d'observation d'artillerie : chacune des divisions d'attaque est dotée d'un ballon et d'une escadrille, mais le gros des avions de réglage est réservé à l'artillerie lourde du groupe, qui retient, à elle seule, six escadrilles.

C'est dire à quel point les avions sont indispensables à la réussite du plan de préparation ; ils sont seuls capables d'indiquer les impacts d'obus à l'arrière des lignes, sur les voies de communications, les gares, les terrains d'aviation, les abris ennemis. Ils sont également utilisés pour la transmission des ordres des états-majors : un « avion de commandement, portant deux flammes à bandes rouges et blanches survolera les colonnes et correspondra avec les fantassins « au moyen de fusées à étoiles et d'une trompe à deux tons ». Il transmettra ses informations par T.S.F. mais aussi « par message lesté ». Il aura la charge de repérer le jalonnage des colonnes qui communiqueront avec lui par des panneaux, des lanternes, des feux de Bengale, voire « des mouchoirs agités, des lampes électriques et des miroirs de poche ». On met tout en œuvre pour que les états-majors ne soient pas, comme dans le passé aveugles, qu'ils sachent exactement où sont leurs troupes ».

Deux semaines avant l'offensive, les officiers d'infanterie sont invités à multiplier les reconnaissances pour avoir une connaissance exacte et complète du terrain. Ils prennent l'habitude de communiquer par radio, de leur P.C. avec l'arrière et de recevoir les renseignements et les photographies prises d'avion. Les repérages aériens commencent. Les saucisses d'observation ne sont plus inquiétées, alors que les *Drachen* flambent. Il y a quelque chose de changé dans le ciel de Verdun.

*
* *

Pour la première fois depuis le 21 février, les Français ont le temps et les moyens de préparer une offensive en aménageant le terrain avec la même minutie que l'adversaire, en organisant le tir de leurs batteries et leur approvisionnement. Nivelle règle la progression de l'infanterie à la manière allemande, précédée par le « feu roulant » de l'artillerie. Elle devra marcher « à l'allure de cent mètres en quatre minutes », ce qui suppose un entraînement intensif des batteries chargées de régler ces tirs. La démolition ponctuelle des canons ennemis repérés par avion et susceptibles de gêner ces mouvements est effectuée dès le 1er octobre. À cette date, l'artillerie est déjà engagée, avant même que la date réelle de l'offensive ne soit fixée.

Joffre s'en émeut. Il demande que les moyens considérables rassemblés autour de Mangin, qui n'est que le chef d'un groupement, soient gérés par les commandants de l'artillerie, de l'aviation, du génie de la IIe armée et leurs états-majors placés sous ses ordres. Il devient ainsi l'adjoint direct de Nivelle, son adjoint opérationnel. Quant à Pétain, un peu à l'écart de la préparation, il décide de rapprocher son état-major du futur champ de bataille et de s'installer à Châlons, 27, rue de la Grande-Étape. Il envoie le 9 octobre une lettre acide à Nivelle, où il estime « illusoire » l'installation des troupes « sur le glacis de Douaumont ». Elles y seraient, dit-il, balayées par les tirs ennemis. Mieux vaut se retrancher dans le village. Il pense aussi qu'il faut prévoir un temps long entre les deux phases de l'attaque pour changer les unités de tête et reprendre le pilonnage. « On ira moins vite, dit-il, c'est certain, mais ce qui importe avant tout, c'est de conserver le terrain conquis. Il ne faut pas perdre de vue… que le but de l'opération est moins d'obtenir un brillant succès que de donner de l'air, de façon durable, à la défense de Verdun [1]. »

Les visites au front de la IIe armée se multiplient. Pétain n'y est jamais présent. Joffre, le 9 octobre, se rend à Souilly pour rencontrer Nivelle, Mangin et ses chefs de divisions. Le 12 octobre Georges Clemenceau, rapporteur de la commission de l'armée au Sénat est dans les lignes. Un officier lui dit que c'est dangereux :

– Quelle est la plus belle mort pour moi que de la faire ici ? répond-il.

À l'évidence, le milieu politique a désormais les yeux fixés sur Nivelle et Mangin, qui portent les espoirs du pays.

Ils peaufinent leurs préparatifs, ajoutant des notes imprévues, qui leur sont personnelles. Mangin l'Africain suggère par exemple que, pendant la nuit qui suit l'attaque, « des détachements de troupes indigènes bien choisis… des tirailleurs Somalis,... (soient) poussés aussi loin que possible dans le but de détruire des batteries ennemies rapprochées, des flanquements, etc… » Nivelle fait dresser des plans d'organisation des positions conquises et d'évacuation des blessés. Pétain apporte sa contribution en suggérant de faire bombarder les gares ferroviaires ennemies par des escadrilles spécialisées. Le 15 octobre, Mangin fait modifier encore le plan de tir de l'artillerie ; il doit être suffisamment dense sur les premières lignes pour que l'infanterie « ait l'impression d'un écrasement ». C'est essentiel pour son moral. Il demande aussi que les pièces les plus

1. *Ibid.*, annexe 913, p. 1309.

lourdes de l'artillerie de tranchée soient portées à dos d'hommes jusqu'aux positions conquises pour en préparer aussitôt la défense. Mais quand partiront les divisions d'assaut ?

Dans les circulaires officielles de Nivelle, on envisageait toujours de lancer l'opération « aussi près que possible du 15 octobre ». Tout a été prévu pour que les travaux en cours, les approvisionnements, les relèves d'infanterie et d'artillerie, l'entraînement des unités soient achevés à temps. Les chefs de corps s'impatientent. On leur a communiqué des instructions extrêmement détaillées, ils ont reçu leurs munitions, leurs cartes au 5 000e, leurs feux de Bengale et leurs fusées. Il ne leur manque plus que la date de l'offensive.

*
* *

Faucher, l'envoyé de Joffre, écrit le 17 octobre que le programme est bien réalisé, mais que les soldats ne peuvent rester dans les tranchées envahies par un mètre d'eau. Ils s'installent sur les parapets. Il est impossible de lancer l'attaque dans ces conditions. L'aviation est aveugle, les tirs préalables de l'artillerie impensables. Nivelle et Mangin envisagent de réduire de six à trois jours cette préparation et de commencer dès que le temps le permettra. Faucher s'y oppose. On a dit aux fantassins que cette offensive n'était pas comme les autres, qu'ils marcheraient sur un terrain conquis par le canon. La mesure projetée « ne manquerait pas d'avoir une répercussion fâcheuse sur leur niveau moral ». Cinq à six jours de beau temps sont indispensables. Il faut attendre. À cette époque, l'armée ne dispose pas d'un service fiable de météorologie.

Nivelle s'impatiente. Il profite cependant du délai pour préciser ses objectifs. Il n'est pas question, écrit-il à Lardemelle, commandant la 74e division, de considérer la prise du fort de Vaux comme possible, « si les circonstances le permettent ». Vaux, comme Douaumont, doivent être donnés « comme des objectifs nettement déterminés ». Il demande qu'on lui désigne dès maintenant les unités chargées de partir à l'assaut de leurs forts. Lardemelle établit le 18 octobre un plan précis pour répondre aux désirs du général. Le 50e bataillon de chasseurs est chargé de prendre Vaux. Il fait toutefois remarquer que cet ordre est en contradiction avec le plan du 4 octobre, qui stipulait que les forts devaient être occupés en cas « d'occasion favorable ». Il est heureux, note-t-il, que « peu à peu la pensée se précise ». Il a fait le nécessaire pour Vaux. Quant à Douaumont, il devient l'objectif du régiment colonial et reçoit les instructions particulières de Mangin le 19 octobre.

Le 20 octobre, par message du chef d'état-major, les commandants d'artillerie apprennent que le jour J-3 est fixé au 21. L'attaque générale est donc prévue pour le 24. Ce jour-là, Joffre décide de se rendre à l'état-major de Souilly avec Faucher. La date de l'attaque n'a pas été remise. L'heure H a été fixée à onze heures quanrante. Les unités en sont averties au dernier moment. L'artillerie a commencé son action le 21. Elle n'a donc disposé que de trois jours au lieu de six. Le point de vue de Nivelle et de Mangin l'a emporté.

Les six cent cinquante-quatre pièces prévues pour la préparation ont tiré ensemble, dans un vacarme assourdissant. Elles cracheront deux cent quarante mille obus dans la seule journée du 24. L'aviation affirme que les garnisons de Vaux et de Douaumont, devant l'efficacité des pièces lourdes, commencent à évacuer les positions.

Le renseignement est exact. Le commandant Rosendhal, du 90e de réserve, a été bombardé depuis le 21. Le 23, le fort a subi un ébranlement terrifiant. Un obus de 400 a traversé le béton et explosé au milieu de l'infirmerie, où soixante blessés étaient couchés. Un second obus suivait aussitôt, puis un troisième. La garnison s'était abritée à l'étage inférieur. Elle ne put s'y maintenir : le plafond était crevé. Une réserve d'obus à gaz toxiques explosait. Il fallait évacuer la place. Une vingtaine de soldats, dirigés par le capitaine Prollius devaient occuper les ruines après le bombardement.

Est-ce la revanche des Français ? Le *Trommelfeuer* ne serait-il plus allemand ? « Le 23 octobre, sous le pilonnage, explique le colonel Picard du 321e, des lignes allemandes nous arrivent des prisonniers volontaires. Ils sont apeurés, loqueteux, ils ont les yeux hors de la tête. » Les Français se précipitent imprudemment à leur rencontre, dans les premières tranchées qu'ils ont eu l'ordre d'évacuer pour faciliter la préparation d'artillerie. Chacun veut faire des prisonniers.

Les Allemands n'ont en ligne, dans le secteur de l'attaque, que vingt-deux bataillons, alors qu'ils disposent de sept divisions échelonnées en profondeur. Leur artillerie réplique, mais elle est surclassée. Une simulation d'attaque lancée par les Français le 22 a permis de repérer cent cinquante-huit batteries et de les neutraliser. Un message allemand envoyé par pigeon-voyageur est intercepté. Un officier de la 25e division de réserve indique que sa position de combat est « complètement aplatie par un violent *Trommelfeuer* » et qu'on doit lui envoyer au moins un bataillon en renfort. Les fantassins, malgré la nappe de brouillard et le terrain glissant, partent à l'assaut avec confiance. Cette fois l'artillerie est à leurs côtés.

*
* *

Ils ont double musette de vivres, des biscuits, du bœuf, du chocolat, double bidons de vin et d'eau, deux sacs de terre, des outils en plus de leurs armes. Ils portent sur leurs épaules trente-cinq kilos et marchent, dit Robert Laulom, du 321e d'infanterie, « sans enthousiasme », en silence. Combien de fois sont-ils ainsi partis au-devant de la mort ? À droite la 74e de Chambéry, qui avance dans la direction du fort de Vaux, à gauche la 38e de Guyot-de-Salins, la coloniale chère à Mangin, qui a Douaumont pour objectif. Au centre, la 133e division du général Passaga. Trois divisions sont en première réserve (la 7e de Paris, la 9e d'Orléans, la 36e de Bayonne) et deux autres en seconde réserve : la 37e de Constantine, la 22e de Vannes ; sur sept divisions, deux sont venues d'Afrique pour emporter, avec Mangin, la décision à Verdun

La préparation a-t-elle été suffisante ? Elle est très efficace à l'ouest, sur l'axe de l'attaque de Douaumont : les tranchées Augusta, Frida, Wilhelm sont détruites ainsi que la tranchée Krupp. Le terrain des carrières d'Haudromont est également bouleversé. Les ouvrages de l'est de la zone d'attaque semblent avoir été préservés. Les obus sont-ils tombés moins nombreux sur le dépôt du Chênois ou la batterie de Damloup ? Les défenses allemandes étaient-elles consolidées, approfondies ? De ce côté du front, la résistance a été plus vive, les nids de mitrailleuses plus tenaces. C'est dire que l'attaque française y a été plus difficile.

Elle a Vaux pour objectif, et le général de Lardemelle fait partir ses troupes à l'heure dite. Il doit s'emparer des tranchées Siegen et Kluck ainsi que de positions bien défendues, comme la batterie de Damloup, le Petit-Dépôt. Il a recu dans les rangs de sa 74e division le renfort du 216e régiment, arraché à la division de Clermont-Ferrand, pour renforcer l'attaque menée par le colonel Challe, avec sa brigade, sur la gauche du secteur, à Retegnebois. Le colonel Giralt conduit l'autre brigade de la division vers la tranchée von Kluck et le fort de Vaux. Challe et Giralt, ce jour-là, ont été les malaimés de la gloire.

Ils sont en effet les seuls à ne pas atteindre la ligne prévue à la mi-journée du 24 octobre. La tranchée Clausewitz, non détruite par l'artillerie, les a retenus longtemps. Du Petit-Dépôt partaient des tirs nourris de mitrailleuses. La batterie de Damloup était assez rapidement enlevée, mais des groupes résistaient opiniâtrement sur le terrain difficile du bois Fumin et se cramponnaient à la Sablière.

Le 230e régiment accusait des pertes lourdes au bois Fumin et dans la tranchée Gotha-Siegen. Le lieutenant-colonel Franchet d'Esperey perdait beaucoup de monde dans l'attaque, avec son 333e régiment, des tranchées de Moltke et Fulda qui n'avaient nullement été détruites par l'artillerie. Ses fantassins progressaient de bond en bond, enjambant les troncs d'arbres abattus de Vaux-Régnier et se faisaient tuer pour s'emparer de l'ouvrage bétonné des Grandes-Carrières, d'où les mitrailleuses crachaient le feu.

L'État-Major connaissait par les rapports d'observation cet accrochage sanglant. Il envoyait à la rescousse les chasseurs du 50e bataillon pour tenter de pousser, ainsi qu'il était prévu, jusqu'au fort de Vaux. Mais il fallait attendre les résultats des autres colonnes d'attaque de la division : au centre, le bataillon Casella buttait sur les barbelés non détruits des tranchées Clausewitz et Seydlitz. Il faudrait neuf heures aux grenadiers pour réduire la résistance ennemie. Encore un secteur négligé par les batteries françaises. Les chasseurs à pied venaient aussi au secours de la colonne, encerclaient le Petit-Dépôt et finissaient par s'en emparer au prix de lourdes pertes. Deux bataillons de chasseurs, après cette attaque, devaient être immédiatement relevés.

Le 222e d'infanterie s'emparait de l'abri du bois de la Laufée et de la batterie de Damloup, non sans pertes. La division avait fait six mille prisonniers, pris cent soixante-quatre mitrailleuses et quinze canons mais elle avait échoué dans l'attaque du fort de Vaux, dont l'artillerie n'avait nullement neutralisé les nids de mitrailleuses. L'ouvrage était atteint à l'ouest et au sud. Des fantassins parvenaient à se hisser sur les superstructures mais non à s'en emparer : les tirs ennemis venus de la corne sud-est étaient trop nourris, interdisant l'approche des grenadiers. Ils se retiraient, pour laisser parler le canon.

L'État-Major n'ignorait pas que ce secteur du front était le plus difficile pour l'attaque, en raison de la nature du terrain qui gênait le repérage et le feu des batteries. La progression de la 74e division était assez satisfaisante, au nord du bois Fimin, de Vaux-Régnier, du Chênois et de la Laufée, pour qu'on pût remettre au lendemain la prise du fort. En fait, il résisterait longtemps et les Français ne s'en rendraient maîtres, le 2 novembre, qu'après l'évacuation dans l'ordre – et sur ordre – de la garnison. Cette région était consolidée : il était désormais impossible d'y lancer une attaque en direction de Tavannes et de Verdun. N'était-ce pas le but initial de l'offensive Nivelle ?

*
* *

Au centre, la division Passaga n'avait pas la tâche plus facile. Les fantassins du 401e, les chasseurs du 116e et du 102e n'avaient aucun enthousiasme à s'engager dans la boue des hauteurs de Fleury, où tant de leurs camarades étaient morts. Ils courbaient le dos, pour éviter les éclats d'obus, ils s'attendaient à des geysers de *Shrapnels*. Ceux du 321e (colonel Piquart) redoutaient les mitrailleuses du bois dénudé de la Caillette.

Ils ne rencontraient aucun obstacle, ne subissaient aucun tir de barrage, comme si l'ennemi s'était volatilisé. À croire que les artilleurs de Mangin avaient pilonné mètre par mètre le chemin de Douaumont. À midi et demie, les fantassins de Picard arrivaient, dans la brume, en haut de la croupe de la Caillette avec un minimum de pertes sur un terrain complètement défoncé par le feu des 155. Après une heure de pose, les grenadiers repartaient en avant, aidés par les fusiliers. Les voltigeurs suivaient en bon ordre, prêts à occuper les positions. Une ligne de fossé, une maçonnerie. Ils étaient devant la corne sud-est du fort de Douaumont. À quinze heures trente, la tourelle est était entre leurs mains. Ils avaient été les premiers à pénétrer dans la carcasse de l'éléphant mort.

« Juste à ce moment, écrit le colonel Picart [1], le brouillard se déchire, et tout là-haut apparaît “le fort”. Colline informe qui fait, sur la crête d'horizon, l'effet d'une baleine échouée… Ce fut une heure inoubliable. »

Au-dehors les chasseurs occupaient le terrain, s'emparaient du ravin de Bazil, puis, par la Caillette, du

1. Péricard, *op. cit.*, p. 387.

ravin de la Fausse-Côte, sans rencontrer plus de résistance. À droite, les fantassins et d'autres chasseurs occupaient le bois de Vaux-Chapitre et poussaient jusqu'à l'étang de Vaux. Les fantassins du 401ᵉ étaient accrochés dans le ravin des Fontaines de sinistre mémoire, mais ils parvenaient à éliminer les nids de mitrailleuses et débouchaient comme les chasseurs sur l'ancienne ligne du front. La reconquête avait été rapide.

La faiblesse toute relative des tirs de barrage allemands (ils étaient plus rares ce jour-là, mais non moins violents), et des lignes de défenses, la puissance du feu d'artillerie renouvelaient, cette fois au bénéfice des Français, les conditions de l'attaque allemande de février : les obus au gaz avaient anesthésié la garnison du fort, mais aussi les points de résistance dans les bois et sur les crêtes. Les avions de commandement avaient pu suivre au mieux, à partir de midi, la progression des colonnes, dès que le brouillard s'était levé. Mangin exultait. Il avait réussi.

Le terrain remué par les trous d'obus attestait l'efficacité du tir des batteries françaises. On pouvait néanmoins redouter la contre-attaque, les défenses allemandes du secteur étant échelonnées en profondeur. Aussi les ordres de Nivelle étaient-ils de s'embusquer immédiatement sur le terrain conquis et d'établir un plan nouveau de mise en place immédiate des batteries. Les troupes qui occupaient la ligne de Douaumont ne subiraient pas moins, en effet, de quatre contre-attaques avec violents tirs d'artillerie.

Entre-temps l'artillerie lourde battait systématiquement les itinéraires d'arrivée des renforts : un énorme canon de 14 de marine prenait régulièrement sous son feu la route d'Étain, constamment encombrée de

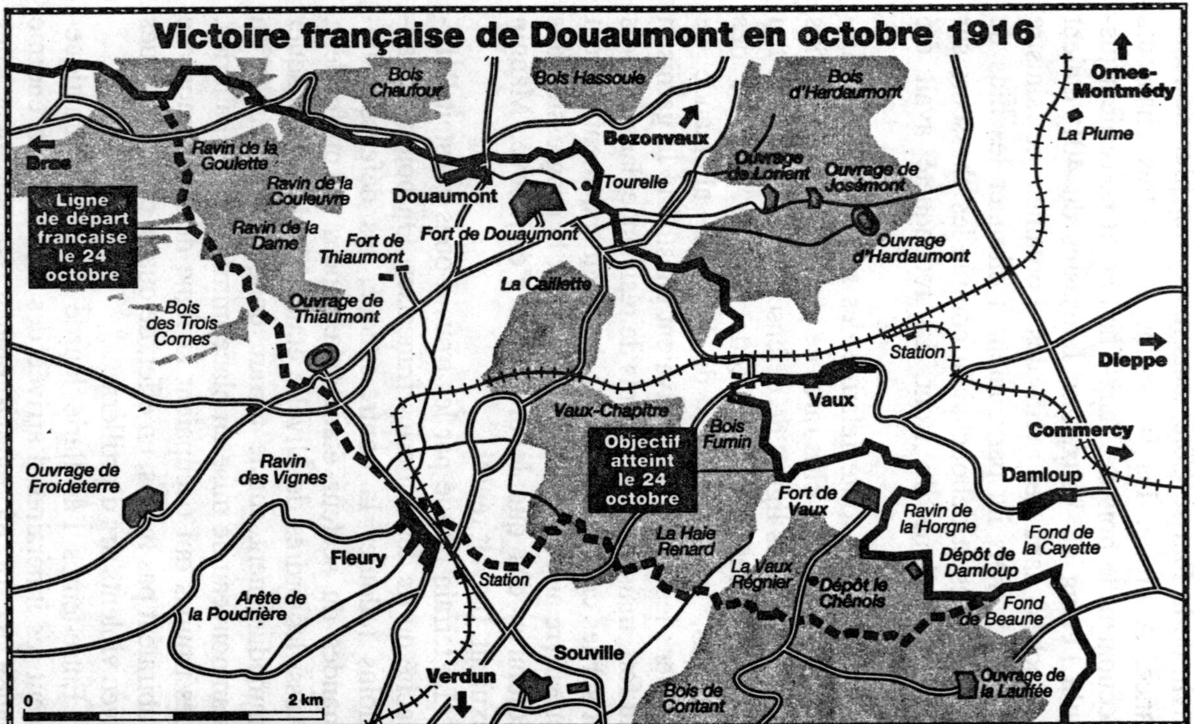
Victoire française de Douaumont en octobre 1916
Bois Chaufour
Bois Hassoule
Bois d'Hardaumont
Ornes-Montmédy
La Plume
Bras
Ravin de la Goulette
Ravin de la Couleuvre
Bezonvaux
Ouvrage de Lorient
Ouvrage de Josémont
Douaumont
Tourelle
Ligne de départ francaise le 24 octobre
Ravin de la Dame
Fort de Thiaumont
Fort de Douaumont
Ouvrage d'Hardaumont
La Caillette
Bois des Trois Cornes
Ouvrage de Thiaumont
Station
Dieppe
Vaux
Vaux-Chapitre
Bois Fumin
Commercy
Objectif atteint le 24 octobre
Ouvrage de Froideterre
Ravin des Vignes
Damloup
Fort de Vaux
Ravin de la Horgne
Fond de la Cayette
La Haie Renard
Dépôt de Damloup
Fleury
Station
La Vaux Régnier
Dépôt le Chênois
Fond de Beaune
Arête de la Poudrière
Souville
Verdun
Ouvrage de la Lauffée
Bois de Contant
0
2 km

camions allemands et dûment repérée par l'aviation. Une pièce de 274 bombardait en permanence le plus grand centre de rassemblement de troupes ennemies : le village de Romagnes. Des barrages à obus spéciaux étaient organisés autour de Beaumont, de Bezonvaux, par où les troupes pouvaient déboucher sur le champ de bataille. Les batteries de 100 et de 105 tiraient sans arrêt sur les gares, les dépôts de munitions, les bivouacs même et les cantonnements lointains. Dès que les avions signalaient des mouvements de troupes, ils étaient pris à partie et devaient se mettre à l'abri. Le plan d'artillerie avait très bien fonctionné sur cette partie du front : le commandement avait fait la preuve de sa maîtrise.

*
* *

Mangin était particulièrement satisfait de l'attaque sur Douaumont réalisée, à gauche du dispositif, par le régiment colonial du Maroc, déjà très éprouvé à Verdun, et qui venait de se reconstituer.

La 38e division, dont il faisait partie, avait pour mission de prendre, avant le fort, le village de Douaumont et le ravin de la Couleuvre, qui en défendait l'accès. Les fantassins du 11e n'avaient d'abord rencontré aucune résistance dans la tranchée Balfourier : les premières lignes allemandes avaient été évacuées en raison de la violence du bombardement. Mais ils avaient dû prendre à la grenade la carrière d'Haudromont. Les compagnies du 8e de tirailleurs, qui attaquaient de conserve, avaient occupé sans peine le bois Nawé, le ravin de la Dame et celui de la Couleuvre.

Les prisonniers étaient nombreux et les tirailleurs ne voulaient pas s'en encombrer. Mangin avait prévu le secours d'un régiment de dragons pour les acheminer vers l'arrière. L'avance du 8e tirailleurs avait été rapide. Les zouaves du 4e régiment étaient en tête de la progression dans les ravins. Ils dépassaient les ruines du village de Douaumont et poussaient leurs reconnaissances jusqu'au fort, faisant mille cinq cents prisonniers. Plus au sud, un régiment mixte de zouaves et de Sénégalais s'était emparé, non sans pertes, de l'ouvrage et de la ferme de Thiaumont, lieux de sanglants affrontements dans le passé. Il s'était installé à Douaumont-village. Deux jours plus tard, Mangin ferait évacuer Sénégalais et Somalis qui avaient rendu les plus grands services dans l'attaque et les patrouilles de repérage nocturne, mais qui avaient subi beaucoup de pertes et ne supportaient pas le froid glacé de Verdun en octobre.

Il appartenait au régiment colonial du Maroc du colonel Régnier de partager avec les fantassins de Passaga la gloire de cette journée : chassant l'ennemi du ravin des Vignes après de sérieux grenadages, il s'était engagé sur le terrain glissant, résolument vers le fort de Douaumont, qu'il avait atteint un peu avant quinze heures. Quand le soleil avait percé le brouillard, les officiers avaient pu apercevoir à la jumelle, à l'observatoire du fort de Souville, la silhouette des Marocains se détachant sur la ligne de l'ouvrage.

L'assaut avait été donné à dix-sept heures. Nul ne savait quelle résistance l'ennemi opposerait dans les sous-sols. À vingt heures il capitulait. Un vingtaine de *Feldgrau* sortaient tête nue, derrière le capitaine-observateur Prollius. Les Allemands, en octobre, n'avaient pas davantage défendu la carcasse bétonnée de Douaumont que les Français en février. Pour les uns, comme pour les autres, il n'était qu'un symbole.

Pour le Kronprinz, la prise du fort en février dissimulait l'échec subi devant Verdun. Pour Joffre, sa reconquête en octobre atténuait le fâcheux effet de la déplorable offensive de la Somme. Mais pour les soldats, il était une victoire authentique, une victoire à l'allemande, celle dont avait toujours rêvé sans l'obtenir le vainqueur de la Marne : « L'artillerie conquiert le terrain, l'infanterie l'occupe. » Il n'était plus question de charges à la baïonnette ni de corps à corps à coups de pelles ou de couteaux de tranchée. L'Armée française affirmait sa modernité, montrait au monde qu'elle était aussi capable d'enlever une position difficile grâce à la synchronisation parfaite des armes modernes, l'aviation, l'artillerie de tous calibres, l'infanterie pourvue d'armes spéciales.

*
* *

L'opinion ignorait cette réussite technique de Nivelle et Mangin. À la Victoire, il fallait des héros. La presse les exigeait, il n'était pas difficile de les lui offrir. Ceux du régiment colonial du Maroc étaient à Douaumont. On n'oubliait pas qu'ils avaient conquis leur part de gloire, non par la seule journée du 24 octobre, mais par leurs sacrifices antérieurs.

Ce jour-là, le régiment accusait encore la perte de plus de huit cents soldats tués ou blessés, le plus souvent par des tirs isolés de mitrailleuses, ou par les quelques tirs de barrage très meurtriers que les Allemands avaient réussis. Leur artillerie, comme le terrain lui-même, avait été réellement dominée par un feu supérieur dans cette partie du front. Les coloniaux rencontraient des 77 écrasés, leurs servants morts couchés dans la boue. Le soldat

Roche raconte que la terre « était fouillée, éventrée, retournée de mètre en mètre, à perte de vue ce n'étaient qu'entonnoirs et lacs de boue, çà et là émergeaient des cadavres de soldats allemands ».

Le commandant Modat, du 4e bataillon, avait été blessé par un tir de mitrailleuse. Le capitaine Alexandre avait entraîné sa compagnie à l'assaut de la position ennemie qu'il avait réduite en fonçant sous le feu, à la tête de ses Sénégalais, dont beaucoup étaient morts dans cette action.

Le brouillard était si dense que le 8e bataillon avait perdu sa route. Son commandant, Nicolay, avançait à la boussole sans se rendre compte que la ferraille du casque et du revolver déviait l'aiguille et donnait une direction fausse. Un prisonnier allemand saisi sur place avait indiqué la bonne route : Nicolay était déçu d'avoir, à cause de ce retard, manqué la prise du fort, enlevé par le capitaine Dorey, du premier bataillon.

Le capitaine allemand s'était rendu à un soldat du Génie, le maître-ouvrier Dumont, accompagné d'un seul marsouin du régiment du Maroc. Il n'y avait pas eu de cérémonie spéciale pour la capitulation, la garnison n'ayant pas résisté. Mais le président de la République Poincaré devait décorer de la Légion d'honneur, dans les rues de Verdun, le commandant Nicolay, ainsi que le drapeau du régiment colonial. Les photographies, reproduites dans *l'Illustration,* entraient dans la légende de la Grande Guerre.

*
* *

On se battrait encore longtemps devant Verdun, pendant une partie de 1917 et même au-delà. Après la récupération du fort de Vaux, il faudrait une autre offensive pour reprendre en décembre le bois des Caures et revenir à la ligne du front du 21 février 1916. On livrerait ensuite une longue bataille pour libérer sur la rive gauche le Mort-Homme, la cote 304 et Avocourt. La région de Verdun ne serait véritablement à l'abri des attaques de l'ennemi qu'en septembre 1918, après l'offensive américaine qui dégagerait le nord de la Meuse.

Il reste que le 24 octobre 1916 avait été livrée et gagnée la bataille de Verdun, symbolisée par la reprise de Douaumont, et qu'elle avait été saluée comme telle à l'arrière. Les opérations ultérieures, si meurtrières soient-elles, seraient présentées toujours comme régionales, ou de secteurs, n'ayant pas l'ambition de percer le front allemand. Celle de Mangin et de Nivelle n'affichait pas non plus semblable intention. La victoire, à Verdun, n'était pas d'avoir percé, mais d'avoir tenu. « Ils ne passeront pas. »

Le prix en était élevé, car un jour de succès suivait des centaines de jours et de nuits de souffrances. Certes, le chiffre des pertes, très élevé, était proportionnellement inférieur à celui de l'offensive de la Somme : cent quarante mille morts français en trois mois d'un côté, cent soixante-trois mille en dix mois de l'autre. Mais il fallait compter plus de deux cent mille « gueules cassées », dont Clemenceau dirait plus tard : « Ils ont des droits sur nous. » Les aveugles de guerre, les handicapés physiques et mentaux, les morts à retardement sous l'effet des gaz, les disparus, les ensevelis, ceux que l'on ne retrouverait jamais plus, ce massacre transformait la terre de Verdun en un gigantesque cimetière.

L'armée française était, dans sa majorité, concernée par cette bataille, en raison de l'usure très rapide des divisions au feu. La noria avait permis d'en engager soixante-dix, pour une moyenne de vingt-quatre constamment en lignes : un million et demi d'hommes, sur les deux millions et demi de combattants étaient passés en 1916 par Verdun. On imagine le nombre de familles affectées par le massacre, qui ressemblait singulièrement à un holocauste. La mobilisation et l'envoi au front d'au moins soixante mille jeunes de la classe 16 ajoutait encore au tragique. Il en allait de même en Allemagne, où les pertes étaient comparables, dans toutes les classes mobilisables et aussi dans les plus jeunes.

Rien n'était plus mal reçu par la population que l'idée de « guerre d'usure », qui supposait le sacrifice de plusieurs générations pour éteindre celles de l'ennemi. Cette pensée proprement suicidaire ne pouvait sans risque déboucher hors des cartons des statisticiens de l'État-Major. Qui pouvait admettre qu'on lançât des actions offensives dans le seul but d'« user » l'ennemi ? Chacun pouvait comprendre que cette conception aboutirait normalement à l'élimination physique des quatre ou cinq plus importantes nations de l'Europe et qu'elle favoriserait ainsi l'idée d'une révolution des peuples contre la guerre, celle-là même que les minoritaires socialistes français et allemands appelaient déjà de leurs vœux. Le thème de l'« usure » de l'ennemi était pourtant répandu par la propagande de guerre, pour consoler l'opinion de l'échec des grandes offensives coûteuses : on prétendait alors qu'elles avaient eu pour effet d'« user » l'adversaire.

Seule la victoire, en promettant la fin des massacres, pouvait faire admettre désormais l'idée de sacrifice. Qui reprochait à Joffre les morts de la Marne ? Ils avaient fait oublier ceux, très nombreux, des batailles imprudemment livrées aux frontières du nord-est, pendant l'été de 1914. Seul un rétablissement du front devant Verdun pourrait apparaître, à défaut de « percée », comme une victoire d'un autre genre, assez comparable à celle de la Marne. La formule de Pétain « on les aura » n'impliquait qu'un futur indéterminé et promettait la victoire pour plus tard. « Ils ne passeront pas » avait l'avantage de célébrer la résistance immédiate et décisive du peuple des poilus, qui avait rendu impossible l'invasion du pays. Imagerie moralement recevable, parfaitement conforme à la « guerre du droit », celle qui défendait la terre, la vie des peuples et le droit des gens. Malgré les gaz asphyxiants et les lance-flammes, « ils » n'étaient pas passés.

Mais la reprise de Douaumont impliquait, dans la célébration officielle, le déploiement d'une imagerie nouvelle, différente de celle de février. Les victoires sont faites de l'oubli des morts antérieurs, ensevelis dans la brume des attaques manquées, des massacres non avouables, des bavures comparables à l'explosion du tunnel de Tavannes, due à l'imprudence du commandement qui entreposait des blessés près des caisses d'explosifs. La dernière bataille livrée à Verdun en octobre exploitait le thème de la saignée salvatrice, celle qui mettrait réellement le front hors de danger. Elle coûterait au pays de nouvelles vies, mais il serait à l'abri. Non pas un dernier effort pour la victoire, mais bien pour la continuation de la guerre, pour la reconstitution du front défensif. Le bulletin publié par Nivelle le 25 octobre était de cette eau-là : « En quatre heures, disait-il aux soldats, dans un assaut magnifique, vous avez enlevé d'un seul coup à votre puissant ennemi le terrain hérissé d'obstacles et de forteresses au nord-est de Verdun, qu'il avait mis huit mois à vous arracher, par lambeaux, au prix d'efforts acharnés et de sacrifices considérables. » Pour cette reconquête seulement, ils avaient « bien mérité de la patrie ».

*
* *

La victoire de Douaumont annonçait-elle la fin de la guerre ? Nullement. Elle mettait paradoxalement en question la politique menée par Joffre. Ne pouvait-on lui savoir quelque gré d'avoir, par l'offensive de la Somme, empêché les Allemands de prendre Verdun ? Il n'est pas douteux que Nivelle et Mangin n'auraient pu réussir à entrer dans les ruines de Douaumont si les effectifs en hommes et en artillerie du Kronprinz s'étaient encore renforcés.

Les deux généraux, encore peu connus de l'opinion, avaient offert à Joffre, en bénéficiant il est vrai de son accord et de son appui, et malgré les réticences de Pétain, la victoire inattendue qui compensait un échec cuisant. Cela n'empêchait pas Joffre d'être mis en question par un comité secret de la Chambre, en décembre 1916. Il est vrai qu'il n'était nullement attaqué sur l'affaire de la Somme, mais sur le peu de cas qu'il faisait de l'armée d'Orient, et de l'indigence dans laquelle il avait maintenu sur le front de Salonique le corps expéditionnaire français. Les députés avaient présent à l'esprit l'ensemble de la carte de guerre. Ils déploraient l'invasion de la Roumanie par les armées de l'Entente, les nouvelles menaces qui pesaient sur la Russie, l'attitude douteuse du roi de Grèce. Que Joffre eût l'ensemble des responsabilités militaires du pays et qu'il ne se souciât que du front français paraissait à beaucoup une erreur.

Nul ne fut surpris quand Briand, ayant composé un nouveau gouvernement le 13 décembre, annonça peu après le remplacement de Joffre par Nivelle à la tête des armées. Le vainqueur de la Marne recevait des consolations, dont le bâton de maréchal, que la République décernait pour la première fois. Mais il était exclu, et si le nouveau ministre de la Guerre Lyautey chantait sa louange, c'est à Nivelle que le gouvernement apportait désormais sa confiance, pour qu'il portât enfin les armées à la victoire, ce que Joffre n'avait pas su faire. Pour la première fois, des députés de droite avaient manifesté leur défiance envers le cabinet Briand, le 7 décembre. Ceux-là demandaient que les armées, comme le gouvernement, eussent des chefs. « Trouvons-en ! » disait le député Forgeot.

Ainsi Nivelle entrait en scène. Était-ce la conséquence de la victoire « de Douaumont » ou de l'échec de Joffre sur la Somme ? Les Allemands, quelques jours plus tard, faisaient connaître par les pays neutres leurs propositions de paix séparées. Elles étaient assez vagues pour que Briand pût s'en indigner sans scrupule. Mais quelles chances de sortir avantageusement de la guerre avait le nouveau général en chef ?

Verdun lui avait donné, sans doute, une réputation de fonceur, qu'il partageait avec son second Mangin, de l'armée d'Afrique. On l'opposait volontiers à Pétain le temporisateur, mais aussi à Joffre qui s'était enfoncé dans des échecs successifs. Si Nivelle inspirait confiance, c'était moins par son « esprit offensif » que par le souci qu'il avait manifesté avec bonheur de sortir de la guerre des tranchées par la recherche systématique de nouvelles méthodes de guerre. Il était celui qui, sur le terrain, avait réussi à Verdun ce dont rêvait Pétain en février : la synchronisation des armes et l'emploi des méthodes et des instruments nouveaux de combat.

Le comité secret de décembre avait montré que les armées disposaient de plus de trois mille appareils. Que ne s'étaient-ils tous montrés dans le ciel de Verdun ? Mangin et Nivelle, secondés par Pétain, avaient dû batailler pour obtenir quelques escadrilles. Albert Thomas annonçait aussi la mise en fabrication de « huit cents chars d'assaut ». Cette « artillerie portée », comme l'appelait Pétain, pouvait changer le sort des combats et les Allemands n'avaient pas suivi les Franco-Britanniques dans cette nouvelle course industrielle. Ils risquaient de leur laisser l'avantage. En 1917, pour emporter l'adhésion de l'Anglais Haig, quand se préparait l'offensive du Chemin des Dames, Nivelle parlerait de la révolution du caterpillar, cette chenille mobile qui pouvait hisser les canons sur toutes les pentes. On oubliait que Mangin, avant de gagner la bataille du 24 septembre, avait éprouvé de très lourdes pertes dans les actions antérieures, on ne voulait retenir que la maîtrise des méthodes de guerre que les deux généraux avaient montrée ce jour-là. Il est vrai, que pour la première fois sur le front de Verdun, et malgré les réticences des échelons supérieurs, ils avaient réussi à établir que l'audace, appuyée sur les moyens techniques et industriels, pouvait conduire à la victoire. Une nouvelle illusion se faisait jour, que le Chemin des Dames devait, quelques mois plus tard, démentir tragiquement. On oubliait que les procédés modernes d'attaque et la concentration d'artillerie pouvaient se heurter, en face, à des fortifications de campagne d'un niveau de résistance supérieur : le béton des *Stollen* et la boue auraient raison des caterpillars. C'est le propre des guerres que d'exiger de longues périodes d'adaptation, avant de mettre en place les formules qui permettent réellement d'emporter la décision. À Verdun l'armée française, sous ses commandements successifs, n'avait pas mis moins de huit mois.

*
* *

Mais les hommes ? Qui se souciait, après Douaumont de leur moral, de leur sécurité, de leur survie ? On méditait déjà une prochaine offensive franco-britannique, sans voir que les pertes lourdes de Verdun et le mauvais traitement des troupes avaient créé, en profondeur, un malaise que la victoire ne suffisait pas à dissiper. Ce malaise, les poilus étaient les premiers à l'éprouver à l'arrière, quand ils avaient la chance de bénéficier des permissions octroyées par le général en chef, dont l'attribution n'avait encore fait l'objet d'aucun règlement sérieux. Ils mesuraient alors la distance des mentalités entre les hommes du front, qui côtoyaient la mort, et les civils, qui ne pouvaient avoir une idée exacte de leurs souffrances, de leurs peurs, de leur dégoût.

Ils avaient arrêté seuls les Allemands le 21 février, alors que tout s'écroulait autour d'eux, lignes de défenses, liaisons, hiérarchie même. Ils avaient spontanément tiré sur l'ennemi, pour qu'il ne fût pas dit qu'on pouvait impunément les broyer, les enterrer vivants sous un déluge d'acier, les asphyxier comme des renards enragés. Pestant contre les généraux incapables qui les avaient livrés à cet enfer, contre les artilleurs et les aviateurs absents, ils avaient bien accueilli Pétain qui était venu à leur secours, organisant l'enlèvement des blessés, le ravitaillement des lignes, la mise au repos des unités les plus éprouvées. On saluerait plus tard dans le futur maréchal le « vainqueur de Verdun ». Il serait plus exact de dire qu'il avait été le sauveur des lignes françaises, au moment où elles avaient été en danger d'être percées. Il avait été trop tôt muté à un échelon supérieur pour qu'on pût lui attribuer le mérite de la bataille. Celui-ci revenait, dans sa dernière phase, à Nivelle et à Mangin. Si Pétain était plus souvent cité dans les années de l'après-guerre, c'est parce que son rôle à Verdun était compris dans l'image qu'il aurait plus tard, celle de 1917, du redresseur du moral, de l'apaiseur des mutineries. Inversement le personnage de Nivelle, avantageux, mais non encore populaire à la fin de 1916 serait définitivement compromis par l'échec sanglant du Chemin des Dames. En fait aucun général ne peut se targuer d'avoir remporté à lui seul la victoire à Verdun : s'il y a bien eu, sur le terrain, une victoire française, elle est en priorité celle des combattants.

D'autres peuples ont depuis montré une énergie sans faille dans la lutte contre une agression. Ce qui fait de Verdun un lieu singulier, c'est qu'il offre à la fois un exemple, et peut-être une leçon. Quand on prétend écraser un peuple par la supériorité d'un système industriel, il peut, avec des moyens qui ne dépendent que de lui, qui ne lui coûtent que des pauvres vies, refuser l'asservissement. Les anonymes qui reposent à l'Ossuaire ont sans doute moins haï le « Boche », l'Allemand, le Kaiser et le Kronprinz, que cette forme de guerre qui leur enlevait toute identité pour les transformer en victimes sans visage. Les morts avaient la face noircie par les gaz, les blessés étaient dévorés par les rats, les ensevelis mouraient d'asphyxie, les abandonnés de soif. Rien d'humain ne semblait subsister sur le champ de mort, où les obus de demain retourneraient les enterrés d'hier. Cette guerre-là, ils la refusaient de toute leur énergie. Somnambules imprévus surgis des trous d'obus, ils abattaient avec rage les silhouettes qui marchaient au-dessus d'eux sans les voir, l'arme à la bretelle. L'exemple de Verdun s'applique à tous les peuples opprimés du monde : il faut que les nations industrielles sachent bien qu'aucune supériorité matérielle ne peut leur donner leur « victoire » s'ils en sont réduits, pour l'obtenir, à rechercher l'anéantissement de leurs adversaires.

La leçon de Verdun est sans doute que l'ère industrielle conduit à des formes de guerre qui, précisément, programment l'élimination physique de l'ennemi par les moyens les plus radicaux. Que la survie soit possible tient déjà en 1916 du miracle. L'évolution des conflits a montré depuis lors que les programmateurs de guerre cherchaient à réduire au minimum cette chance de survie, à ne pas donner aux hommes la moindre possibilité d'échapper à la volonté du vainqueur, qui l'est, à la limite sans combattre, du fait de sa supériorité technique de destruction. On peut imaginer – et espérer – qu'un tel système soit une garantie de paix. S'il évoluait vers la menace de guerre, il faudrait se souvenir de la leçon de Verdun, pour que l'auto-destruction des peuples puisse être enrayée, par tous les moyens, avant que ne soit engagé l'enchaînement fatal, qui a conduit, en 1914, à la guerre civile en Europe.

BIBLIOGRAPHIE SOMMAIRE

Les Armées françaises dans la Grande Guerre. Publication du ministère de la Guerre, État-Major de l'armée, Service historique.
Série des volumes IV, avec annexes, 1930, Paris

Verdun 1916. Actes du colloque sur la bataille de Verdun, préface de Maurice Genevoix, Verdun, 1976.

Pierre Renouvin. *La Crise européenne et la Première Guerre mondiale*, Paris, P.U.F., 1948.

Georges Bonnefous. *Histoire politique de la Troisième République*.
Tome II, *La Grande Guerre*, Paris, P.U.F., 1957.

Georges Leblond. *Verdun*, Paris, Presses de la Cité. 1980.

Jacques Meyer. *La Vie quotidienne des soldats pendant la Grande Guerre*, Paris, Hachette, 1967.

André Ducasse, Jacques Meyer, Gabriel Perreux. *Vie et mort des Français. 1914-1918*, Paris, Hachette, 1962.

Guy Pedroncini. « Le moral de l'armée française en 1916 », in : *Verdun 1916*, Verdun, 1976.

Werner Beumelburg. *Combattants allemands à Verdun*, Payot, Paris, 1934.

Edgar Maass. *Verdun-Leipzig-Tauchnitz*, 1942.

Gérard Canini. *Combattre à Verdun*, P.U.N., 1988.

Norton-Cru. *Témoins*, Paris, 1929.

Jacques Péricard. *Verdun*, Paris, 1933.
– *Ceux de Verdun*. Paris, Payot, 1917.

Henry Bordeaux. *Les derniers jours du fort de Vaux*, Paris, Plon, 1916.

Général J. Rouquerol. *Le Drame de Douaumont*, Paris, Payot, 1935.

Terrier-Santans. *On se bat sur terre*, Paris, Éditions de France, 1930.

Raymond Jubert. *Verdun*, P.U.N.,1989.

Paul Voivenel. *À Verdun avec la 67e D.R.*, P.U.N., 1991.

Daniel Mornet. *Tranchées de Verdun*, P.U.N., 1990.

Philippe Pétain (Maréchal). *La Bataille de Verdun*, Paris, Payot, 1929.

Charles de Gaulle. *Lettres, notes et carnets*, T. 1, Paris, Plon, 1980.

Pastourneaux (général). *Les Gascons à Verdun*, S.H.A.T., 4°/5826.

Paul Tezenas du Montcel. *Dans les Tranchées*, Monbrison, 1925.

Pierre Mac Orlan. *Verdun*, Les Nouvelles Éditions Latines, Paris, 1935.

Pierre de Mazenod (capitaine). *Dans les Champs de la Meuse*, Paris, Plon, 1921.

Georges Duhamel. *Vie des martyrs*, Paris, Mercure de France, 1917.

Paul Heuzé. *La Voie Sacrée*, Paris, Renaissance du Livre, 1919.

Louis Hourticq. *Récits et réflexions d'un combattant*, Paris, Hachette,1918.

André Bridoux. *Souvenirs du temps des Morts*, Paris, Albin Michel, 1930.

Bourceret (abbé). *Sur les routes du front de Meuse*, Paris, Perrin, 1917.

Alain (Émile Chartier). *Souvenirs de Guerre*, Paris, Hartmann, 1937.

TABLE DES MATIÈRES

Reprise photographique.
Achevé d'imprimer en septembre 1996
sur presse CAMERON
dans les ateliers de Bussière Camedan Imprimeries
à Saint-Amand-Montrond (Cher)
pour le compte de France Loisirs, Paris.

Cet ouvrage a été imprimé
sur du papier bouffant sans bois
et sans acide.

N° d'Édition : 26899. N° d'Impression : 4/756.
Dépôt légal : octobre 1996.
Imprimé en France